HISTÓRIA DO AMOR NO BRASIL

Mary Del Priore

Copyright© 2005 Mary Del Priore
Todos os direitos desta edição reservados à
Editora Contexto (Editora Pinsky Ltda.)

Ilustração de capa
Waldomiro Sant'Anna, "Os namorados"
(Óleo sobre tela)

Montagem de capa e diagramação
Gustavo S. Vilas Boas

Revisão
Dida Bessana
Ruy Azevedo

Dados Internacionais de Catalogação na Publicação (CIP)
(Câmara Brasileira do Livro, SP, Brasil)

Del Priore, Mary
História do amor no Brasil / Mary Del Priore. –
3. ed., 4ª reimpressão – São Paulo : Contexto, 2025.

Bibliografia.
ISBN 978-85-7244-304-3

1. Amor – Brasil – História 2. Casamento 3. Paixões I. Título

05-7035   CDD-302.30981

Índice para catálogo sistemático:
1. Brasil : Amor : Sociologia : História   302.30981

2025

EDITORA CONTEXTO
Diretor editorial: *Jaime Pinsky*

Rua Dr. José Elias, 520 – Alto da Lapa
05083-030 – São Paulo – SP
PABX: (11) 3832 5838
contato@editoracontexto.com.br
www.editoracontexto.com.br

Proibida a reprodução total ou parcial.
Os infratores serão processados na forma da lei.

Este livro não é endereçado aos eruditos nem àqueles que julgam que um problema prático não parece ser tema de conversa.

Bertrand Russel, *Conquest of happyness.*

Este livro é dedicado à memória de Jean-Louis Flandrin, amigo e professor.

Sumário

Introdução 11

Primeiros tempos

Brasil Colônia: o ideal do amor domesticado 21
    Amor, este inimigo! 21
    Casamento: negócio para a vida toda 26
    Prazer distante 33
    Na terra de Santa Cruz,
    como o Diabo gosta 39
    Poemas, beliscões e tosse:
    a sedução cotidiana 44
    A magia erótica 51
    Ciúme e zelo 54
    Paixão e violência 57
    "Vamos deitar-nos..." 61

Como tudo começou:
amor no Velho Mundo 69
    O passado amoroso descomposto 69
    O afeto vivido nas letras 78
    Em tempos d'El Rei 87
    Dores de amores 95
    A dieta do amor 101

Dois amores? 107

Século XIX

Meteorologia das práticas amorosas 119
   Amores e namoros: de longe... 119
   Dança, festas e recitais: o encontro possível 129
   Amores em engenhos
   e sobrados do Nordeste 141
      Na garupa! Seduzidas e raptadas 147
   Aparência e sedução 149
      Pés e mãos: objetos de desejo 153
   Casamentos arranjados,
   casamentos por interesse 156
      Matrimônio: um contrato social 157
      Julie nos trópicos 164
      De príncipes e sapos
      ou da arte de engoli-los... 169
      Amores vindos de longe 173
   Entre quatro paredes 177
   Amores escravos e amores mestiços 181
   A dupla moral e as santinhas de pau-oco 187
   As cortesãs 192
      Ainda cocotes e putas 196
   Perigos: sífilis, "pica mole" e onanismo 202
   A perigosa sexualidade feminina 208
   Livros para se ler apenas com uma das mãos ... 210
   Homossexualidade e doença 212
   Amores de papel 214
   Maneiras mestiças de dizer o amor 217
   Um século hipócrita? 220

Século XX

Da modinha à revolução sexual 231
   Mudanças de corpo e alma 231
   Música e dança 238

Transformações na família
e em tudo mais..240
Esportes: novo padrão de beleza......................242
O eterno casamento...246
    Escolhas para toda a vida............................249
    Sexo e matrimônio.......................................255
    A nova mulher e as uniões livres................258
Os crimes passionais 262
Enquanto na fábrica:
o amor "visto de baixo".....................................266
Amor e samba..268
Amor nas telas...275
O namoro...277
Anos 30, 40 e 50..282
Imprensa conselheira...290
Amor entre iguais..296
A revolução sexual. Mas qual?.........................300
A vitória do indivíduo?.....................................311

500 ANOS DE AMOR
    Conclusão...319

BIBLIOGRAFIA..323

ICONOGRAFIA...329

A AUTORA...331

Introdução

Paris, 1760: um rumor agita a cidade. Os livreiros da rua Saint Jacques entrincheiram-se no fundo de suas lojas. Na frente de vitrines e portas, a massa aglomerada pede aos gritos: "Julie, Julie". Todos querem saber notícias. Já havia deixado Amsterdã? Viera por terra ou por mar? Informações pessimistas circulam. As pessoas inquietam-se. Por mar, nesses tempos de neblina...? Não teria havido fogo a bordo? Peste? O barco de Julie, por acaso, não teria sido vítima de um iceberg no mar Báltico? Entretanto, ela chega, finalmente, às vésperas do Carnaval. E, de fato, nos últimos dias de janeiro de 1761, pessoas estapeiam-se para conseguir um exemplar dessas cartas de dois amantes moradores de uma pequena cidade ao pé dos Alpes em que se conta a história de Julie, doente de amor por seu professor, cujo trágico destino se encerra com um mergulho em um lago gelado. Esgotado rapidamente, o livro passou a ser alugado por dias e mesmo por horas de leitura. A histeria em torno de uma história de amor é generalizada.

Enquanto na Europa, o filósofo das Luzes fascina milhares de leitores com sua Julie, na manhã quente dos trópicos, algumas décadas mais tarde, uma certa Júlia acorda tarde. O prazer de "estar sempre deitada" mistura-se à desordem dos folhetins românticos que, amassados, ela escondia sob o travesseiro. Conta-nos o narrador: "Júlia lia, sempre antes de levantar-se; identificava-se naquela leitura; tinha interesse nas mortes dos personagens [...] nos adultérios; sentia-se apaixonada e com o desejo de fazer o mesmo [...] à tarde vinha para a janela, esperava a noitinha; o namorado passava"; na sala, sua mãe não a via receber uma carta e falar debruçada. "Lia a carta à noite, e com expansões exageradas imitadas dos romances, sentia lágrimas, o coração apertava-se-lhe".

Ah! O amor... esse milagre de encantamento, espécie de suntuoso presente que atravessa os séculos. Espécie de maravilhamento sobre o qual somente os artistas, e talvez os amantes, possam nos dizer alguma coisa. Feito de encontros inesperados ou de acasos favoráveis, ele é como um choque violento que eletriza, cega, encanta. Deixa-nos perdidos. E – tarde demais – perdidamente enrolados. O choque provoca reações em cascata: desejo ou paixão que se manifestam na impaciência dos olhos, do coração, de todo o corpo. Fabricada por aparições, cartas, telefonemas, essa concentração sobre um objeto, essa nostalgia de um lugar utópico, enfim, reencontrado, se traduz na descoberta de um ser que passa a ser o único bem, a pátria, enfim, o centro de tudo!

Os amantes, por sua vez, gozam de sentimentos inexplicáveis de ordem irracional ou inconsciente. Sofrem emoções como quem sofre golpes. Passam por mil martírios. Descobrem-se vítimas de uma ferida recebida sem que se saiba como. Seu sentimento é inexplicável e, portanto, inexprimível, salvo pela literatura ou pela poesia, cujo jogo retórico, metáforas e figuras de linguagem nos falam de um amor, que se quer singular, excepcional, reconhecível entre mil outros amores. Um amor que busca romper com velhas receitas, com fórmulas banais e com os clichês que se lhe impõem os costumes, as leis e as rotinas sociais. Amar é antes selecionar o eleito do coração. É notar, é colocar a parte, é singularizar. Um, ou uma, entre todos. Um rosto, um nome. Isso implica a seleção que entroniza o objeto como excepcional. O eleito é distinto: superior como um rei ou distante como uma estrela. O amor, dirá finalmente alguém, é um problema de vida, de ordem sensível, de estética e poética, não de conceitos.

Como vê o leitor, assim como outros imperativos – comer ou beber, por exemplo –, o amor e suas práticas estão inscritos em nossa natureza mais profunda. Cada cultura reserva-lhe um espaço privilegiado em seu sistema, representando-o à sua maneira. Há quem diga até que ele é uma invenção do Ocidente. E o amor não muda só no espaço, mas no tempo também. O de ontem não é o mesmo de hoje. Isso porque, diferentemente dos tubarões, o amor e as formas de amar se transformam ao longo dos séculos. Mas o leitor deve estar se perguntando se seria possível entrever, graças à História, como se comportaram nossos ancestrais em relação a esse sentimento. Como viveriam prazeres e dores em sua vida. Conseguiríamos surpreender quais paixões ou simples brincadeiras amorosas podem ter provocado experiência, felicidade ou dramas pessoais na vida de nossos antepassados? Qual a natureza da intimidade entre homens e mulheres? Onde aparecia o desejo? Nossa vida amorosa é diferente da dos nossos avós?

Diferente, sim, sem sombra de dúvidas. Desde a década de 1970, numerosas transformações ocorridas no campo dos costumes e da vida privada, não deixam dúvidas quanto ao assunto. A pílula e as discussões sobre o aborto, o feminismo e os movimentos de minorias, a progressão das uniões livres, os corpos nus expostos na mídia e na propaganda, enfim, a liberação da palavra e do olhar mudaram a vida das pessoas e sua maneira de ver o amor. Tal movimento de emancipação de corpos e de espíritos inscreve-se, contudo, na História. Ele começou nas últimas décadas do século XIX, quando as ideias do casamento por amor e da sexualidade realizada se tornaram um dos pilares da felicidade conjugal. Até então, o Ocidente cristão, e nele, o Brasil, vivia uma era de constrangimentos e recalques quase sem limites. Isso desde o momento da chegada dos portugueses ao nosso litoral, quando teólogos costumavam fulminar, de suas cátedras, tudo o que dissesse respeito ao corpo, recusando a noção de prazer e exaltando a virgindade. Essa ética sexual se impôs com maior ou menor rigor, dependendo de épocas e lugares, por muito tempo. E impregnou as mentalidades. Ao associar sexualidade e pecado – o que se fazia até meados do século passado –, essa ética sexual impedia que amor e sexo dessem as mãos.

Exatamente por causa da eficácia dessa cruzada moral contra a associação entre amor e sexo, entre corpo e alma, diversos autores consideram que o amor romântico, tal como o conhecemos, é um fenômeno tardio. Ele teria surgido, apenas, durante o processo de industrialização e de urbanização que teve lugar na Europa do século XVIII. Historiadores britânicos afirmam que "o amor como base do casamento" talvez seja a mais importante mudança nas mentalidades, ocorrida no limiar da Idade Moderna ou, possivelmente, nos últimos mil anos da "história ocidental". Já os franceses concordam que uma "revolução afetiva teria se localizado predominantemente no século XVIII e início do século XIX", modificando de maneira radical os sentimentos amorosos.

É como se tivéssemos passado de um período em que o amor fosse uma representação ideal e inatingível, a Idade Média, para outra em que vai se tentar, timidamente, associar espírito e matéria, o Renascimento. Depois, para outro, em que a Igreja e a Medicina tudo fazem para separar paixão e amizade, alocando uma fora, outra dentro do casamento – a Idade Moderna. Desse período, passamos ao romantismo, do século XIX, que associa amor e morte, terminando com as revoluções contemporâneas, momentos nos quais o sexo se tornou uma questão de higiene e o amor parece ter voltado à condição de ideal nunca encontrado.

Tais interpretações justificam plenamente que nos perguntemos, assim como já foi feito no exterior, quais os amores que, ontem e hoje, nos fizeram ou nos fazem amar. Não só porque o amor e suas práticas tornaram-se um tema insistente de nossa sociedade, mas, também, porque há pelo menos 15 anos historiadores fizeram da sexualidade um objeto de História aproximando-se, graças aos arquivos judiciários, à literatura, à correspondência e aos documentos de toda a sorte, das práticas amorosas e sexuais de nossos ancestrais. A vida privada com tudo que ela envolve de sentimentos, não escapou, em todo o mundo, como entre nós, de lenta evolução de mentalidades e de atitudes. Um prato cheio para pesquisadores curiosos!

Um deles, Luís Felipe Ribeiro, sintetizou bem ao dizer que no passado as pessoas "não davam", mas se davam. Hoje, elas "dão", mas não se dão. Está certo. Se a revolução sexual foi, antes, considerada uma libertação diante das normas de uma sociedade puritana e conformista – a burguesa e vitoriana – ela, atualmente, promove uma sexualidade mecânica, sem amor, reduzida à busca do gozo. Já há quem diga que tal banalização está levando a um contra-ataque: uma corrente neoconservadora, nascida na década de 1990 nos Estados Unidos, começou a reagir contra as derivas do liberalismo sexual. Não iremos tão longe.

O leitor encontrará neste livro um amplo e despretensioso panorama das questões mais importantes referentes à história das práticas e dos modos, das ideias e do imaginário amoroso que nos últimos 450 anos habitaram o Brasil.

Os riscos deste estudo não foram poucos. Sabemos, caro leitor, que homens e mulheres, ontem, nutriam ideias totalmente diferentes de nossas concepções de vida e do mundo, hoje. Tais ideias inspiravam não apenas seus atos e iniciativas, mas também seu raciocínio e seus escritos. Elas se reforçavam por meio de ideias análogas que professavam seus contemporâneos, e são essas mesmas ideias que nos distanciam tanto quanto possível de nossos avós. É possível entendê-los? Podemos tentar, lembrando sempre que uma coisa é certa: um homem do século XVIII, por exemplo, tem de ser entendido em seu contexto. Assim, não são as nossas ideias e os nossos conceitos que, aqui, servirão de referência, mas as de cada época retratada.

Também saliento riscos e dificuldades incontáveis para fazer "falar" sobre o amor do povo simples, analfabeto, formado pelos segmentos mais desfavorecidos de nossa sociedade. Gente humilde, sem letras, morando em simples palhoças, à beira de praias ou embrenhada pelos matos, curvada sobre suas rocinhas de alimentos e, mais tarde, vendendo serviços na cidade grande. Recuperar o que sentem e o que pensam sobre o amor é tarefa complicada para o historiador que só os surpreende graças à documentação da Inquisição ou aos processos movidos pelo Estado, nos quais emprestam a voz a escrivães e juízes. Isso sem falar na massa silenciosa constituída por escravos, cujas tradições orais se perderam no tempo. Trabalharemos, então, sobre restos ou fiapos de informação deixados, como poeira, nos documentos históricos, além de usar o trabalho paciente de colegas que nos antecederam, visitando temas vizinhos ao do amor. Temas como a família, a privacidade e o sexo.

Uma dicotomia atravessa, todavia, a maior parte das fontes documentais. A que opõe o amor nas práticas e o amor idealizado. O primeiro enraizado nas realidades de uma sociedade biológica e culturalmente mestiça, marcada pelo escravismo e por formas patriarcais de dominação. O segundo, baseado na sublimação, capaz de alimentar um imaginário particular sobre o sentimento amoroso que encontramos, sobretudo, na literatura. Nele, a beleza sustenta o amor em sua dimensão imaginária, ficcional. E não é esse imaginário que habita todo o amor? Ele não é "sempre lindo"?

A pesquisa das intimidades no passado é coisa difícil. O amor não deixa restos, fósseis, marcas. Ele apaga suas pegadas, não deixando ao interessado mais do que ilusões ou evocações, muitas vezes, fugazes. Mas se o trabalho de reconstituição desse passado parece árduo, e se ele é, de todas as tarefas do historiador, a mais difícil de realizar, mais uma razão para enfrentá-lo. Com todos os seus riscos e perigos. Para isso, foram utilizados tanto documentos da época quanto pesquisas produzidas sobre o assunto. Para tomar a leitura mais fluente, optei por eliminar as notas de rodapé. Os importantes trabalhos consultados encontram-se na bibliografia, no fim do livro.

Um historiador francês lembra que algumas observações se impõem nas primeiras páginas de um estudo dedicado a esse tema. Em primeiro lugar, não há necessidade de justificar a escolha de um assunto que comove apaixonadamente nossos contemporâneos. Ele tem a ver com esse homem total cuja cultura e vida tanto nos interessa. No passado, o assunto só era mencionado para descrever os amores de tal rei ou o adultério de tal rainha. Essa substituição da diversão pela análise histórica nada tem a ver com as necessidades comerciais do mundo da edição. Ela responde, sim, ao imenso interesse que invade o observador quando este tenta interpretar a complexidade das realidades amorosas de outrora. Só que, mesmo trocando o anedótico pela pesquisa séria, estudar a história do amor segue, aos olhos das severas ciências que nos governam, um grave estigma de ligeireza. Azar o delas.

Pois, mesmo correndo esses riscos, convido o leitor a olhar um pouco pelo retrovisor da História para, por meio dos mais variados documentos, extrair ecos desses suspiros, transportes, chamas, doçuras, ternuras, por vezes, tempestades e ódios que traduzam a ligação visceral a uma pessoa. Que expliquem a irremediável necessidade que se tem de alguém. Convido-o a percorrer a história desse sentimento que, como diz o poeta, pode ser tão violento, tão terno, tão desesperado, verdadeiro, belo, e depois, tão pisado, tão machucado e esquecido. Histórias desse amor para sempre e, também, histórias de amor para nunca mais.

PRIMEIROS TEMPOS

Brasil Colônia:
o ideal do amor domesticado

Amor, este inimigo!

Comecemos, leitor, com um pequeno exemplo. São Paulo colonial: ancorada entre os charcos formados pelos rios Tamanduateí, Pinheiros, Juqueri e Cotia, o pequeno burgo estendia suas casas de taipa branqueada com tabatinga, entre as quais brotavam as torres de suas oito igrejas. Aqui e ali, chafarizes reuniam escravos e mulheres, bilhas à cabeça, em busca de água. Muito barulho. Mas em um sobrado próximo, murmúrios e silêncio. Na rua do Rosário, em seu leito de morte, cercado de velas e imagens pias, João Sampaio Peixoto agonizava. Ele contava então a seu testador que tivera "por fragilidade da carne humana", três filhos fora do casamento. Deixava-lhes a casa que comprara para sua mãe, uma certa Maria da Silva, e algum dinheiro para garantir às filhas mulheres um casamento condigno e o mais rápido possível. Ressaltava, contudo, que tais disposições em nada podiam prejudicar seus legítimos herdeiros. É possível que, como outros contemporâneos, João tivesse Maria "de portas adentro", como se dizia então. E, a despeito dos esforços da esposa que alegava ter-lhe sempre "amado e servido com afeto e obrigação", ele preferisse sua concubina. E que tanto bem-querer se traduzisse em bens materiais e escravos.

Tais causos que, aliás, se acumulam nos arquivos, nos contam sobre formas de convívio entre casais bem diferentes das nossas. Amar com sentimento de dever ou com afeto? Suportar a amante dentro da mesma casa como por vezes sucedia? Mulheres que tinham filhos com outros homens que não o marido, pois elas também sofriam de fragilidade da carne? Tudo isso e mais um pouco, como veremos. Só que para entender a história de João e Maria temos de voltar no tempo.

Na bagagem da chegada ao Novo Mundo, os portugueses trazem sua forma de vivenciar o amor. As tradições portuguesas – e europeias, em geral – aportam na colônia que, no entanto, apresenta particularidades, como veremos neste capítulo. "Viver em Colônias", como dizia Luís dos Santos Vilhena, professor de latim em Salvador no fim do século XVIII, não era o mesmo que viver na metrópole. Vale a pena lembrar ao leitor algumas das características que marcavam as relações sociais e amorosas: a colonização consistiu em uma verdadeira cruzada espiritual que tinha por objetivo regulamentar o cotidiano das pessoas pela orientação ética, pela catequese e pela educação espiritual, além de exercer severa vigilância doutrinal e de costumes pela confissão, pelo sermão dominical e pelas devassas da Santa Inquisição – que por aqui passou entre os séculos XVI e XVIII. Sua ação fazia-se especialmente ativa no campo da organização familiar e do controle da sexualidade, como podemos perceber no caso de João Sampaio Peixoto e Maria da Silva.

A Igreja apropriou-se também da mentalidade patriarcal presente no caráter colonial e explorou relações de dominação que presidiam o encontro entre os sexos. A relação de poder já implícita no escravismo, presente entre nós desde o século XVI, reproduzia-se nas relações mais íntimas entre maridos, condenando a esposa a ser uma escrava doméstica exemplarmente obediente e submissa. Sua existência justificava-se por cuidar da casa, cozinhar, lavar a roupa e servir ao chefe da família com seu sexo.

A vida rural da maior parte da população, as elites iletradas, a falta de bibliotecas e escolas, o escravismo, a formação de famílias mestiças e portadoras de hábitos e valores diversos, o hibridismo cultural tingirão com cores específicas as representações sobre os afetos e os amores. Além dessas características, há outra, mais importante. Enquanto o Velho Mundo construía, com minúcias o que chamamos de "vida privada", nicho por excelência das relações amorosas, nas colônias essa mesma privacidade balbuciava na precariedade do cotidiano. Independentemente de seu requinte ou rusticidade, as casas de outrora ensejavam, como lembra o historiador Ronaldo Vainfas, pouquíssimas oportunidades de vivências privadas. Vizinhanças de parede-meia, cafuas cobertas de capim, casas senhoriais repletas de agregados, escravos e parentes; enfim, não era sob esses tetos que os amores medravam com liberdade.

Apesar da população dispersa, a política da metrópole sempre foi de incentivar o seu aumento e de enfraquecer os mecanismos que criassem qualquer dificuldade para o casamento. Em um jogo de palavras com Fernando Pessoa poderíamos dizer que "Casar era preciso, viver não era preciso". Mas se as autoridades reconheciam que havia uma lei da natureza que levava os indivíduos de sexo diferente a viverem juntos para a sobrevivência da espécie, elas distinguiam animais e homens. Nos primeiros, prevalecia unicamente o instinto de preservação. Mas, em relação à espécie humana, esse instinto podia acarretar más consequências, precisando, portanto, ser controlado por um sistema de regras civis ou religiosas. O instinto sexual não controlado pelas regras do casamento se transformava em luxúria e paixão nas páginas de moralistas. Ou em doença grave, nas teorias médicas da época. Ao ordenar as práticas sexuais pelos campos do certo e do errado, do lícito e do ilícito, a Igreja procurava controlar justamente o desejo. E a luta pela extinção ou domesticação do amor-paixão vem na rabeira dessa onda.

Na França ou na Inglaterra a história dos sentimentos se fez com exuberância e esteve, a partir da segunda metade do século XVIII, articulada com a emergência do amor romântico e da família burguesa. Na colônia, ao contrário, os sentimentos pareciam ligados a sociabilidades mais tradicionais. Nossas referências amorosas não parecem saídas de um quadro de William Hogarth, em que casais enlaçados contemplam ternamente os filhos brincando em frente da lareira. Aqui, os sentimentos como que transpiravam das comunidades; as casas eram invadidas pelo olhar dos vizinhos, pela fala das comadres, pelos gritos das crianças que circulavam entre os domicílios. Os sentimentos afloravam diretamente da experiência concreta. Não eram, pois, matizados por referências eruditas, embora a poesia desse período mencione "ternas pombas" que se catam ou beijam, ou "olhos que o amor ascende de uma suave chama".

Estudando documentos da São Paulo colonial, a historiadora Alzira Campos debruçou-se sobre o amor nos casamentos paulistas do século XVIII e detectou a transferência para cá dos dois arquétipos já vistos nos comportamentos afetivos de outrora: o amor no casamento, casto e continente. E fora dos laços matrimoniais, o amor-paixão, a perseguida "luxúria", os pecados da carne. O estudo mostra que na América portuguesa a superioridade do casamento de razão sobre o coração é uma constante. A esposa devia amar o companheiro "como fazem as boas, virtuosas e bem procedidas mulheres de qualidade", explicava um juiz eclesiástico em pleno século XVIII. Isso reforça, entre as esposas, uma tradição portuguesa que interpretava o casamento como uma tarefa a ser suportada: "casar soa bem e sabe mal"; "casa de pombos, casa de tombos", avisavam os ditados populares.

O princípio básico que norteava tal escolha era o da igualdade, claramente enunciado nos tais provérbios: "se queres bem casar, casa com o teu igual", "casar e comprar, cada um com seu igual". Mas que tipo de igualdade deveria presidir a escolha do cônjuge? O pregador padre Manuel Bernardes é bem claro: "casem primeiro as idades, as condições, as saúdes e as qualidades; então casarão bem as pessoas; de outro modo, já de antemão levam o divórcio meio feito". Trata-se, portanto, de igualdade etária, social, física e moral. Se essa era a norma, qual a prática? A sabedoria popular revela que a igualdade etária nem sempre era desejável. Vejamos alguns adágios que o comprovam: "Seja o marido cão e tenha pão", "Mais quero o velho que me honre, que moço que me assombre", "Antes velha com dinheiro que moça com cabelo".

No Brasil, a julgar por pesquisas feitas para a vila de São Paulo, o princípio de igualdade etária não se observava no século XVIII: 53% dos homens eram dez anos mais velhos do que as mulheres. Quanto ao princípio de igualdade de condição, frei Gaspar da Madre de Deus mostra que houve, também, "desclassificação social". Paulistas "nobres", para ficar em um exemplo, se viam obrigados a casar fora de sua esfera social. Exemplo disso foi João Pires de Campos que "levado só de indesculpável apetite, desposou uma mulata, causando um luto geral de sentimento entre seus parentes". Pelas leis da Igreja, aos 14 anos os rapazes podiam contrair casamento; as meninas estavam aptas a partir de 12. Mas essa não era a regra única. No litoral sudeste, segundo a historiadora Maria Luíza Marcílio, os casamentos ocorriam em torno dos 21,6 anos para os homens e dos 20,8 para

Desde sempre, a mulher ideal: pura, generosa, fiel e... assexuada.

as mulheres: uma diferença, portanto, menor. Passados os 30 anos, solteiros encontravam grande dificuldade para contrair matrimônio, mesmo o sacramento sendo pouco recebido na colônia. A maioria da população vivia mesmo – como comprovam dezenas de pesquisas – em concubinato ou em relações consensuais, apesar de a Igreja punir os teimosos com admoestações, censuras, excomunhões e até prisões.

Nessa época, apenas membros das classes subalternas conseguiam escolher seus cônjuges de forma mais espontânea. Tal como os camponeses europeus, os pobres da colônia não tinham interesses político-econômicos para preservar e, por isso, podiam deixar aflorar os sentimentos. Nos concubinatos tão disseminados, nas mancebias e nos amasiamentos – a maioria das relações entre homem e mulher por aqui – encontram-se gestos amorosos e expressões de afeto bastante discretos no mais do cotidiano.

Casamentos desiguais do ponto de vista social eram malvistos e os parentes não hesitavam em recorrer à autoridade do governador para impedir tais enlaces. Um exemplo? Ao ter conhecimento da "desordem" que pretendia cometer o irmão cego de um capitão de Jacareí, São Paulo, casando com uma mulata, o governador não só mandou prender a noiva, como deu ordens para a obrigarem a assinar um termo de não casar com o dito indivíduo e mesmo sair da capitania no prazo de dez dias. Quanto ao "noivo" ser-lhe-ia ordenado que não casasse nem com essa, "nem com qualquer outra pessoa que desacreditasse seus parentes". Se não faltava orgulho, também não faltava preconceito. Em Sabará, Minas Gerais, na mesma época quiseram tirar um irmão da Irmandade do Carmo, a mais rica da cidade, por ser casado com uma mestiça. O caso ficou conhecido por historiadores locais como "a infâmia da Mulata". A escolha do futuro cônjuge, baseada no princípio da igualdade, exigindo do homem um estabelecimento sólido, um modo de vida definido, era, portanto, uma questão na qual o entendimento e a razão deviam ser guias condutores.

Casamento: negócio para a vida toda

A indissolubilidade do matrimônio, estabelecida pela doutrina da Igreja Católica, era usada como principal argumento a favor de uma escolha cuidadosa visando ao futuro do que um entusiasmo presente ditado pelo interesse físico ou outros. Nada de amor-paixão ou de outro sentimento parecido. Fora desse critério, o mencionado moralista Francisco de Souza Nunes é bem claro: "Negócios grandes, grandes conselhos requerem; e como sejam dos maiores negócios para a vida (a mulher não se deve escolher por gosto); não seja o amor quem nos aconselha nesta matéria, seja antes a razão que nos dirija neste negócio". E tome provérbios a confirmar: "quem casa por amores, maus dias, piores noites"; "por afeição te casaste, a trabalhos te entregastes". O recado é um só: a racionalidade devia marginalizar a paixão ou a atração física. A Igreja procura ser justa sublinhando a reciprocidade dos deveres conjugais, sobretudo em relação à fidelidade. "Tão grande pecado é faltar o marido ao que prometeu a sua mulher, como faltar ela ao que prometeu ao seu marido."

Constituindo um contrato civil antes de se tornar sacramento – o que só ocorre na Europa em meados do século XII – o casamento é uma instituição básica para a transmissão do patrimônio, sendo sua origem fruto de acordos familiares e não da escolha pessoal do cônjuge. A garantia de igualdade era fundamental para impedir a dispersão de fortunas acumuladas. A importância dessa questão se reflete no século XVIII, quando na reforma da legislação sobre o casamento de nobres levado a efeito pelo marquês de Pombal em Portugal se reforça a autoridade paterna para impedir os casamentos desiguais.

E quanto ao casório propriamente dito? Sabemos que se evitava casar no dia de Sant'Ana, pois se acreditava que a noiva estava fadada a morrer de parto. O dia do enlace, aliás, envolvia crenças. Na manhã que antecedia o cortejo de casamento, a noiva não podia ver ou provocar sangue, matando ave ou ajudando na cozinha, sem sair de casa, exceto para ir a Igreja. Também era proibido olhar para trás no caminho. Ao voltar para casa depois da cerimônia, os noivos eram recebidos com tiros de mosquetão, foguetes e cantadores que louvavam a comezaina e o baile que se seguiriam. Práticas correntes na intimidade das jovens casadoiras procuravam garantir o casamento. Santo Antônio e São Gonçalo estavam presentes em centenas de adivinhações para que o devoto assegurasse seu futuro amoroso: da clara de ovo na bacia d'água, da cacimba em que deveria aparecer o rosto do amado, das agulhas que, metidas em um copo, não podiam se separar. Quando não cumpriam promessas, as imagens ficavam penduradas de ponta-cabeça em um copo. O sociólogo Gilberto Freyre lembra bem que São João era considerado santo casamenteiro, associando-se seu culto a cantigas sensuais: "Dai-me noivo, São João, dai-me noivo, dai-me noivo, que quero me casar".

O que sabemos é que, apesar do analfabetismo, uma crescente maré de catecismos, diretórios confessionais e prontuários morais vindos da metrópole tentavam regular cuidadosamente a vida conjugal por meio da obediência, da paciência e da fidelidade: "O marido é a cabeça da mulher, e os membros devem acomodar o mal da cabeça se o há", insiste um desses manuais. Extensão orgânica da vontade masculina, da razão do esposo, cabia à mulher obediente acudir-lhe os males, os desmandos e os desvarios. É óbvio que entre os "membros" e a "cabeça", os sentimentos que homem e mulher se dedicavam eram desiguais. "A mulher deve amar seu marido com respeito, e o marido deve amá-la com ternura". Por quê? "Porque o sexo pede."

A mulher seria, portanto, provedora e recebedora de um amor que não inspirasse senão a ordem familiar. Para esse equilíbrio funcionar bem, o moralista Francisco Nunes ressalta características femininas importantes: "[...] seja pois a mulher que se procura para esposa, formosa ou feia, nobre ou mecânica, rica ou pobre; porém não deixe de ser virtuosa, honesta, honrada, e discreta". E conclui: "[...] estas prendas pois devem ser os dotes com que se hão de procurar as esposas; estas devem ser as riquezas, sem as quais não devem os homens prudentes sujeitar-se ao estado conjugal".

Na visão da Igreja, não era por amor que os cônjuges deviam se unir, mas sim por dever; para pagar o débito conjugal, procriar e, finalmente, lutar contra a tentação do adultério. "O amor" – leia-se, conjugal – "extingue todas as paixões malignas que são quem perturba o nosso descanso", admoestava em 1783, frei Antônio de Pádua. Já com as paixões malignas, opostas do afeto conjugal, "Tudo são ondas, ímpetos, borrascas e tempestades…", dizia outro pregador, Manuel Bernardes. No casamento o amor-paixão era inimigo. Mas o ideal de castidade e paciência embutia-se no "amor conjugal: [...] um fogo aceso pela providência divina para apagar os incêndios de todo o amor ilícito e profano". O conceito desse amor que devia ser vivido pelos casados denunciava, com desprezo, os afetos excessivos.

O sentimento de dever e de disciplina reproduzia a perspectiva patriarcal em relação às mulheres bem como a seus sentimentos, dentro ou fora do matrimônio. Essa manobra não era inocente. Desde que o Concílio de Trento liberara, pelo menos teoricamente, a mulher da tirania do direito romano, uma vez que a monogamia fora definitivamente estabelecida, a indissolubilidade proclamada, os maridos proibidos de repudiar suas mulheres e relaxados os casamentos forçados, a mulher precisava ser reinscrita em um sistema de hierarquia e obediência. Se diante de Deus os esposos pareciam parceiros iguais, nas práticas sociais mecanismos de rejeição à ideia de indissolubilidade do casamento começavam a azeitar-se. Para disciplinar a mulher e dar ao sacramento a dimensão de organização social que desejavam o Estado e a Igreja, se invocam antigas implicâncias extraídas das Sagradas Escrituras.

Um exemplo: certo *Guia de casados, espelho da vida, ditames da prudencia, instrução proveitosa para todos os que tomam o pesado jugo da vida matrimonial* previne:

> [...] que os homens amem suas esposas é tão justo e recomendado, mas que o exímio afeto com que as tratam se transforme em dano dos mesmos que as amam é intolerável. É a mulher o centro dos apetites, desejosa de muitas cousas, e se o homem convier com seus desejos, facilmente cairá nos maiores precipícios. É o homem que deve mandar, a mulher somente criada para obedecer, mas como seja em todos natural a repugnância da sujeição, todo o seu empenho é serem no mando iguais, quando não podem aspirar a superiores.

Não havia alternativa à esposa senão estar, segundo um padre confessor, sujeita ao marido, reverenciando-o, querendo-o, cobrindo-o de vontades e, com sua virtude, exemplo e paciência, ganhando-o para Deus. Os afetos conjugais idealizados pela Igreja entreteciam-se em um misto de dependência e sujeição, traduzindo-se em uma vida de confinamento e recato que atendia ao interesse tanto da Igreja, quanto da mentalidade dos maridos.

Afetos desregrados da alma ou do corpo mereciam ser abolidos mediante um pedagógico treinamento, tornando o matrimônio inteiramente asséptico. Essas ideias não eram apenas da Igreja, mas circulavam na literatura e nos manuais de casamento que, não contentes em projetar modelos para a vida conjugal, colocavam tais modelos a serviço da Igreja e do Estado, dando assim uma dimensão moderna à ética do casamento e do amor conjugal:

> Parece que os perfeitos casados não poderão nunca ser viciosos; porque ninguém deve negar que todo o pecado é corrompedor de boas intenções e os casados, por muito que se amem e se conformem se por outra parte são pecadores, não podem ter sua tenção regulada por leis divinas; porque se a tiverem, assim corrupta e depravada, logo

ficam muito arriscados ou a perder o amor que se tem em todas as ocasiões que se oferece, ou a se amar com tanta desordem, que não reparem a ofender o mesmo Senhor, por se fazer um ao outro, quaisquer vontades desordenadas.

De forma feroz ou sutil, os textos desse período não escondem uma realidade explorada na Europa do Antigo Regime em gravuras e contos populares: o horror à mulher dominadora no quadro do casamento. Pranchas em que as esposas aparecem vestindo calças do marido, segurando suas armas ou lhes batendo com instrumentos de uso diário – a vassoura é recorrente – revelam o pânico que exigia medidas drásticas e habilidosas por parte dos homens. O ideal era, portanto, endossar o discurso da Igreja e dos manuais de casamento sobre as práticas conjugais. Não apenas a vontade feminina ameaçava o equilíbrio de forças desejado no matrimônio, mas, também, a possível beleza física. Esta era temida, pois associava diretamente a mulher a um instrumento do pecado:

> Quem ama sua mulher por ser formosa, cedo se lhe converterá o amor em ódio; e muitas vezes não será necessário perder-se a formosura para perder-se também o amor, porque como o que se emprega nas perfeições e partes do corpo não é verdadeiro amor, senão apetite, e a nossa natureza é sempre inclinada a variedades, em muito não durará [...] e logo a natureza muda os desejos, a vontade, os efeitos, o amor fica fingido e o casamento desordenado.

Era preciso não ter vaidades, ignorar a beleza física ou qualquer forma de atrativos que valorizassem o sexo. O enfeamento do corpo estava articulado com a punição desse mesmo corpo. Pregadores o comparam ao "barro, lodo e sangue imundo" em uma tentativa de dizer que tudo era feio, pois tudo era pecado. A esposa podia ser um veículo de perdição da saúde e da alma de seu marido. Ela devia inspirar sentimentos que os moralistas procuravam desenhar, sem borrões.

Os sentimentos entre os casados deviam ser nitidamente objeto de uma "educação dos sentidos". Os casamentos iam lentamente esvaziando-se de apetites – se eles tivessem algum dia existido – para consolidar-se em uma nebulosa de sensações domésticas: o bem-querer misturando-se à elevação do espírito, à devoção e à piedade. Tudo, de preferência, na santa paz do Senhor. Carnes tristes e frias, estas das quais se fala nos séculos XVII e XVIII, bem distantes dos corpos exuberantes descritos em certa poesia do Renascimento. Impunha-se uma dicotomia sexual, na qual o homem era ativo e a mulher, passiva. O desejo sexual constituía-se em um direito exclusivo do homem, cabendo às esposas, a submissão e a virtude. O esforço de adestramento dos afetos, dos amores e da sexualidade, sobretudo a feminina, afinava-se com os objetivos do Estado Moderno e da Igreja, em tornar a relação entre os sexos mais próxima do ideal da sociedade católica, evitando as infrações que o pudessem perturbar. A domesticação do amor conjugal espelhava, assim, a nova ideologia dos tempos modernos.

Controlando corpos e almas, a Igreja tentara, desde os primeiros escritos de Paulo, coadunar o aparentemente incompatível domínio da sexualidade terrena com a salvação eterna. Três elementos – continência, casamento e fornicação – deviam arranjar-se em um sistema binário, cujos elementos eram o bem e o mal. Virgindade e continência seriam preferíveis à sexualidade conjugal, que, por sua vez, seria melhor que a incontinência. A sexualidade conjugal, segundo o mesmo apóstolo Paulo, abriria uma terceira via adaptada às realidades sociais: aquela do "menos mal", entre o melhor e o pior. Com essa solução, a Igreja criava um tipo de sexualidade útil, lícita e protegida evitando condenar ao pecado mortal a maioria dos casais que quisesse fazer amor.

Desse ponto de vista, constituía-se uma escala na qual, do lado de Deus, bem próximos, encontravam-se os que escolhiam a continência; um pouco mais afastados, os laicos casados, respeitadores do bom casamento, e por fim, próximos a Satã, o mundo da luxúria, povoado por seres parecidos com animais. O casamento, leitor, seria, portanto, o remédio que Deus dera aos homens para que estes se preservassem da imundície, e com ele, uma bula informando o "modo de usar".

Toda a atividade sexual extraconjugal e com outro fim que não a procriação era condenada. Manobras contraceptivas ou abortivas não eram admitidas. A noção de *debitum* conjugal, como uma dívida ou dever que os esposos tinham de pagar, quando sexualmente requisitados, torna-se lei. Associava-se o prazer exclusivamente à ejaculação e, por isso, era "permitido" aos maridos prolongarem o coito com carícias, recorrendo até a masturbação da parceira, a fim de que ela "emitisse a semente", justificando a finalidade do ato sexual. Ao ser definido como conduta racional, e regulada em oposição ao comércio dito apaixonado dos amantes, o comércio conjugal só era permitido em tempos e locais oportunos. Consideravam-se impróprios os dias de jejum e festas religiosas, o tempo da menstruação, a quarentena após o parto, os períodos de gravidez e a amamentação. Sobre o papel da mulher durante o coito, fazia-se eco aos conselhos de Aristóteles: que nenhuma mulher, mas nenhuma mesmo, desejasse o lugar de amante de seu marido. Abrigada no afeto dele e na condição exclusiva de esposa continente, ela seria mais honrada.

Em um estudo pioneiro sobre o sacramento da confissão no Brasil Colonial, a historiadora Lana Gama Lima demonstrou que surge, então, uma nova concepção de pecado da carne, concepção que orientava o padre para desvendar as intenções de homens e mulheres. Os vícios da carne, concebidos sob o tal nome genérico de luxúria, sofrem um processo de classificação minuciosa; a condição dos pecadores, os momentos, os lugares e agora, as intenções. Mas vamos ouvir a autora:

> Em primeiro lugar, se proíbe ao casal as práticas consideradas *contra a natureza* que envolvem além das relações *fora do vaso natura*, quaisquer tocamentos torpes, vistos como pecados graves caso houvesse ejaculação. Assim, se perseguem os *preparativos* ou preliminares, prática costumeira, visto que alguns tratados de confissão incluem as fórmulas: "pequei em fazendo com algumas pessoas na cama, pondo-lhes as mãos por lugares desonestos e ela a mim, cuidando e falando em más coisas". O que se procura é cercear a sexualidade, reduzindo no mínimo as situações de prazer. Esta vigilância extrapola o leito conjugal ou não, espraiando-se por toda a sociedade, pois se condenam também "as cantigas lascivas", "os bailes desonestos", "os versos torpes", "as cartas amatórios", "a alcovitice", "as bebedices", os "galanteios". Essas expressões resgatam o burburinho da vida social com seus encontros, festas, enfim, a sexualidade do cotidiano, que a Igreja precisava regulamentar, controlar desde o namoro até às relações conjugais: "se desejou ou beijou, abraçou, tocou mulher para se deleitar, posto que o tocamento não fosse desonesto e que seja com pessoa com quem pretende se casar, não é pecado".
> Portanto "amar casta e honestamente [...] é virtude conquanto se faça de tal maneira, lugar e tempo que não se ponha em perigo de conceber algum mau propósito de obra e deleitação luxuriosa. Assim, os noivos podem gozar dos começos da deleitação matrimonial", mas, recomenda-se que os mantenham sob vigilância "porque poucas vezes se guardam quando sós em secreto se beijam, se abraçam e se tocam".

Essas ideias, expressas em meados do século XVI, constituem ainda hoje a moral que rege parte das relações pré-matrimoniais. Elas são indicadoras, porém, de que a mera existência de regras morais na época não era suficiente para conter os arroubos da paixão dos enamorados, que, portanto, deveriam ser constantemente vigiados. O sexo lícito era restrito exclusivamente à procriação. Donde a criação do prazer ordenado no casamento e a determinação de posições "certas" durante as relações sexuais. Era proibido evitar filhos. Era preciso usar o "vaso natural" e não o traseiro. Era proibido à mulher colocar-se por cima do homem ou de costas. Certas posições, vistas como "sujas e feias" constituíam pecado venial, fazendo que "os que usam de tal mereçam grande repreensão, por serem piores do que brutos animais, que no tal ato guardam seu modo natural". Controlado o prazer, o sexo no casamento virava débito conjugal e obrigação recíproca entre os cônjuges. Negá-lo era pecado, a não ser que a solicitação fosse feita nos já mencionados dias proibidos, ou se a mulher estivesse muito doente.

Prazer distante

Gestos miúdos de afeto, como o beijo, do mais prosaico movimento labial à mais deliciosa carícia, eram controlados por sua "deleitação carnal", sendo considerado "pecado grave porque tão indecente e perigoso". Havia – como já o faziam os ascetas romanos – que distinguir os *oscula*, beijos de amizade, dos *basia*, beijos de amor, dos *suavia*, os da paixão. A Igreja, todavia, preferia, etiquetar tudo sob o rótulo dos temidos *ósculos*. Além de evitá-los, devia-se estar em guarda contra a sutileza das menores expressões de interesse sexual que conduzisse ao que era chamado de "coito ordenado para a geração". Veja o leitor a cuidadosa classificação que faz frei Francisco Larraga dos diferentes tipos de beijo:

> Os venéreos são os que se fazem em partes pudentes ou em outras, com comoção dos espíritos que levam à geração; os sensuais ou carnais são os que se fazem não em partes venéreas, mas em outras sem comoção dos espíritos que levam à geração, porém como alguma deleitação que seja princípio da dita comoção; os sensitivos são os que nem se fazem em partes pudentes, mas em outra parte, sem comoção, mas só com o gosto do tato material, assim como resultaria de tocar uma coisa suave, como um tafetá ou veludo; e assim serão pecados graves, apertar a mão de uma mulher, beliscá-la, pisar-lhe o pé.

Houve alguns teólogos que tentaram adoçar a rigidez das regras. E apesar do poder de fogo das admoestações eclesiásticas a fim de esvaziar a sensualidade das práticas afetivo-sexuais, alguns manuais de confessores espelhavam o ponto de vista do jesuíta Tomás Sanchez que, na virada do século XVII, fazia soprar novos ventos sobre o discurso da sexualidade conjugal. Ele julgava o prazer pelo prazer totalmente condenável. Mas o prazer que levasse à procriação, fim último do ato sexual, era permitido. Já Pedro de Soto admitia a limitação de filhos no caso de famílias muito numerosas. Um tal laxismo causou reações e a obra do inaciano foi parar no índice de livros proibidos pela Inquisição. Vamos ouvir, leitor, um desses diálogos entre padre confessor e penitente:

> Penitente: Acuso-me que com minha mulher tenho tido várias vezes tato, ósculos, amplexos, palavras torpes com perigo de polução.
>
> Confessor: E tais tatos eram em ordem da cópula?
>
> Penitente: Não, padre, porque era em ocasião que não podia ter [cópula], porque havia gente adiante.
>
> Confessor: Cometeu Vossa Mercê pecado de escândalo mais ou menos grave, pela ocasião que deu aos presentes de ruína espiritual [...] também é certo que quando há perigo de polução, [leia-se, ejaculação] peca-se mortalmente nestas ocasiões, mas se não há, e se ordenam à cópula não será pecado algum.

Independentemente das condições de vida aqui, não foram poucas as obras que tentavam dar conta da imposição de um modelo de vida conjugal, em que ficasse exposto com clareza um programa para os esposos. Obras como a *Carta de guia de casados* de 1651, de D. Francisco Manoel de Melo, soldado, diplomata, viajante e cortesão, tinham por objetivo persuadir os casados à paz e à concórdia com que deveriam ordenar a vida, recomendar a estima das próprias mulheres e inculcar os meios por onde o amor se conserve. Em estilo alegre e fácil, e dirigida aos noivos, sua doutrina sobre as relações entre os casados é, ela também, fundamentada na rocha da tradição cristã, interpretada por São Paulo. Vale a pena conhecer um pouco de um desses fascinantes manuais de amor domesticado:

> Uma das cousas que mais assegurar podem a futura felicidade dos casados é a proporção do casamento. A desigualdade no sangue, nas idades e na fazenda, causa contradição e a contradição discórdia. Perde-se a paz e a vida é um inferno. [...] Dizia um grande cortesão, havia três castas de casamento no mundo: casamento de Deus, casamento do diabo e casamento da morte; de Deus, o do mancebo com a moça; do diabo o da velha com o mancebo; da morte, o da moça com o velho. Ele certo tinha razão, porque os casados moços podem viver com alegria; as velhas casadas com moços vivem em perpétua discórdia; os velhos casados com as moças

apressam a morte, ora pelas desconfianças, ora pelas demasias. [...] Provemos a ver se será possível dar alguma regra ao amor; ao amor, que soe ser a principal causa de fazer os casados malcasados, umas vezes porque falta, e outras porque sobeja. [...] Ame-se a mulher, mas de tal sorte que se não perca por ela seu marido. Aquele amor cego fique para as damas; e para as mulheres o amor com vista. Ou cure os olhos que tem ou os peça emprestado ao entendimento desses que lhe sobejam. [...] Eu considero dois amores entre a gente; o primeiro é aquele comum afeto com que, sem mais causa que a sua própria violência nos movemos a amar, não sabendo o que, nem o porque amamos; o segundo é aquele com que prosseguimos em amar o que tratamos e conhecemos. O primeiro acaba na posse do que se desejou. O segundo começa nela; mas de tal sorte, que nem sempre o primeiro engendra o segundo, nem sempre o segundo procede do primeiro. Donde infiro que o amor se produz do trato, familiaridade e fé dos casados, para ser seguro e excelente, em nada depende de outro amor que se produziu no desejo do apetite e desordem dos que se amarão antes desconcertadamente; a que sem erro, chamamos amores, que a muitos mais empeceram do que aproveitaram. Dê-se a entender a mulher que a coisa que mais deve querer é seu marido. Tenha o marido para si que a coisa que mais deve querer é sua honra e logo, sua mulher.

Mas afinal o que é o amor, ou melhor, esse amor domesticado, no século XVIII? O conhecido *Vocabulário português e latino* define:

> Desde o trono de Deus até a mais ínfima das criaturas, tudo no mundo é amor. No homem – geralmente falando – é uma inclinação da vontade para o que lhe parece bem, ou por via do entendimento, que assim o julga, ou pelas potências e sentidos externos que assim o representam. Destas duas fontes de amor se derivam outros muitos amores, a saber, amor de complacências, e que consiste em querer, por querer, e por amor do próprio bem-amado e não por outra razão. Amor de concupiscência é querer bem em ordem ao bem, convivência ou gosto de quem ama. Amor de benevolência é querer bem para o bem da pessoa amada.

Nessa verdadeira escala de "bem-querer" o amor deveria ser também bondade e caridade, despindo-se de toda a lascívia. Seu manto, que toda a nudez castiga, era feito de castidade. Segundo o mesmo dicionário, o conceito de amor conjugal trazia embutida a denúncia de seu avesso, portanto, do

> [...] amor ilícito, lascivo e profano [...] o maior tirano das virtudes. [...] De todo o seu poder nenhum se pode esperar; nenhuma luz porque está cego; nenhuma fazenda, porque anda nu, nenhum conselho, porque é menino [...] nem tréguas porque anda armado; nem alívio algum porque é açoite dos seus sequazes e o verdugo de seus vassalos.

O modelo de desordem sensual contrapõe-se à necessidade de recato que deve ser obedecida até a força. Se o castigo não for humano, administrado pelo marido ou pelo confessor, será Divino: "Ó almas adúlteras a Deus e miseravelmente enganadas pelo deleite torpe e lucro vil, em cujo sentimento andais, adverti que vosso esposo é zeloso e sabeis que não vos há de perdoar naquele dia; se vos não atreveis a beber as águas amarguíssimas de sua maldição, antecipai-vos a pedir perdão". O esposo divino podia ser igual ao marido terreno, violento e vingativo. Não podia haver dúvidas quanto à qualidade do sentimento desejado, pela Igreja, para os cônjuges. Ora, o amor insere-se na escala da ordem e da aplicação; a paixão naquela da desordem e do perigo. Proibe-se a busca do prazer, associado ao adultério; e o amor conjugal? O bom amor é recompensado com a vida eterna e as paixões, com o inferno e a morte.

E o que seria o desamor? Frei Antônio de Pádua assim define muito bem dizendo que não era tanto "a dureza dos termos e a falta de certos agrados", mas as ofensas embutidas em "alguma espécie de indiferença e desprezo". Manuel de Arceniaga, por sua vez, insistia em que as mulheres "obsequiassem seus maridos", como se isso fosse regra. E Pádua continuava a martelar: "não é ter devida atenção com os homens motivar-lhe alguma pena e não mostrar ao depois sentimento, nem procurar adoçá-la". Fica claro o jogo de compaixões e culpas. Qualquer pequeno dano ao casamento idealizado só acentua a submissão feminina, pois o "erro" é sempre da mulher.

Tudo indica que no fim do século XVIII, alguns casais já tivessem incorporado a ideia do amor domesticado. E sobre o assunto não foram poucas as nossas avós do passado a deixar seus depoimentos. Em 1731, por exemplo, certa Inácia Maria Botelho, paulista, parecia sensível ao discurso da Igreja sobre a importância da castidade, pois se negava a pagar o débito conjugal ao marido. Alegando ter feito votos quando morava com sua mãe e inspirada pelo exemplo das freiras recolhidas em Santa Teresa, se viu estimulada por essa virtude. Sobre seu dever conjugal, contava o marido, Antônio Francisco de Oliveira, ao juiz eclesiástico que, na primeira noite em que se acharam na cama, lhe rogara a esposa que "a deixasse casta daquela execução por uns dias", pois tinha feito votos de castidade. Por outra razão, recusava-se também Margarida Francisca de Oliveira. Seu marido estava, segundo ela, com "a contagiosa moléstia da morfeia". Queixando-se de que não havia "união recíproca" entre ela e seu marido, certa Escolástica Silva Bueno deixara sua casa.

Casos de desajustes conjugais por causa da pouca idade da esposa revelam os riscos por que passavam as mulheres que concebiam ainda adolescentes. Há casos de meninas que, casadas aos 12 anos, manifestavam repugnância em consumar o matrimônio. Em um deles, o marido, em respeito às lágrimas e aos queixumes, resolvera deixar passar o tempo para não violentá-la. Escolástica Garcia, casada com apenas 9 anos, declarava em seu processo de divórcio que nunca houvera "cópula ou ajuntamento algum" entre ela e seu marido, pelos maus-tratos e sevícias com que sempre tivera de conviver. E esclarecia ao juiz episcopal que "[...] ela, autora do processo de divórcio em questão, casou contra sua vontade, e só por favor à vontade de seus parentes e temor a eles; que não estava em tempo de casar e ter coabitação com varão por ser de muito menor idade, assim de tão tenra idade se casou".

Os casos de casamentos contraídos por interesse, ou em tenra infância, somados a outros em que idiossincrasias da mulher ou do marido revelam o mau estado do matrimônio, comprovam que as relações sexuais no sacramento eram breves, desprovidas de calor ou refinamento. Cada vez mais evidencia-se o elo entre sexualidade conjugal e mecanismos puros e simples de reprodução. Maria Jacinta Vieira, por exemplo, bem ilustra a valorização da sexualidade normalizada, destituída de desejo, quando se recusa a copular com seu marido "como animal". Suas recusas, alegava, eram retribuídas com maus-tratos.

Tal como o historiador Edward Shorter percebeu para a Europa do Antigo Regime, os casados desenvolviam, de maneira geral, tarefas específicas. Cada qual tinha um papel a desempenhar perante o outro. Os maridos deviam mostrar-se dominadores, voluntariosos no exercício da vontade patriarcal, insensíveis e egoístas. As mulheres, por sua vez, apresentavam-se como fiéis, submissas, recolhidas. Sua tarefa mais importante era a procriação. É provável que os homens tratassem suas mulheres como máquinas de fazer filhos, submetidas às relações sexuais mecânicas e despidas de expressões de afeto. Basta pensar na facilidade com que eram infectadas por doenças venéreas, nos múltiplos partos, na vida arriscada de reprodutoras. A obediência da esposa era lei.

O poeta Gregório de Matos, conhecido como Boca do Inferno, tinha, nesse sentido uma receita: em "regras de bem viver" destinadas às casadoiras, recomendava que estas não abrissem a boca para falar antes do marido, não aparecessem jamais à janela da casa, se mostrassem econômicas remendando a roupa dos maridos, esperassem-no para jantar comportadamente sentadas em almofadas, soubessem coser, assar e fazer-lhes bocadinhos caseiros. Mesmo no sexo, tinham de ser subservientes: que quando o marido viesse "de fora, vá-se a ele, e faça por unir pele com pele".

E em uma prova, ainda que magra, porém, concreta da representação de dois amores diferentes, canta em poema, a uma certa Custódia, "a diferença que há entre amar e querer". Nada muito diferente da toada dos pregadores e moralistas como pode constatar o leitor:

> Amar e querer, Custódia;
> Soam quase o mesmo fim,
> Mas diferem quanto a mim
> E quanto a minha paródia
> O querer é desejar,
> A palavra está expressando
> Quem diz, quer, está mostrando
> A cobiça de alcançar
> [...]
> quem diz que quer, vai mostrando
> que tem ao prêmio ambição
> e finge uma adoração
> um sacrilégio ocultando
> [...]
> Quão generoso parece
> O contrário amor; pois quando
> Rigor está suportando
> Nem penas crê que merece
> Amar o belo é ação
> Que toca ao conhecimento
> Faz, que a sua inclinação
> Passe por entendimento
> Amor generoso tem
> O amor por alvo melhor
> Sem cobiça, ao que é a favor
> Sem temor ao que é desdém
> [...]
> Custódia eu considero
> Que o querer é desejar
> O amor é perfeito amar
> Eu vos amo e não vos quero.

Nessas relações, quase não havia espaço para o amor erotizado e as mulheres se entregavam aos maridos por amor a Deus. Enfim, Deus e não o simples amor deve ser o eixo da vida humana. O que sabemos com base na documentação é que, longe de personagens como a princesa Magalona e seu amado Pierre, da imperatriz Porcina e do imperador Ludônio, heróis de romances que atravessaram o Atlântico com as naus portuguesas, os casados provavelmente não viviam amores rebeldes, mas, aos nossos olhos de hoje, incompletos. Remédio contra o desejo, antídoto contra a fornicação gratuita, o amor pouco tinha das imagens açucaradas que observamos na poesia lírica. Em comum com os romances que circulavam nas colônias, um dado fundamental: tanto nos temas amorosos quanto na vida real, os amantes não realizam seus desejos. Mas será que o monopólio desse ideal, ideal do amor domesticado, conseguiu se impor entre nós, ou ficou afeito a um pequeno grupo de letrados, de devotos, seguidores das normas da Igreja? É o que veremos a seguir.

Na terra de Santa Cruz, como o Diabo gosta

As pesquisas têm demonstrado que as ideias reformadoras de católicos e protestantes só lentamente se traduziram em efetivas mudanças de comportamento por parte da população cristã. O processo variou em seu ritmo conforme as regiões atingidas, mesmo se considerarmos apenas o continente europeu. A exportação da Reforma Católica, para o além-mar multiplicou as dificuldades normalmente impostas a uma tarefa dessa natureza. Pense, leitor, em algumas delas como as grandes distâncias; a falta de clérigos; a precária estrutura paroquial diante de um imenso território de ocupação populacional dispersa; as peculiaridades culturais de uma sociedade híbrida na qual, além disso, se despejavam continuamente, por meio do degredo, elementos desviantes da metrópole; e os vícios inerentes à escravidão e ao desmedido poder local concedido aos senhores. Tudo isso atrasou a efetivação da Reforma – entendida como projeto da aculturação – na colônia. E aqueles que se esperava que seguissem os preceitos da Contrarreforma com maior fervor, os padres, estavam longe de serem homens acima de qualquer suspeita. Como tantos, eram feitos de carne e osso. Mais carne, até.

É o que nos mostra a historiadora Lana Gama Lima, que estudou em detalhes casos como o de Marciana Evangelha, moça solteira de 29 anos que, no Maranhão, denunciara o jesuíta José Cardoso ao comissário do Santo Ofício, Antônio Dias, do Colégio da Companhia de Jesus, em 16 de outubro de 1753. Ela o acusara de pedir-lhe "seu sêmen", de dizer que "a desejava ver nua" ou ainda de lhe pegar "nos peitos no confessionário". Sobre as relações do padre e a moça, sabia-se, por exemplo – e é o Comissário quem anota – que esta "[...] o trazia doido e fora de si e que por ela perdia muitas vezes o sono da noite, o que nunca lhe sucedera com outra mulher alguma" e, ainda, que "por amor dela havia de sair da religião". Seduzida por declarações ardentes e promessas, a moça atrapalhava-se nos depoimentos. Tanto que, passado mais dois dias, voltou novamente à presença do Comissário para declarar que o padre lhe garantira que, "[...] se consentisse com ele lhe daria remédio para que ficando corrupta parecesse virgem e que para não conceber lhe daria também remédio".

Românticos não eram raros. E havia alguns, como o padre Francisco Xavier Tavares, capaz de uma súplica cavalheiresca a Maria Joaquina da Assunção, mulher casada: "[...] se queria ter com ele uns amores e se consentia que ele fosse a sua casa". Outros confessores chegavam a requintes galantes, ofertando flores às suas escolhidas em pleno confessionário ou fazendo como o padre Custódio Bernardo Fernandes que, no Recolhimento das Macaúbas, em Minas Gerais, dissera a Catarina Vitória de Jesus que lhe queria bem. Mais, perguntando se ela era sua, meteu na boca um raminho, pedindo-lhe que o puxasse com seus dentes.

Mas havia, também, o avesso da história. O confessionário era tido como espaço ideal para a abordagem de mulheres diabolicamente sedutoras. Ao receber "um escrito" amoroso da parda Violante Maria, o pároco João Ferreira Ribeiro, mandou-lhe um recado "por um mulato seu confidente" para que fosse à igreja de Santo Antônio e, acabada a missa, fosse ter com ele no confessionário. Marcaram então um encontro no caminho que ia para o lago e "[...] lá entraram ambos no mato e teve ele acesso carnal a ela". "Outra vez, também no confessionário" – a mesma Violante – "conversou com o padre que lhe falou que demorasse um pouco para que os outros pensassem que se confessava". É dela que parte a iniciativa da conquista.

Diferentemente da metrópole, onde, segundo os viajantes estrangeiros, os namorados conversavam em coches e cadeirinhas, noite adentro na praça do Rossio, os lugares do amor na colônia eram bem outros. Entre nós, os encontros tinham lugar em quintais, becos, roças, beiras de rios e adros de igrejas. Segundo o historiador Ronaldo Vainfas, esta era uma colônia de poucas cidades e casas

O padre e a moça: uma dupla capaz de incendiar os confessionários.

devassadas. Entre nós as coisas se faziam pelos matos, "em cima das ervas", em especial no caso de relações proibidas. E o autor chama atenção para o grande paradoxo: um espaço por assim dizer, público, como era o mato ou a beira de um rio, podia ser mais apto à privacidade exigida por intimidades secretas do que as próprias casas de parede-meia ou cheia de frestas.

As relações ditas pecaminosas é que chegam ao conhecimento do historiador, visto que vigiadas, perseguidas e, por isso, muito bem documentadas. Tomemos o exemplo das igrejas paroquiais, convertidas, nesse tempo, em espaço para namoricos, marcação de encontros proibidos e traições conjugais. Não foram poucas as pastorais setecentistas exigindo a separação de homens e mulheres no interior das capelas e naves, compreendendo-se, assim, o porquê de uma carta pastoral como a de D. Alexandre Marques, de 1732, proibindo a entrada nas igrejas de "pessoas casadas que estiverem ausentes de seus consortes". Nas igrejas, portanto, brotavam romances. E nelas, muitas vezes, se abrigavam os amantes – o que estava longe de ser uma originalidade colonial, havendo registros desses fatos em Portugal e noutros países europeus desde a Idade Média. Não por acaso um manual português de 1681, o de Dom Cristóvão de Aguirre, continha as perguntas: "se a cópula tida entre os casais na Igreja tem especial malícia de sacrilégio? Ainda que se faça ocultamente?". Lugar de culto, lugar público, a Igreja seria também um lugar de sedução e de prazer. Um lugar onde, vez por outra, leitor, Deus dava licença ao Diabo...

No Brasil, as missas do século XVIII eram animadas por toda a sorte de risos, acenos e olhares furtivos, transformando, para desgosto dos bispos reformadores, as igrejas em concorridos templos de perdição. A luz bruxuleante, as arcadas e as colunas e os múltiplos altares laterais ofereciam recantos resguardados da curiosidade alheia, onde se podia até mesmo tentar gestos mais ousados, como um beijo ou um aperto de mão. A costumeira reclusão das donzelas de família e a permanente vigilância a que estavam expostos todos os seus passos, tornavam missas, procissões, ladainhas e novenas ocasiões sedutoras, para as quais contribuíam os moleques de recados e as alcoviteiras, ajudando a tramar encontros. Abrigo de amantes, a Igreja logrou converter-se, em certas circunstâncias, em um dos raros espaços privados de conversações amorosas e jogos eróticos, os quais envolviam nada menos do que os próprios confessores. E tais jogos eram perpetrados até mesmo, como já vimos, no refúgio dos confessionários.

No Brasil Colônia, os sentimentos pareciam ligados às sociabilidades tradicionais, aflorando nas experiências concretas e cotidianas.

Poemas, beliscões e tosse: a sedução cotidiana

No século XVIII, a poesia feita nas colônias, dará maior visibilidade ao amor e às práticas de sedução. Nela, o leitor há de reconhecer o tipo de sentimento com que está familiarizado. Nela, também, o poeta louva, sobretudo, a mulher que está predisposta ao enamoramento: "Olhos que amor acende duma suave chama/ que o peito não ama fazeis depressa amar", canta o poeta e músico Domingos Caldas Barbosa. O amor, também, ganha um corpo que imita a natureza:

> As ternas pombas em que amor pintando-se
> estão perfeitamente
> ora beijando-se ora catando-se
> ora entregues ao seu desejo ardente
> fazem... mas quem ignora?
> o que Amor fazer manda a quem se adora
> Vê que nos ternos brincos destas aves
> te deu, Marília, bela
> de amoroso prazer lições suaves

entoa o baiano Alexandre de Gusmão. A poesia aproxima o amor da carne, olvidando o recato e a norma. Ela, também, nos permite entrever as mulheres dispostas a participar do mundo dos sentidos. Incita a proximidade física, como revelam outros literatos da colônia: "Vem unir-te comigo", convida Gusmão. E Francisco de Melo Franco: "arredonde os braços em torno ao seu amante". O crítico literário Afonso Romano de Sant'Anna já observara como a oralidade está presente na poesia romântica, como um impulso de incorporação do objeto do desejo. Textos exibem com insistência as palavras "boca", "beijos", "seios", em uma mostra clara de que faziam parte do universo do enamoramento. Há mesmo os mais diretos, como Bocage, poeta luso, que não hesita em declarar: "Eram seis da manhã, com um chupão lhe saudei a rósea boca".

Tais carícias e afagos situam os amantes no território de práticas amorosas. Vamos observá-los: "[...] diz Ana de Ramos desta vila que estando ela suplicante vivendo honesta e recolhidamente em casa de sua mãe, nela a desinquietou com carícias e afagos José da Rocha Maia", conta uma desapontada seduzida ao juiz eclesiástico. Sabemos que o território de práticas amorosas no enamoramento também já fora mapeado pela Igreja. Eram muitos os esforços para limitar o uso do corpo no caminho do amor conjugal, esforços controlados pelos padres que em confissão perguntavam se os amantes tinham-se tocado, se guardavam retratos ou "memórias", um do outro, se usavam a correspondência para se comunicar, se sonhavam "com deleite" ou se aceitavam ser alcovitados por terceiros. Aos homens proibia-se, por exemplo, deitar pensando em mulher.

Como já viu o leitor, a concepção pecaminosa do sexo, característica do cristianismo, implicava proibição de tudo o que aumentasse o prazer. Desde as carícias que faziam parte dos preparativos do encontro sexual até singelos galanteios. Na verdade, os casamentos contratados pelas famílias, em que pouco contava a existência de atração entre os noivos, submetidos sempre à constante vigilância, deixavam pouco espaço para as práticas galantes, que tiveram de se adaptar às proibições. Mensagens e gestos amorosos esgueiravam-se pelas frinchas das janelas ou sobrevoavam o abanar dos leques. Tanto controle transformava as cerimônias religiosas – uma das únicas ocasiões em que os jovens podiam encontrar-se sem despertar suspeitas e repressões dos pais ou confessores – em palco privilegiado para o namoro. Não foram poucos os amores que começaram num dia de festa do padroeiro ou de procissão, havendo até os que esperavam a Quinta-feira Santa e o momento em que se apagavam as velas, na Igreja, em respeito à Paixão de Cristo, para aproximar-se um do outro. E no escurinho, choviam beliscões e pisadelas, gestos de extrema afetividade no código amoroso desse período.

A visita regular do noivo a casa da noiva era motivo do temor da Igreja, que receava que os prometidos tivessem relações sexuais. E isso efetivamente ocorria em todos os grupos sociais, apesar dos traços acentuadamente patrilarcais vigentes no mundo luso-brasileiro. Era só os pais saírem de casa, e redes e esteiras serviam para os embates amorosos. Isso quando não se usavam "os matos", as praias, os quintais, todo o canto, enfim, que desse um pouco de privacidade. O título 21 do v livro das Constituições trata de um dos cenários ideais para as seduções e as práticas amorosas. Eram os chamados "desponsórios de futuro". O texto não deixa margem a dúvidas: "Não coabitem com suas (futuras) esposas vivendo ou conversando sós em casa, nem tenham cópula entre si", recomendavam as Constituições Primeiras do Arcebispado da Bahia. Na ausência da família, agregados ou escravos e às vezes com a conivência destes, amantes davam livre curso ao que a Igreja condenava como jogo de "abraços desonestos" – e que o leitor, hoje, identificaria a um "amasso".

Os tais "abraços desonestos" costumavam ter sérias consequências nos meses seguintes. Quem nos conta isso são os processos de rompimentos de esponsais, sedução e defloramento. Eles nos revelam os detalhes da intimidade dos casais de enamorados ou noivos como, também, o percurso desses amores efêmeros.

O gosto acre do desespero, o corpo desolado e a alma rasgada em pedaços deixa marcas nos documentos históricos. As reclamações das mulheres que haviam sido seduzidas e abandonadas revelam de que forma a exploração sexual se fazia, aparentemente, sem maiores consequências para os homens. Cientes, contudo, por meio dos sermões de domingo e do confessionário, do rigor com que o moralismo eclesiástico perseguia as infrações, as mulheres se vingavam, extraindo da mesma pregação moralista elementos para condenar seus companheiros de "brincos e tratos ilícitos" – nome que se dava às preliminares e às relações amorosas. Uma vez dados tais passos, as mulheres engravidadas invocavam, na medida de suas conveniências, valores como "virgindade roubada" ou "quebra de promessa de esponsais" para passar de um degrau ao outro: da sedução ao casamento. A Igreja então recompensava as "arrependidas" com processos eficientes e rápidos que garantiam seus objetivos institucionais: difundir o casamento.

Mas vamos, leitor, olhar um desses casos pelo buraco da fechadura da história. Paraty, início do século XIX, "a ofendida Felicidade Maria" dá queixa na Justiça contra Joaquim Pacheco Malvão.

> Respondeu que o motivo da queixa foi em razão de ter o dito Joaquim Pacheco Malvão emprenhado a ela interrogada. [...] Perguntado se para isso fora forçada. Respondeu que não, apenas lhe prometera brincos, e cortes de vestidos. Perguntado mais se tem mais alguma queixa contra o dito Joaquim Pacheco. Respondeu que só tem queixa de ter o dito Joaquim Pacheco deflorado e emprenhado a ela interrogada, sendo ele único homem que a conheceu...

E conta uma testemunha:

> [...] que tem plena convicção ser o Réu quem ofendera a Autora, sendo certo que nunca presenciou a Autora conversar com outro homem que não fosse o Réu [...] que na tarde em que encontrou a Autora e o Réu juntos ao pé do rio, ele testemunha vira em ocasião que a Autora estava tirando laranjas quando passara o Réu, e fazendo um aceno para a Autora esta o acompanhou para o rio onde fora buscar água [...] em uma ocasião haverá dois meses mais ou menos, indo ele testemunha na sua roça em a praia da Jabaquara cortando um pau vira passar a ofendida e logo o Réu, e dirigirem se para o mato e que ele testemunha presenciara e vira a ofendida e o Réu estarem no mato juntos e unidos um por cima do outro a fazerem movimento com o corpo, e que ele testemunha vendo este ato, voltou sem dar a perceber a ninguém. [...]

> Disse mais que por duas vezes indo ela testemunha a sua roça que fica perto de sua casa ai vira debaixo de um arvoredo [...] o Réu com a ofendida, unidos deitados, um por cima do outro, e fazendo movimento com o corpo. Disse mais que a ofendida dissera a ela testemunha que o Réu lhe havia prometido casamento, um corte de vestido e um par de brincos, e que se alguma coisa acontecesse o Réu lhe havia de amparar...

Singela, quase simplória essa cartografia de nossa sedução: uma promessa, um lugar tranquilo, mas sem privacidade, a condição de pobreza dos amantes. Condição, diga-se, da majoritária população da colônia, e na qual se fabricavam muitas famílias chefiadas por mulheres.

Longe de passar uma impressão de promiscuidade das classes subalternas, a confissão das "ofendidas" realça, ao contrário, que os amantes se submetiam a um verdadeiro código de sedução. Nada se fazia sem galanteios, presentes, visitas. Mais do que discutir o defloramento ou a gravidez, ao juiz elas recordam as cartas de amor, a frase apaixonada, a troca de presentes e mimos, as eternas promessas de casamento, enfim, contas de um rosário cuja cruz é um filho que não se quis. Ah, os infortúnios da virtude! Ser seduzida "com promessas de amor" e depois "levada de sua virgindade" era comum. Carinhos, afagos, "sinais amatórios" são alguns dos muitos signos do ritual de sedução encontrados em relatos processuais. "Eu hei de casar com você" era capaz de prometer um pretendente, aparentemente, apaixonado para conseguir seu intento.

A presença de rituais amorosos refletia-se, também, nas prédicas da igreja. Os manuais de confissão são um bom retrato do que se permitia ou se proibia entre namorados e, cotejados com os processos, mostram as diferenças e as semelhanças entre o que se dizia e o que se fazia. Referências a "retratos, prendas ou memórias de quem se ama lascivamente" ou sobre práticas de "recados", "palavras torpes" e "jogos de abraços desonestos" tinham suas respostas nos processos. Neles, fica-se sabendo que as mulheres, como Felicidade Maria, além de brincos ou cortes de vestidos recebiam corações de ouro, fitas achamalotadas, coifas de cabeça, utensílios até de cozinha e, para as mais simples, mesmo alimentos, como "laranjas e palmitos", tinham sentido de "dádiva amorosa". As promessas de casamento selavam-se por meio de correspondência enamorada, na qual os amantes se chamavam "meu benzinho da minh'alma", ou "meu coração" e prometiam viver e morrer juntos assinando-se como "o amante firme". A sedução fabrica-se, pois, com a palavra, o gesto e o escrito.

Para além desses amores em que o Diabo se metia há, ainda, registros de estratégias de sedução que soariam pouco familiares e mesmo pueris aos olhos de hoje. É o caso do "namoro de bufarinheiro", corrente em Portugal e talvez no Brasil, ao menos nas cidades e descrito pelo jornalista e acadêmico Júlio Dantas. Consistia em passarem os homens a distribuir piscadelas de olhos e a fazerem gestos sutis com as mãos e as bocas para as mulheres que se postavam à janela, em dias de procissão religiosa, como se fossem eles bufarinheiros a anunciar seus produtos. É também o caso do namoro de escarrinho, costume luso-brasileiro dos séculos XVII e XVIII, no qual o enamorado se punha embaixo da janela da moça e não dizia nada, limitando-se a fungar à maneira de gente resfriada. Se a declaração fosse correspondida, seguia-se uma cadeia de tosses, assoar de narizes e cuspidelas. Escapa-nos, totalmente, o apelo sedutor que os tais "escarrinhos" poderiam ter naquele tempo, mas sabe-se que, até hoje, no interior do país, o namoro à janela das moças não desapareceu de todo.

É difícil auscultar os sentimentos e os apelos eróticos da sociedade colonial, sendo as fontes tão pouco numerosas, esclarece Ronaldo Vainfas. As da Inquisição referem-se a "palavras de requebros e amores" e a "beijos e abraços", sugerindo prelúdios eróticos e carícias entre amantes. Atos sexuais incluíam toques e afagos, implicando erotização das mãos e da boca. "Chupar a língua", "enfiar a língua na boca", segundo os mesmos documentos, não era incomum. Os processos revelam, igualmente, que alguns sedutores iam direto ao ponto: "pegar nos peitos" e "apalpar as partes pudentes" eram queixas constantes das seduzidas.

Processos de sodomia masculina, por exemplo, revelam amantes que "andavam ombro a ombro", se abraçavam, trocavam presentes e penteavam-se os cabelos mutuamente à vista de vizinhos, desafiando a Inquisição, sua grande inimiga. É conhecido o caso de certo João de Carvalho, um rapaz que ensinava latim e linguagem para os filhos dos moradores de uma freguesia em São João del Rey, no século XVIII. Apaixonado por um de seus alunos, lhe mandava bilhetes nos quais dizia: "Luiz, meu amorzinho, minha vidinha! Vinde para o bananal que eu lá vou com a garrafinha de aguardente".

Rituais de namoro entre homossexuais não se distinguiam dos demais. Luís Delgado, estanqueiro de fumo em Salvador da Bahia, se tornou conhecido

Embora pintado em Paris e inspirado de paisagens italianas, o quadro de Belmiro de Almeida procura representar os valores de amores campestres, ingênuos e pueris: com o dedo no queixo, a moça parece se perguntar se vale a pena o agrado do mancebo que afaga seu pescoço com um raminho. A rosa branca, por sua vez, simboliza a pureza, ideal dos mais valorizados desde sempre.

por demonstrar publicamente a paixão que nutria por seus sucessivos amantes, beijando-os na frente de outras pessoas, regalando-os com presentes de fino trato, vestindo-os com "galas", ou seja, roupas e sapatos caros, andando juntos debaixo de um grande guarda-sol, para escândalo e escárnio de seus inimigos. Era comum a troca de "memórias de ouro", ou seja, um anel de compromisso. Em um arrufo com um deles, certo Doroteu Antunes, de quem morria de ciúme, ameaçou-o aos gritos, defronte da Fonte dos Sapateiros: "Com isso me pagais do amor que vos tenho e o muito que convosco gasto, dando-vos dinheiro, vestidos, casas em que morais e tudo o mais que vos é necessário?!" Outro, Luís da Costa, o tabaqueiro, costumava pegar na mão, "dizendo-lhe que era afeiçoado a ele e o queria muito gentil-homem e tinha uma cara como uma dona".

Outra cena pública, de grande ciúme, teve certa Isabel Antônia, apelidada "a do veludo", referência ao falo que usava nas relações, também moradora de Salvador. Ela tinha conturbada relação com Francisca Luiz, causando grande escândalo na cidade, pela violência e pelo excessivo zelo que tinha com a amante. Em uma delas, ao saber que a amiga tinha saído com um homem, dirigiu-se a ela, aos brados de: "velhaca! Quantos beijos dás ao seu coxo [amante] e abraços não dás a mim! Não sabes que quero mais a um cono que a quantos caralhos aqui há". Disse isso tudo aos berros, pegando-a pelos cabelos, trazendo-a à porta de casa com bofetões à vista dos vizinhos.

Arroubos não foram incomuns; beijos roubados e furtivas bolinações eram práticas usuais regadas a propostas lascivas e palavras amatórias. Alguns tocamentos podiam ser tímidos, escondendo confessados desejos. Rostos e mãos levemente roçados por dedos ávidos ou mãos apertando outras. Fazer cócegas na palma da mão e pôr a mão sobre o coração para dizer o querer bem era parte da gramática amorosa. Em algumas ocasiões, eram os pés que agiam, ligeiros a alisar outros pés. Alguns afagos eram apenas esboçados, a anunciar a vontade de outros mais ousados, enquanto se elogiava a formosura da mulher. Conjugava-se muito os verbos estimar e querer bem. O folclorista Luís da Câmara Cascudo estudou o significado de numerosos gestos que serviam de código de conversação entre namorados, impedidos de expressar de forma mais declarada seus sentimentos.

A magia erótica

O Diabo devia gostar também de certo costume muito difundido em Portugal e no Brasil do século XVI, de dizer-se palavras de consagração da hóstia em meio aos atos sexuais. Acreditava-se então que proferir em latim na boca do parceiro sexual as palavras com que os padres diziam estar o corpo de Deus contido na hóstia podia ter grandes resultados: manter a pessoa amada sempre junto a si e prendê-la, portanto; fazê-la querer bem e, nesse caso, conquistá-la; impedi-la de tratar mal a quem proferisse as palavras da sacra em pleno ato sexual, evitando humilhações e maus-tratos que os homens impingiam com frequência às mulheres. Eram elas, por sinal, que mais utilizavam esse expediente, "consagrando" os maridos e os amantes, tal qual hóstia, em meio aos prazeres da carne. Mas não era impossível que os próprios homens se valessem desse recurso, quando queriam conquistar e seduzir. Seja como for, o sagrado invadia o profano e pode-se mesmo imaginar o quão peculiar devia ser o enlace de corpos naqueles tempos, os amantes ou casais proferindo, entre gemidos e sussurros *o hoc est enim corpus meum*, a intimidade temperada pelo ritual da missa, conta Ronaldo Vainfas.

Com a erotização das palavras eucarísticas, explica Vainfas, adentramos o vasto terreno das magias amorosas, das crenças e dos ritos que, por vezes, foram assimilados à feitiçaria e relacionados pelo Santo Ofício à ocorrência de pactos diabólicos. Essas magias amorosas remetem às autênticas expressões de religiosidade popular, de práticas mágicas, que a historiadora Laura de Mello e Souza relacionou à preservação da afetividade. As fontes inquisitoriais, relativas ao vasto período dos séculos XVI ao XVIII, em várias partes da colônia, trazem à luz diversos artifícios então adotados que poderíamos chamar de magia erótica. Antes de tudo, as "cartas de tocar", magia ibérica que se fazia por meio de um objeto gravado com o nome da pessoa amada e/ou palavras, o qual encostado na pessoa seria capaz de seduzi-la. A *Celestina* de Rojas usava favas para facilitar mulheres a homens, bastando nelas gravar o nome das presas cobiçadas, depois de encostado o fetiche nas moças. No Brasil não se usavam favas, mas papéis, por vezes contidos em bolsas de mandingas para "fechar o corpo".

Nas visitações que fez o Santo Ofício no século XVI, descobrem-se várias bruxas, pois disso foram chamadas as acusadas de vender as tais "cartas" e divulgar outras magias eróticas. Em Minas, no século XVIII, certa Águeda é acusada de possuir um papel com algumas palavras e cruzes, "carta" essa que servia para as mulheres tocarem em homens desejados sexualmente. No Recife, certo Antônio Barreto era quem portava um papel com signo salmão e o credo às avessas, magia que servia para fechar o corpo e facilitar mulheres: "qualquer mulher que tocasse a sujeitaria sua vontade".

Além das cartas de tocar recorria-se, com idênticos propósitos, às orações amatórias, práticas universalmente conhecidas e muito comuns na colônia. Esse era um ramo de magia ritual em que era irresistível o poder de determinadas palavras e, sobretudo, do nome de Deus, mas, que não dispensava o conjuro dos demônios. Tudo com o mesmo fim de conquistar, seduzir e apaixonar.

A bruxa baiana do século XVI, certa Nóbrega, mandava rezar junto do amado: "João eu te encanto e reencanto com o lenho de Vera Cruz e com os najos filósofos que são trinta e seis e com o mouro encantador que tu não te apartes de mim e me digas quando souberes e me dês quando tiveres, e me ames mais do que todas as mulheres". Não tão melodiosa quanto a oração da Nóbrega era a que fazia Maria Joana do Pará setecentista – reza que a moça proferia fazendo cruzes com os dedos: "Fulano, com dois te vejo, com cinco te mando, com dez te amarro, o sangue te bebo, o coração te parto. Fulano, juro-te por esta cruz de Deus que tu andarás atrás de mim assim como a alma anda atrás da luz, que tu para baixo vires, em casa estares e vires por onde quer que estiveres, não poderás comer, nem beber, nem dormir, nem sossegar sem comigo vires estar e falar". Poder-se-ia, também, aqui multiplicar os exemplos de rezas com fins eróticos que aludiam às almas, ao leite da Virgem, às estrelas, ao sangue de Cristo, aos santos, anjos e demônios.

Revelador de certa mistura religiosa pagã e cristã, o domínio dos sortilégios, a exemplo das orações é tão mais singular, quanto irrigado no Brasil, pelo fluxo de ingredientes culturais africanos e indígenas. Sortilégios e filtros para "fazer querer bem", seduzir, reter a pessoa amada eram passados pela tradição oral, multiplicados pelo uso cotidiano, convivendo entre os mais diversos grupos sociais. E neles, diferentemente das cartas de tocar ou das orações amatórias, o que vale é o baixo corporal que aparece referido diretamente, quando não tocadas ou usadas partes genitais e o líquido seminal. Ensinando a uma de suas clientes um bom modo de viver bem com seu marido, a Nóbrega da Bahia mandou que a mulher furtasse três avelãs, enchesse os buracos abertos com pelos de todo o corpo, unhas, raspaduras de sola dos pés, acrescesse a isso uma unha do dedo mínimo da própria bruxa e, feita a mistura, engolisse tudo. Ao "lançá-los por baixo", pusesse tudo no vinho do marido. Para driblar dificuldades, a receita – como vê o leitor – era simples.

Amantes desprezados, enamorados em dificuldades, todos apelam à piedade popular na tentativa de reaver a felicidade amorosa. Na ineficiência da intercessão divina, recorre-se também ao Demônio: "[...] lavar-se no rio com folhas de árvores e repetir – Diabo, juro me fiar de ti, me lavo com estas folhas para fulana me querer bem", ensinava certo índio processado pelo Tribunal do Santo Ofício.

Outro artifício ensinado pela mesma Nóbrega, envolvia o sêmen do homem amado. Consistia em, consumado o ato sexual, a mulher retirar da própria vagina o sêmen, colocando-o no copo de vinho do parceiro. Nóbrega garantia, beber sêmen "[...] fazia grande bem, sendo do próprio a quem se quer". Aos fins do século XVI, Guiomar de Oliveira confessava ao visitador do Santo Ofício Heitor Furtado de Mendonça que teria "[...] aprendido dos Diabos que semente de homem dada a beber fazia querer grande bem, sendo semente do próprio homem do qual se pretendia afeição depois de terem ajuntamento carnal e ter caído do vaso da mulher". O contato com a "madre", ou seja, com o baixo corporal feminino, conferia poderes mágicos e ora servia para querer bem, ora para sujeitar vontades, por isso a negra Josefa, em Minas setecentista, lavava as partes pudentes com a água que misturava à comida de seu marido e de seus senhores.

Sendo a mulher um agente de Satã, toda a sexualidade feminina podia prestar-se à feitiçaria. Seu corpo, ungido pelo mal, tornava-se o território de intenções malignas. Cada pequena parte seria representativa desse conjunto diabólico, noturno e obscuro. Além dos sucos femininos, também os pelos compõem essa ambígua farmacopeia que trata e cura as astúcias do Demônio. Adoentada, a negra Tomásia, em 1736, na Bahia, foi tratada com defumadouros com "cabelos das partes venéreas" de duas outras escravas e material seminal resultante da cópula de ambas com um padre exorcista. Gilberto Freyre enumera pelos de sovaco ou das partes genitais, suor, lágrimas, saliva, sangue, aparas de unhas, esperma, sangue menstrual, urina e fezes entre as substâncias usadas por catimbozeiros na preparação de feitiços amorosos, observando que a perícia nesses feitiços e na confecção de afrodisíacos foi responsável pelo prestígio de que gozavam os escravos macumbeiros entre os senhores brancos "já velhos e gastos", necessitados, portanto da ajuda de forças ocultas e poderosas.

Nesse contexto é que se devem compreender atitudes como a do padre Marcos Teixeira, jesuíta do colégio de Santo Antão, em Lisboa. O padre, useiro e vezeiro em meter as mãos nos peitos das penitentes, ao confessar, em 1744, Francisca Teresa de Figueiredo, moradora da Vila de Sertã no Priorado do Crato, em Portugal, "[...] lhe dissera que lhe havia de dar, no outro dia uns cabelos de suas partes pudentes e que se no outro dia não tivesse ocasião de lhe dar os ditos cabelos, que lhes daria para o ano, quando tornasse em missão". Esse costume também foi trazido para a colônia pois, nessa mesma época, no Maranhão, padre José Cardoso, também jesuíta, era denunciado por pedir a Marciana Evangelha, moça solteira de 29 anos, "uns cabelos da parte baixa" e um pouco de seu sêmen.

Ciúme e zelo

Amores produzidos no "apetite e na desordem", amores feitos de paixão, o eram também de ciúme. Pois amar é também ser cioso, é duvidar e desafiar como vemos em algumas situações do passado. Certa Rita Maria Alves Pimenta queixava-se a um delegado que:

> [...] no dia 11 de julho às 7 horas da noite pouco mais ou menos, estando em sua casa pacificamente, entrara sem seu consentimento Geralda Crioula com cipó na mão descompondo a suplicante com palavras injuriosas, dando-lhe várias cipoadas e pegando-lhe nos cabelos, chegando agarrar-se a suplicante arranhando-lhe toda e fazendo-lhe contusões, como visivelmente se vê, e como tal procedimento seja irregular e muito atrevido quer a suplicante sua justiça [...].

A ré, Geralda Crioula, filha de Ana Crioula, 30 anos, casada, justificou sua ação dizendo que:

> [...] indo à procura de certo sujeito o qual é cativo, o encontrara saindo da casa da autora, a qual o acompanhando no chegar da porta da rua, lançava-se ela apaixonada por já estar com seu sujeito há muito tempo sabe a autora, e ai tiveram lugar agarrando-lhe pelos cabelos, mas que não lhe dera com o cipó como ela autora diz em sua queixa, antes ela autora, fora que lhe ficara com o vestido nas mãos, indo ela ré só com o pano do mesmo de volta para sua casa, o que teve lugar em a noite de domingo passado, e que d'este modo tem ela alegado a sua razão [...].

O convívio familiar apresentava traços que oscilavam entre dois extremos. Nele, segundo o historiador Luciano Figueiredo, a excessiva violência ou o excessivo amor confundiam-se. Na convivência entre homens e mulheres das comunidades mineiras, no século XVIII, por exemplo, ficavam evidentes condutas firmadas em um cotidiano no qual os padrões da Igreja pouco participam. Nesse sentido, tais condutas revelariam uma ordem familiar em que ocorriam conflitos às vezes violentos, nos quais as mulheres não se mostravam passivas, em que havia atitudes contrárias à ordem escravista e comprovações extremadas de afeto. Eram atos em que é possível iniciar a complicada tarefa de estudar sentimentos e atitudes condenadas aos olhos da Igreja.

Consumido de ciúme, da crioula Perpétua de Miranda, Manuel Borges "[...] arrombou a parede do quintal dela e esse se foi por cima do telhado para entrar na casa dela por suspeitar que ela não lhe abria a porta por ter alguém entrado em casa e depois [...] lhe deu muita pancada", em 1743, Minas Gerais. Em Vila do Príncipe, o padre Manuel de Amorim Pereira tentava garantir seu relacionamento dando "pancadas noutro homem por respeito de uma negra", sua amásia. O reverendo Simão Peixoto não aceitava o fim de sua relação com a parda forra de apelido "a Rabu". Quanto mais o padre insistia na reconciliação, mais a mulher resistia. As "descomposturas indecentes a seu estado", mediante xingamentos e discussões em público eram frequentes até chegar à luta física. Após muitas brigas entre o casal, "de que resultou quebrar-lhe a cabeça", a mulher "vendo-se ferida, correu atrás dele com um espeto na mão". Dessa vez são atitudes públicas nas quais transparecem não só a existência de um comportamento amoroso, mas os conflitos, a paixão e o afeto que lhe estão subjacentes. Na acusação dirigida ao tenente Manuel de Marins, em Itaverava, foi afirmado seu amancebamento com a preta forra Josefa, solteira, porque entre outros agravantes ele lhe dava "por zelo, muitas pancadas".

A relação entre zelo e violência que, hoje, nos deixa de cabelos em pé, em verdade é a chave do discurso que aparece em vários documentos. Como conhecemos atualmente em dia, "zelo" tem a acepção de cuidado, desvelo, pontualidade e menos frequentemente pode até significar afeição íntima ou ciúme. Em sua acepção original, contudo, *zeluz* significa ciúme e tem a ver com cultuar o ardor fora do casamento e dedicá-lo à mulher e não a Deus. Nesse caso, a acusação de zelo parece sintetizar a solução para a condenação da paixão e do afeto fora do casamento, em uma região em que a Igreja tinha dificuldade em difundir esse sacramento.

Graças à perspectiva de conhecer a manifestação dos sentimentos é possível reconstituir, segundo Figueiredo, outras dimensões do convívio particular, em sua dimensão de harmonia dos relacionamentos. Assim que na Freguesia do Inficionado, Inácio Franco que vivia com a mulata forra Maria, "dá gravíssimo escândalo ao mundo por trazer a cavalo à missa e tratá-la com fausto". Outro apaixonado comprava para sua concubina "uns capados e uns negros, dizendo era para a dita Maria Costa". Outro ainda, um sargento-mor, cedia suas escravas para sua amásia, a parda Francisca e, como se não bastasse, a levava para sua casa para servir à mesa na ocasião de banquetes quando, com outros convidados, "bebiam todos à saúde dela". É a continuidade das relações com escravas que parece resultar na concessão de alforrias, muitas vezes, extensivas aos filhos do casal. João Barbosa, concubinado com uma preta "deu ouro para a dita se forrar". O ferrador Antônio de tal, pardo, forro, "concubinado com Josefa Angola, sua escrava, que a comprou para se casar com ela".

Na visita pastoral realizada à paróquia de São Luís de Vila Maria do Paraguai em julho de 1785, o visitador cônego Bruno Pina escutou do fazendeiro Leonardo Soares de Souza que vivia concubinado com uma negra solteira chamada Rosa, sua ex-escrava por ele alforriada, que "a queria muito". Todas as acusações da visita ocultam histórias em que o casamento católico parece apagado pela sedução que conduz ao adultério e termina impondo o concubinato. A visita descobre também as manifestações de afeto de Valentim Martinez da Cruz, branco, solteiro para com sua escrava Joaquina que tem em seu engenho e com a qual tem vários filhos e é denunciado "porque tem visto a afabilidade com que a trata".

Falas amorosas proferidas diante dos tribunais eclesiásticos revelam sentimentos de dedicação entre amantes. Por exemplo: na São Paulo de 1796,

Ana Francisca de Paula queixa-se ao juiz eclesiástico que seu marido "dizia claramente que queria ficar com sua concubina Escolástica, mulher parda, por ser esta a que mais lhe agradava e servia". Já em 1784, João Gomes Sardinha explicava que "faltando a felicidade do matrimônio", metera sua concubina portas adentro de casa. Embora classificados como ilegítimos pela Igreja, os relacionamentos consensuais confirmavam, em muitas partes da colônia, a existência de certa estabilidade tão desejada nos matrimônios oficiais, mas também de sentimentos que deviam ficar distantes do espírito religioso. Vivendo publicamente com suas parceiras, indiferentes à sua condição, comparecendo à casa de Deus com elas para cultivarem o espírito religioso ou tratando-as com zelo exagerado, o convívio familiar de grupos populares mesclava certa mistura efervescente de valores tradicionais e transgressão.

Paixão e violência

Concubinatos e ligações consensuais não eram apenas o doce e protetor nicho de estabilidade. Espaço de amantes, lugar de confrontação dos corpos, eles eram também aquele das incandescências e de todos os incêndios. Teatro de paixões, mas também de tragédias, prestavam-se muitas vezes a guerras internas, batalhas pessoais nas quais não faltavam consequências extremas. Veja-se, por exemplo, o caso de "Leonardo Domingos Álvarez de Azevedo, que andava concubinado com uma sua escrava e, com ciúme de Antônio F., a matara com açoites e enterrara atrás de sua casa".

É certo que o Estado interferia em alguns casos de desavenças. Apelar ao governador de plantão era recurso habitual de mulheres que não hesitavam em abrir processo de divórcio ou de separação no tribunal eclesiástico em São Paulo, certa Dona Antônia de Almeida acusa o marido de ultrajá-la com "[...] cartas torpíssimas escrevendo pelas janelas palavras impudicas, [...] tirando-lhe violentamente os bens". Gertrudes Maria de Godoy, moradora no termo da vila de Bragança, casada há mais de trinta anos com o alferes José Ortiz de Camargo, queixava-se que o marido dela se separara há cinco anos "embriagado no amor de suas concubinas".

Com todos os cuidados, contudo, nem sempre o indissolúvel vínculo do matrimônio terminava com a morte natural dos cônjuges. O assassínio do marido ou da mulher não era impossível. Em 1795, quatro mulheres foram presas na cadeia do Rio de Janeiro por terem assassinado o próprio marido. No Maranhão, presa na cadeia da casa de Suplicação, D. Maria da Conceição teria mandado matar e, melhor, assistido à "morte aleivosa" de seu marido. Ela vivia em "pública e adulterina devassidão" com o corréu do crime, o sobrinho e caixeiro do marido, "com que se ajustara a casar por morte deste". Além de ser a mandante do crime, já anteriormente tentara envenenar o marido.

Indivíduos de condição social elevada obtinham com relativa facilidade "seguro real" para poder cuidar de sua causa em liberdade. Já a gente de cor não encontrava a mesma benevolência entre os magistrados, certamente porque aos maridos negros ou mulatos se entendia que não havia honra a defender. Manuel Ferreira Medranha, pardo liberto, foi condenado a degredo por toda a vida em Angola, além de pagar pena pecuniária, por ter matado a mulher.

Na legislação lusa e na sociedade colonial constata-se a assimetria na punição do assassínio do cônjuge por adultério. Enquanto para as mulheres não se colocava sequer a possibilidade de serem desculpadas por matar maridos adúlteros, para os homens a defesa da honra perante o adultério feminino comprovado encontrava apoio nas leis. O marido traído que matasse a adúltera não sofria qualquer punição. Lemos nas Ordenações: "Achando o homem casado sua mulher em adultério, licitamente poderá matar assim a ela, como o adúltero, salvo se o marido for peão, e o adúltero, fidalgo, desembargador, ou pessoa de maior qualidade". Assim, enquanto a condição social do parceiro do adultério era levada em conta, à condição social da adúltera não se revestia da menor importância. Tanto podia ser morta pelo marido a plebeia como a nobre. Outra punição para as adultas, o confinamento em um convento.

Em 1771, Bento Esteves de Araújo, suspeitando da traição de sua mulher Ana da Cruz, confinou-lhe no convento de N. Sra. da Ajuda, no Rio de Janeiro. Mas a paixão devia ser grande, pois lhe escrevia:

> [...] não tenho tempo de narrar o que tenho sentido a seu respeito [...] olha, fiquei tão fora de mim que cheguei em casa todo molhado [...]. Infinitas vezes tenho de noite acordado todo elevado, e querendo completar toda a vontade não acho o que tenho no sentido, pois cada dia, são mais de mil lembranças destas [...].

E avisando à esposa que iria visitá-la às escondidas, rabiscava: "Estando o prego fora avise que lá irei dizer-lhe um adeus, ouviu. Rasgue logo esta. Seu marido".

Predispostas ao amor, mesmo no século XVIII elas também sabiam atrair e... trair.

Mesmo conscientes de que o castigo do adultério feminino era bem mais rigoroso do que o do masculino, as mulheres da colônia não deixavam de cometer esse pecado – do ponto de vista da Igreja – ou, esse crime – aos olhos do Estado. Não era fácil para elas manter relações adulterinas a não ser na ausência do marido, por separação decretada por Tribunal Eclesiástico, ou por contato frequente com clérigos. Senhor de engenho no Recôncavo, Jacinto Tomé de Faria ausentava-se com frequência da cidade para ir para suas terras. Sua mulher, Ana Maria Joaquina da Purificação, nunca o acompanhava. Isso porque de noite ela recebia seu amante, o cônego da Sé da Bahia, José da Silva Freire. Este entrava clandestinamente em sua residência, e para melhor o conseguir "mandara roçar o mato que ficava na parte do quintal e, por esse insólito caminho, adentrava a casa, fechado em sua cadeira de arruar" ou envolto em um espesso capote. O cônego tinha as chaves de uma porta que ficava do lado do quintal da qual passava, por uma série de alçapões construídos por seus escravos, para um quarto do sobrado onde Ana o aguardava. Pego em flagrante, o cônego foi processado e pagou 300$000 ao senhor do engenho além de ter sido degredado por um ano para Ilhéus.

Afagos e deleites não dão margem a ilusões, pois as tensões e os conflitos estão bem presentes. Temperadas por violência real ou simbólica, as relações eram vincadas por maus-tratos de todo o tipo, como se vê nos processos de divórcio e na obsessão das mulheres por acalmar seus maridos e amantes por meio de magia. Não faltaram mulheres assassinadas por mera suspeita de adultério ou por promessas de casamento não cumpridas. Acrescente-se a rudeza atribuída aos homens, o tradicional racismo que campeou em toda a parte: estudos comprovam que os gestos mais diretos, a linguagem mais chula era reservada a negras escravas e forras ou mulatas; às brancas se reservavam galanteios e palavras amorosas. Os convites diretos para a fornicação são feitos predominantemente às negras e às pardas, sejam elas escravas ou forras. Afinal, a misoginia racista da sociedade colonial as classificava como mulheres fáceis, alvos naturais de investidas sexuais, com quem se podia ir direto ao assunto sem causar melindres. Gilberto Freyre chamou a atenção para o papel sexual desempenhado por essas mulheres, reproduzindo o ditado popular: "Branca para casar, mulata para foder e negra para trabalhar".

Degradadas e desejadas ao mesmo tempo – explica Ronaldo Vainfas – as negras da terra seriam o mesmo que as soldadeiras de Lisboa no imaginário de nossos colonos: mulheres "aptas à fornicação", em troca de alguma paga. E, na falta de mulheres brancas, fosse para casar ou fornicar, caberia mesmo às mulheres de cor o papel de meretrizes de ofício ou amantes solteiras em toda a história da colonização. Nos séculos seguintes, lembra o historiador, a degradação das índias e sua reificação, como objetos sexuais dos lusos, somar-se-iam as das mulatas, das africanas, das ladinas e das caboclas – todas elas inferiorizadas por sua condição feminina, racial e servil no imaginário colonial. Mais desonradas que as solteiras do Reino, pois além de "putas" eram de cor, nem por isso ficaram as cabrochas do trópico sem a homenagem do poeta.

No século XVII, Gregório de Matos dedicaria vários de seus poemas a certas mulatas da Bahia, em geral prostitutas; "Córdula da minha vida, mulatinha de minha alma" folgava o Boca do Inferno. Matos louva o corpo e os encantos da mulata que, como a índia do século XVI, vira objeto sexual dos portugueses. Mas o mesmo poeta não ousa brincar com a honra das brancas às quais só descrevia em tom cortês, ao passo que às negras d'África ou às ladinas se refere com especial desprezo: "anca de vaca", "peito derribado", "horrível odre", "vaso atroz", "puta canalha". À fornicação e, eu acrescentaria, aos amores tropicais, não faltaram pontadas de racismo e de desprezo à mulher.

"Vamos deitar-nos..."

Uma história do amor na colônia não poderia deixar de fora um grupo de protagonistas essenciais: nossos ancestrais africanos ou afrodescendentes. Graças ao trabalho de numerosos historiadores, sabe-se hoje que, tal como outros grupos formadores da sociedade brasileira, eles também souberam organizar suas famílias, cuidar de suas proles, honrar seus velhos, zelar por seus lares e linhagens e, como disse, poeticamente Robert Slenes, "cultivar na senzala uma flor". Os casamentos e uniões dentro das mesmas etnias – vale lembrar que a consciência étnica era forte – acotovelavam-se com os que reuniam africanos de origem diferente. Nem sempre era possível casar-se com alguém da mesma procedência, pois os senhores encarregavam-se de misturar, em suas propriedades, escravos de origem diversa. Temiam revoltas. Mas, de todo o jeito, e como explicam os historiadores Manolo Florentino e José Roberto Góis, o casamento proposto pela Igreja Católica era conveniente aos cativos, pois evitava a separação dos casais; afinal, o Deus dos católicos não aprovava a separação de cônjuges. O casamento de cativos também convinha aos senhores: os casais tinham menos motivos de queixas, nessas circunstâncias, promovendo – pelo menos na aparência – a paz nas senzalas.

A formação das famílias afrodescendentes por meio de concubinatos e matrimônios variou muito. Nas áreas de mineração, por exemplo, a escassez de mulheres e a instabilidade e a insegurança das comunidades tornava as relações estáveis incomuns. Nas áreas de *plantation,* relações em um mesmo grupo, em uma mesma fazenda, em um mesmo engenho, ou com eleitos escolhidos na vizinhança, tornavam os encontros mais fáceis. Era, também, mais provável que o escravo encontrasse sua parceira em grandes fazendas e latifúndios monocultores do que em pequenas roças. No primeiro caso, o acesso aos padres era relativamente garantido, o que facilitava o casamento. Fora dessas grandes fazendas, ao contrário, era presença rara e cara. De qualquer forma, centenas de pesquisas demonstram que o concubinato e as ligações consensuais estáveis e de longa duração era uma realidade comum entre escravos. O casamento legal, "de papel passado", interessava especialmente às famílias proprietárias, preocupadas com a transmissão do patrimônio, logo dos escravos, que dele faziam parte.

Ainda não se sistematizaram estudos para avaliar em que medida a escolha da companheira teria influenciado nova composição social, baseada na mestiçagem. O historiador Herbert Gutman, por exemplo, demonstrou que essa era uma regra nas colônias hispânicas. Homens negros escolhiam mulatas para casar e mulatos escolhiam parceiras de origem não africana. Casar-se com uma mulher mulata livre ou com uma mestiça, "[...] melhorava a condição social dos filhos como atenuava o grau de pigmentação, um dos fatores de sucesso" na luta pela ascensão, fora dos grilhões do escravismo. Entre nós, os índices de ilegitimidade altíssimos – aproximadamente 90% para filhos de escravos e 60%, para os de forros – mostram que é difícil analisar quem casava com quem, uma vez que as uniões eram vividas, sobretudo nas aéreas urbanas, longe da Igreja. Sendo assim, não temos documentos para examinar a questão.

A escolha dos parceiros era, contudo, presidida por um critério seletivo no que concernia à naturalidade. A comprová-lo um diálogo que o naturalista francês Auguste de Saint-Hilaire manteve com um escravo. Perguntado se era casado negou

> [...] mas vou me casar dentro de pouco tempo; quando se fica sempre só, o coração não fica satisfeito. Meu senhor me ofereceu primeiro uma crioula; mas não a quero mais. As crioulas desprezam os negros da costa. Vou me casar com outra mulher que a minha senhora acaba de comprar; essa é da minha terra e fala minha língua.

Quando aumentava a importação de africanos, os crioulos se fechavam entre si. A entrada de novos homens era sentida como uma ameaça. Apenas um entre cinco casamentos reunia pessoas de etnias diferentes. Esse padrão vigorou no Rio de Janeiro e no Recôncavo Baiano. Mas o aumento do tráfico no século XIX, acabou por rompê-lo, pois aqui chegavam cada vez mais indivíduos vindos de diferentes origens. Florentino e Góes observaram agudas diferenças de idade entre os cônjuges. Homens velhos casavam-se com moças – como, aliás, se fazia no Golfo do Benim – e moços, com mulheres décadas mais velhas. Os mais velhos, prestigiados na tradição africana, dominavam o mercado de mulheres férteis; os cativos jovens, excluídos do acesso a estas, acabavam com senhoras em idade bem superior.

Quanto ao tempo de amar dos grupos afrodescendentes, vale lembrar ao leitor que os sistemas de nupcialidade não eram idênticos. Há diferenças entre casamentos de livres e de escravos. Os primeiros podiam casar-se quando quisessem ou pudessem. O calendário de casamentos da população livre nunca foi, contudo, homogêneo e era equitativamente distribuído pelos meses e dias do mês. O fenômeno sofria interferências de sistemas de religiosidade popular, mitos e crenças, assim como do calendário agrícola ou litúrgico. O chamado "tempo proibido" ou tempo de penitência, quando a Igreja desaconselhava toda a manifestação de alegria e qualquer tipo de festividade coletiva, era observado em nossa população, sobretudo em áreas agrícolas: proibe-se o Advento e a Quaresma; aí o casamento caía quase a zero. Evitavam-se alguns dias para celebração das núpcias: sexta-feira, por exemplo, era tida por nefasta, desde os tempos medievais; o dia da Paixão e da Morte do Cristo, considerados aziagos, pois traziam dores.

Já os escravos dos *plantations* estavam sujeitos às atividades de semeadura e colheita. O calendário agrícola tinha grande influência na realização de rituais religiosos. Roças de alimentos com poucos escravos, por exemplo, demandavam ocupação de toda a família, inclusive de filhos e filhas casadoiros, atrasando ou antecipando casamentos. A escravaria casava-se na capela das fazendas em cerimônias seguidas de comezaina, batuques e uma "função" musical. A cerimônia seria frequente? Um observador, o viajante suíço J. J. von Tschudi, em 1860, responde:

> É muito raro haver entre os negros casamentos celebrados na igreja, mas o fazendeiro permite que os pares que se unam segundo oportunidade ou sorte, vivam juntos, sendo que o pronunciamento do fazendeiro basta para que eles se considerem esposo e esposa, numa união que raras vezes irá perdurar a vida inteira. As pretas em geral possuem filhos de dois ou três homens.

Para além do preconceito manifesto, Tschudi certamente desconhecia as tradições africanas com referência ao que a antropóloga Esther Boserup chamou de "uma economia da poligamia". Muitas mulheres e muitos filhos, no continente de origem, eram considerados sinal de riqueza, fecundidade e felicidade. Todos juntos trabalhavam a terra do patriarca da família. A virilidade era atributo fundamental de honra de um homem. Já a fecundidade das mulheres era louvada em todas as formas de arte: escultura, dança, pintura. A esterilidade feminina era vivida como uma maldição. "Sem filhos, estás nu", dizia um antigo provérbio iorubá. Os homens lutavam pela esposa mais fecunda. O casamento, na África atlântica, por exemplo, podia tomar várias formas. Do rapto da parceira por um indivíduo mais audacioso ao pagamento de dotes como forma de indenização à linhagem familiar da mulher. Tal sistema permitia a ricos e poderosos aumentar consideravelmente o número de esposas, fazendo da poligamia um privilégio. O grande número de esposas permitia aos maridos respeitar o tabu da abstinência sexual, ligado à amamentação dos pequenos, quando de um nascimento. Tais tradições, profundamente arraigadas, provavelmente se transferiram para a colônia, incentivando um tipo de família diversa daquela que tinham os portugueses ou da que desejava a Igreja. A possibilidade de recriar hábitos em terra estrangeira foi uma das características desses nossos avós africanos. De qualquer forma, casamentos que não duravam e filhos de pais variados – o leitor sabe disso – não era de nenhum modo característica dos grupos afrodescendentes, mas da sociedade como um todo.

Diálogos amorosos em língua mina-jeje: – "Guigéroume" ou "Tu me queres?".

Não há dúvidas, por outro lado, de que os afrodescendentes tivessem para seus rituais de sedução e enamoramento a receita certa extraída de falares africanos. É a linguista Yeda Pessoa de Castro quem reconstitui um diálogo de "abordagem sexual, sedução e negociação amorosa, em língua mina-jeje", com base em um manuscrito mineiro do século XVIII. Vale a pena lê-lo:

– Uhámihimelamhi. [Vamos deitar-nos]
– Nhimádomhã. [Eu não vou lá]
– Guidásucam? [Tu tens amigos (machos)]
– Humdásucam. [Eu tenho amigo (macho)]
– Nhimácóhinhínum. [Eu ainda não sei dos seus negócios]
– Nhitimcam. [Eu tenho hímen]
– Sóhá mádénauhe. [Dê cá que eu to tirarei]
– Guigéroume? [Tu me queres]
– Guitim a sitóh. [Vosmicê tem sua amiga (mulher)]
– Gui hinhógampè guàsuhé. [Tu és mais formosa do que ela (minha mulher)]

A mesma pesquisadora repertoria uma série de palavras de origem banto e iorubá com sentido amoroso sendo a mais conhecida e ainda viva em nosso vocabulário, *xodó*, que quer dizer, em banto, namorado, amante, paixão. *Nozdo*, amor e desejo, *naborodô*, fazer amor, *caxuxa*, termo afetuoso para mulher jovem, *enxodozado*, apaixonado, *indumba*, adultério, *kukungola*, jovem solteira que perdeu a virgindade, *dengue, candongo* e *kandonga*, bem-querer, benzinho, amor, *indumba*, mulher sem marido, *binga*, homem chifrudo, *huhádumi*, venha me comer/foder. Câmara Cascudo acrescenta a essa gramática amorosa o verbo *kutenda*: pensar em alguém, sentir saudade. Na dança de batuque, em que o círculo de dançarinos se reúne em frente aos assistentes, o saracotear de quadris, movimento de pés, cabeça e braços termina, diz ele, por uma "umbigada ou *semba*", dada em uma pessoa do sexo oposto que se escolhe. Alguém a quem se quer bem. Sobre o cafuné, conta-nos o etnógrafo, trata-se de hábito africano trazido de ancestrais angolanos: "catar alguém é um dever afetuoso e demonstração de bem-querer". Viajantes estrangeiros atestam a predileção pela catação lenta e demorada, com direito à reciprocidade. O cafuné é uma ocupação deleitosa de horas de folga, ávida de pequenas volúpias, sem maldades e limpas de intenção erótica prefigurada. "Eu só quero mulher / que faça café / não ronque dormindo / e dê cafuné", cantam os antigos. O historiador Manuel Querino lembra, entre as práticas amorosas, a especificidade da magia que empregava folhas para produzir infelicidades ou para fins libidinosos, tomadas em potagens ou na forma de remédios tópicos. Graças ao feitiço ou ebó, colocado em lugar previamente escolhido, chamava-se o nome da pessoa a quem se queria atingir.

No campo da violência entre casais, a historiadora Sílvia Lara recuperou histórias de escravos que matavam senhores ou homens livres da vizinhança por "afronta que estes lhe faziam andando amancebados com suas mulheres". Não faltavam agressões por ciúme, uma vez que havia menos mulheres nos quilombos e nos plantéis. Numerosos processos crimes registram agressões de forros ou libertos que reagiam às "velhacarias" de suas companheiras. Estes Otelos não perdoavam. O caso de Miguel, originário de Moçambique, é emblemático das tensões que atravessavam os amores de então: Miguel já cumpria pena, trabalhando para o Arsenal da Marinha, quando conheceu a preta Justina que frequentemente visitava a Ilha Grande para vender alfinetes, agulhas e outras miudezas além de encontrar-se com ele. O sentenciado explicou no interrogatório a que respondeu, que ajudava muito a dita escrava. Disse que mesmo os jornais – espécie de pagamento diário – que recebia da Marinha por seus serviços de carpinteiro, bem como o dinheiro recebido pela venda de chapéus de palha, que fazia em momentos de folga, gastava-os com Justina. Dava-lhe vestidos, saldava suas dívidas e, vez por outra, ainda pagava os jornais que esta devia à sua senhora. Mas soubera que Justina o traía com um marinheiro "que a tinha sempre que queria". Certa tarde, tendo sido levado ao porto, acorrentado, a outro preso, para trabalhar, Miguel pediu ao sentinela para falar com a escrava. Discutiram. Uma testemunha só o viu puxando pelas pernas de Justina enquanto a cobria de facadas. Aos 36 anos, foi condenado a remar nas galés para sempre.

Por certo que não era um mundo cor-de-rosa esse em que se movimentavam nossos avós de origem africana. O sistema era cruel. Ele separava famílias, amigos e amantes, esposa e marido. Multiplicava violências. Mas não só. Os arquivos demonstram, com documentos, que houve casais que contrariavam essa regra. Companheiros no cativeiro e no casamento, que longe da equivocada "licenciosidade das senzalas", cantada em prosa e verso por tantos autores, comprovam a possibilidade de humanidade no interior daquele horror.

Para entender esse amor temos de voltar um pouco mais ao tempo. Retornar ao Velho Mundo, à Europa, e com os historiadores buscar os resquícios dos sinais amorosos presentes nos mais diferentes documentos.

Como tudo começou: amor no Velho Mundo

O passado amoroso decomposto

A herança vem de longa data. Amores gravados em pequenas tábuas de argila datadas de 1750 anos antes de Cristo, atestam, no distante passado, as manifestações de amantes apaixonados ou enciumados. Aí se canta a fidelidade ou se leem declarações escancaradas como "tenho sede do teu amor", "você é a única". Mais de um milênio depois, *Cântico dos cânticos* revela palavras que transpiram amor e erotismo: "Beija-me na boca, tuas carícias são melhor do que vinho...". Isso em plena *Bíblia*, em uma reunião de textos profanos em que Deus sequer é mencionado.

Mas é no coração da Idade Média que encontramos sinais das mudanças que nos interessam. No fim do século XI, trovadores introduzem novas relações entre homens e mulheres. Para melhor visualizar a cena, pense o leitor em uma daquelas iluminuras medievais: em vergéis floridos, casais de enamorados são retratados com delicadeza. Elas com grandes coifas e cintura marcada por vestidos elegantes que desnudam, levemente, colo e ombros. Eles, trajados com curtas capas acinturadas de largas pregas e calças colantes que sublinham a estrutura musculosa do corpo. A linguagem dos olhares e das mãos diz tudo: o jardim é o lugar de passeios galantes que avivam a espera e retardam os carinhos. O amor puro é aí cantado em versos. Versos que celebram a continência sexual conservando, contudo, uma coloração carnal que agrada à aristocracia. Nessa época, a aventura do amor cortês erigiu como tema a exaltação carnal e espiritual nas relações amorosas entre homens e mulheres. Exaltação mais idealizada do que prática, mais descrita do que vivenciada. Emprestada de sociedades vizinhas, notadamente a árabe, tal aventura fervilha de imagens sobre a submissão do amante à sua dama, valorizando, ao mesmo tempo, qualidades viris, como a coragem, a lealdade e a generosidade, encarnadas no cavaleiro. Associada aos ideais da cavalaria, a erótica trovadoresca prometia aos que servissem na corte a alegria de serem distinguidos com um amor nobre e desinteressado. Era o amor cortês e dele deriva a palavra cortesia.

Porta-vozes dessa cortesia, os trovadores escrevem poesias e as colocam em música. Cada um escolhe a esposa de um senhor a quem consagra seus versos. A dama era posta em um pedestal, enquanto o homem se esforçava por ganhar seus favores. Tratava-se de uma situação nova, pois, até então, um homem que dirigisse a uma mulher casada uma canção de amor era punido com a morte. Na canção, todavia, a dama não era mais o objeto de que podia dispor à vontade, seu senhor e mestre. Era preciso merecê-la. Invertem-se os papéis. O homem vê-se menos conquistador do que conquistado. E a mulher, menos presa do que recompensa. O amor, por sua vez, é tão mais ardente quanto impossível.

O sentimento amoroso, essência de todas as virtudes, reproduzia as condições sociais então existentes. Ele traduzia um "serviço" de tipo feudal, mas, também uma série de provas que consistiam em um método de purificação do desejo. Para manifestar o valor de seu amor e merecer a eleita, o cavaleiro, deitado no mesmo leito que sua dama, separado dela por uma espada ou uma ovelha, símbolo da pureza, observava a estrita castidade. Todos os esforços de conquista terminavam, quando muito, em um casto beijo. Na intimidade amorosa, assim como em sociedade, o perfeito amante não era mais do que o fiel servidor de sua dama. Seus deveres consistiam em lhe satisfazer as vontades, em lhe agradar, em não amar mais ninguém, em ser discreto. Longe de ser mórbida por impor aos amantes a graça de contemplar o corpo nu da dama ou o *asag*, em que tudo era permitido menos o ato sexual; a ética dos trovadores foi um fenômeno estritamente moralizador e incrivelmente regrado. Em matéria amorosa foi a grande invenção do século xii. E como o leitor verá mais adiante, os temas do amor cortês ao mesmo tempo carnais e espiritualistas influenciarão as teorias literárias do amor no Ocidente.

Vejamos o exemplo do amor proibido de Tristão e Isolda, personagens criados por Eilhart von Oberg no século xii. Depois da ingestão de certo filtro mágico do amor, o autor alemão condena os amantes à "acre alegria e angústia sem fim" da paixão. Para vivê-la, Isolda deixa seu marido, o rei Marcos, e vai esconder-se na floresta, em estado de castidade. Só que roída pela vergonha e o remorso, vê seu amor afundar em desastre e sofrimento. Era um triste destino, o desses enamorados. A história do casal aparece como o símbolo do amor, ao mesmo tempo perfeito, mas, sobretudo, impossível.

Na Idade Média, contudo, ela era apenas um tema literário com as marcas de sua época. Ao tratar do tema, o trovador costumava anunciar a promessa de uma felicidade futura. Nele, o amor é sempre "amor de longe". Ele é impossível. A ausência, a falta, a lacuna está no coração dessa poesia. O desejo de cantar o amor distante é inseparável do desejo e da obrigação de amar. Assim a *joi*, a alegria do trovador, é um enigma, pois visa ao encontro impossível do amante e da amada. Visa ao ponto extremo e último da fronteira amorosa. A tensão entre esses dois contrários, o da alegria extática e o do erotismo melancólico, foi o berço da poesia amorosa medieval.

Alguns historiadores tentaram decifrar como os homens que os antecederam compreendiam esses heróis. Uma das primeiras tentativas foi feita, em 1938, pelo suíço Denis de Rougemont em um clássico sobre o assunto. Chama-se *O amor e o Ocidente*. A obra revisita o mito da paixão desde seu nascimento. Ele mostra, com base no relato de Tristão e Isolda, que esse sentimento arrebatador é sinônimo de amor recíproco, porém, infeliz. A paixão é equivalente a sofrimento. Os amantes têm contra si diversos e ásperos obstáculos. E, na verdade, o que excita sua obsessão passional é, exatamente, a oposição. Sem obstáculos, não haveria paixão. Quando os amantes se casam e vão viver felizes para sempre, o romance acaba. A trama romanesca é precisamente a dificuldade. O casamento – afirma o autor – é monótono, porque nele não há qualquer obstáculo à realização erótica da paixão. O desejo de envolvimento total dos amantes só se realiza inteiramente na morte.

Assim será o encontro final de Tristão e Isolda ou o de Romeu e Julieta. Na verdade, argumenta Rougemont, o que os amantes desejam é seu próprio desejo. Estão apaixonados, não um pelo outro, por suas qualidades e defeitos intrínsecos. Mas por sua própria paixão. Nessa lógica, jamais se poderia conceber um Tristão que se casasse com uma Isolda. Essa, segundo Rougemont, é a herança que a poesia trovadoresca deixará ao Ocidente cristão: a busca do amor impossível.

O momento em que a poesia trovadoresca se expande é, também, aquele em que o Concílio de Latrão, reunido em 1215 pelo papa Inocêncio III, elabora a legislação do matrimônio, alçado a sacramento em 1439, em outro Concílio: o de Florença. Desde o século VIII a Igreja bate-se em favor da monogamia. Sim, pois os reis francos eram polígamos e a poligamia era um meio de exibir riqueza, poder e alianças políticas. O rei da França Clotário, por exemplo, teve seis esposas! Um exagero que interferia tanto em questões dinásticas quanto enfraquecia a noção mesma de casamento. A reforma gregoriana no século XI define, portanto, que os casados devem respeitar a monogamia e os clérigos, se manter celibatários. Uns quanto os outros nunca foram totalmente fiéis às exigências da Igreja. Concubinas e amantes, como sabemos, resistiram. Mas a poligamia desapareceu.

Tais decisões atingiram, de uma maneira ou de outra, as normas comunitárias que, de alto a baixo da escala social, regulavam as uniões conjugais no Ocidente cristão. Variando regionalmente, segundo tradições e culturas dos povos europeus, os ritos matrimoniais espelhavam sempre uma aliança que atendia, antes de tudo, a interesses ligados à transmissão do patrimônio, à distribuição de poder, à conservação de linhagens e ao reforço de solidariedades de grupos. Simplificando, diríamos que eles mais eram uma associação entre duas famílias – diferentemente de hoje, que é uma associação entre duas pessoas – para resolver dificuldades econômicas e sociais, sem padre nem altar.

Mais importante do que as uniões abençoadas, eram as "promessas de casamento", feitas pelo homem à família da noiva – os chamados esponsais ou desponsórios. Comemorados com grandes festas e troca de presentes, autorizavam, aos olhos da comunidade, a coabitação dos futuros cônjuges. A intervenção eclesiástica nesse processo tornou-se crescente a partir do século XIII, mas adaptou-se, em geral, aos costumes de cada lugar.

A mistura de tragédia e dramaticidade tornava moda figuras legendárias de impossíveis amores do passado: Fausto e Margarida, Tristão e Isolda, entre outros.

Assim, em meados do século XVI, já existiam, do lado católico, dois objetivos a propósito do casamento: reafirmá-lo como sacramento, pois protestantes como Lutero o julgavam apenas uma "necessidade física". E convertê-lo em instituição básica da vida dos fiéis, eliminando os ritos tradicionais e substituindo-os por uma cerimônia oficial e, aí, com padre e altar.

Como deve ter percebido o leitor, o casamento não era exatamente um assunto que tivesse a ver com sentimentos, assim como o sacramento ou os ritos que o cercavam se baseavam em critérios mais pragmáticos do que aqueles cantados pelos trovadores. Mas, onde, afinal, se escondia o amor? Na introdução do seu *O sexo e o Ocidente* – um jogo de palavra com a obra de Rougemont – Jean-Louis Flandrin lembra bem que durante séculos o amor foi o tema preferido de poetas e romancistas e, aparentemente, muito pouco mudou entre, por exemplo, os séculos XIII e XX. Mas não seria o mesmo "amor" que se cantaria ao longo de tantos séculos. No passado, seus objetos e estímulos afetivos seriam diferentes dos nossos, assim como diversas eram as condutas amorosas. O *status* do amor no passado – e esta é sua tese – era bem mais complexo do que hoje. Havia quem cantasse o amor platônico e quem cantasse, o carnal: coisas diferentes e separadas. E que o amor casto no casamento, teria levado ao amor-paixão, fora dele. Esse processo teria-se consolidado com a ajuda de moralistas, eclesiásticos ou laicos, cuja tendência era a de condenar a paixão amorosa sob todas as suas formas, sem preocupação de distinguir, como tanto fazemos hoje, "o verdadeiro amor", do simples desejo. A Igreja, por seu lado, condenava todo amor profano, considerando-o uma antítese do amor sagrado. Ela insistia particularmente sobre os perigos do excesso de amor entre esposos.

Ao longo da Idade Média, enquanto trovadores cantavam amores impossíveis, os teólogos repetiam o aforismo de São Jerônimo: "Adúltero é também o marido muito ardente por sua mulher". Mas por que maridos não podiam amar apaixonadamente suas esposas? Porque para a antiga moral cristã, inspirada no estoicismo, a sexualidade nos fora dada exclusivamente para procriar. Era perverter a obra divina, servir-se dela por outras razões. Santo Agostinho, no século V, resumia o casamento à procriação e ao cuidado com os filhos. O prazer puro e simples era "concupiscência da carne", esterilidade que submetia a razão aos sentidos. E pior: na sua opinião, a força do desejo não viria de Deus, mas de Satanás.

Conclusão: o casamento só era legítimo se colocado a serviço da prole, da família. É coisa muito recente a Igreja Católica exaltar o amor conjugal. Para muitos teólogos da atualidade, "[...] as relações conjugais são imorais quando não há mais amor". Elas não podem ser outra coisa que "expressões de amor". Mas isso, leitor, é hoje. Pois, no passado, o casamento estava longe de ser o lugar de encontro amoroso entre homens e mulheres.

Durante a Idade Moderna, outra definitiva transformação acrescentou-se a essa tendência. Com o surgimento de um contrato que passou a exigir a presença de um padre e de testemunhas, a obrigatoriedade da promessa dos esposos, mais a presença do dote, das mãos sobrepostas, do anel e do princípio de indissolubilidade, as fronteiras entre as exigências do sacramento e as outras formas de convívio afetivo foram ficando cada vez maiores. Criou-se uma dicotomia. Por um lado, um sentimento regido por normas mais organizadas, além de critérios práticos de escolha do cônjuge: o chamado "bem-querer amistoso". De outro, o sentimento ditado por razões subjetivas, por vezes, inexplicáveis. Ou seja, lentamente construía-se um tipo de amor no casamento e, outro, fora. Mas olhemos um pouquinho para trás, leitor, para entender de que tipo de sentimento se está falando.

É certo que a ideologia moral expressa pelos estoicos – os que creem que a felicidade está na virtude –, durante os primeiros séculos de nossa era, antes da expansão do cristianismo, favorecia a procriação, a propagação da espécie, como fim e justificativa do casamento. Muito amor, no entender de Jerônimo, confessor e doutor da Igreja, era justamente o amor sem reservas nem limites. E muito amor era ruim. Esse era um tipo de amor nefasto, pois equivalente à paixão dos amantes fora do casamento. Um homem sábio devia amar sua mulher com discernimento e não com paixão. E, por consequência, controlar seu desejo e não se deixar levar pelo prazer do sexo. "Nada é mais impuro do que amar sua mulher como a uma amante. Que eles se apresentem às suas mulheres como maridos e não, amantes". O tom de Jerônimo, como vê o leitor, é o de um mandamento. A velha e banal fórmula do "amor contido" no casamento e do "amor-paixão" fora do casamento, de início concebida pelo estoicismo, não como uma prática, mas como a regra de um código moral, era aí aproveitada.

Nos textos do apóstolo Paulo, o amor fora do casamento, a *fornicatio*, a *immunditia* é implacavelmente condenada. A principal razão do matrimônio era a de responder ao desejo físico dos esposos por uma obrigação recíproca. A esse compromisso chamavam *debitum,* ou débito conjugal, espécie de moeda a ser paga em relações sexuais entre marido e mulher. É evidente que de tal perspectiva moral, o *debitum* devia ser diferente dos jogos violentos da paixão e do erotismo.

A jurisdição desse termo traduz bem os limites do ato. Um ato higiênico, contido, quase cirúrgico. Tratava-se, sobretudo, de diminuir o desejo e não mais de aumentá-lo ou de fazê-lo durar. No lugar do amor erotizado, o amor ágape ou *caritas*. É a Paulo que devemos a formulação mais precisa dessa tese nova, porém mal explicada pelos Evangelhos. Nela, o apóstolo lembra aos homens que Deus os ama, mesmo não sendo amado. Que o dom gratuito desse amor paterno é o sacrifício do filho, o Cristo – logo, dom que é renúncia e oferenda. E que o amor do próximo, seja ele, amigo ou inimigo, significa a adesão ao batismo cristão. Adesão ao pai bíblico. Desse ponto de vista, Deus é amor. E amor que visa à ressurreição, por meio de um corpo puro, imaculado e isento de pecado. É o triunfo da idealização pela sublimação do sofrimento e pela destruição da carne. Amar é, portanto, ter o dom da caridade, logo da ágape, mas não só. É possuir, igualmente, o dom da confiança, da solicitude, da decência, da verdade. Caso contrário, o indivíduo, mesmo imbuído de outras qualidades, não é nada. "Se não tenho amor, nada sou", diz São Paulo. E a perfeição dessa realidade plena do homem amoroso é representada por Deus, Ele mesmo. Fora disso, como disse a religiosa portuguesa sóror Mariana de Alcoforado, suposta autora de belas cartas de amor na segunda metade do século XVII, "todo o resto é nada".

Se os padres da Igreja retomaram, por sua conta, as justificativas estoicas do casamento, São Paulo, por sua vez, mostrava ter reservas a esse respeito. O problema não parece lhe interessar. Ele o trata, de passagem, a propósito da mulher. Embora se salve pela maternidade, é ela que introduz o pecado no mundo – e não o homem. A fecundidade e a capacidade de procriar é tomada em conta como uma compensação para a inferioridade do sexo feminino. Malgrado sua preferência pela virgindade, São Paulo admite sem reserva o casamento e a união perfeita entre homem e mulher. "Os maridos devem amar suas esposas como seu próprio corpo". "Aquele que ama sua mulher, se ama". Ele ressalva, contudo, que se os maridos são convidados a amar a mulher – *diligite* – estas são convidadas a lhes ser submissas – *subditae*. A nuance, leitor, não é pequena. A submissão aparece como expressão feminina do amor conjugal. Apesar de sua diferença e por causa de sua complementaridade, marido e mulher não serão que um só corpo, *erunt duo in carne una*, fórmula que não designa apenas a penetração dos sexos, mas também a confiança mútua, o apego recíproco, a identificação de um com outro.

Tal amor não nasce como um raio, nem decorre da ingestão de filtros como os tomados por Tristão e Isolda, vítimas de um amor não conjugal. Não é necessário que ele preexista ao casamento. Isso, contudo, pode ocorrer, sobretudo, quando interesses de outro tipo não interferem nas inclinações e nas escolhas amorosas. Eis porque não há nada de chocante, nestes tempos, mesmo para a moral mais exigente, se os casamentos são negociados segundo alianças familiares ou políticas e de bens patrimoniais. A Igreja apenas preferia, em princípio, que a negociação fosse aceita pelos futuros contraentes e não imposta. Por outro lado, esperava-se que o amor se desenvolvesse depois do casamento, ao longo de uma vida comum.

Grande ausente dos registros cotidianos, o sentimento, todavia, multiplica-se nos registros literários. E desde a Idade Média, pois se situa, comumente, o nascimento da imagem do amor-paixão, como já vimos, na civilização cortesã do século XII. Suas características seriam feitas de valores hostis ao casamento. Valores esses que fragilizavam a fidelidade conjugal. Sim, porque o amor cortês proibia terminantemente que se fizesse amor sem amor. Pelo menos assim é que ele aparece na literatura, mesmo que, muitas vezes, exagerado ou descomedido. A exaltação amorosa, exaltação alheia a leis e regras, feita de devoção ao amado ideal, conduziu a aristocracia do início do Renascimento a valorizar, teórica e literariamente, a dama. Ou seja, a mesma mulher que era subserviente na vida real, condenada por São Paulo a obedecer. Próximo, às vezes, de um erotismo ao mesmo tempo erudito e interiorizado, seu conteúdo se alimenta a partir do século XVI de certa filosofia então muito na moda: o neoplatonismo. Mas vejamos como isso ocorre.

Ao chegar a Idade Moderna, três mudanças fundamentais têm lugar na sociedade ocidental: o Estado centraliza-se e seus tentáculos começam a invadir áreas em que ele nunca, antes, penetrara. Até mesmo a vida privada. Entre alguns exemplos dessa interferência poderíamos destacar o estímulo à oficialização dos casamentos e a perseguição aos celibatários; o reforço à autoridade dos maridos, que passam a exercer uma espécie de monarquia doméstica; a incapacidade jurídica das esposas, a quem não era consentido realizar nenhum ato sem autorização de seus maridos; e quanto aos filhos, estes não podiam casar sem autorização dos pais.

Uma segunda mudança: as Reformas Protestante e Católica, além de incentivar novas formas de devoção e piedade, tornaram suas igrejas mais vigilantes sobre a moral de seus fiéis. Entre os católicos, a Inquisição perseguia, além de heresias, crimes "sexuais", como a sodomia, o homossexualismo e as posições do coito julgadas pecaminosas. E, por fim, a divulgação da leitura e do livro tornou os indivíduos mais aptos a desembaraçar-se de velhas amarras. Mas a literatura, também, os deixou mais sujeitos a alimentar representações comuns e compartilhadas sobre temas como o amor e seu antagonista, a paixão.

O afeto vivido nas letras

É graças à imprensa que o amor escrito invade as casas. O filósofo Marsílio Ficino, tradutor e propagandista das ideias de Platão, impôs as especulações do filósofo grego à Europa refinada. Suas obras foram traduzidas, lidas e comentadas em vários países europeus. Ele rememora os comentários de Platão sobre o mito da androginia, para concluir que o amor é a reunião de duas partes, antes separadas. Ele é o reencontro de duas antigas e caras metades. A unidade readquirida não é, contudo, perfeita. Essa nova unidade é marcada pelo estranhamento e por cicatrizes da separação. Em 1541, graças ao sucesso dos *Dialogi di amore* – Diálogos de amor – de Leon, o Hebreu, belas mulheres e audazes cavaleiros aprendem a dissertar sobre o valor universal da paixão espiritual, cuidadosamente distinta do triste amor carnal.

O neoplatonismo do Renascimento teria sido para as elites cultas um meio de esquecer e empurrar para baixo do tapete a repressão sexual à qual deviam se habituar. Não se casar jamais por prazer e não casar jamais sem o consentimento daqueles a quem se devia obediência eram leis nas casas aristocráticas. O casamento era um negócio de longa duração que não podia começar sem a opinião de parentes e amigos. A bem dizer, atrás da concepção cristã do casamento, há a hebraica. Ambas preocupadas em eliminar o amor-paixão do casamento e a impor à mulher sua obediência ao marido. O lugar do amor ficava sendo, portanto, a literatura.

Amores insubmissos aos ditames da lei, dos costumes e do casamento eram vistos como promessa de sofrimento.

Literatura em que, ao contrário, a mulher reinava e era adorada, distribuía ou recusava favores livremente. Mas sempre em um cenário em que se bifurcavam dois amores: o de fora e o de dentro do matrimônio. E o de fora, levando, invariavelmente, a dolorosas dificuldades.

No teatro elisabetano, por exemplo, quando se apresenta a ideia de um poderoso amor, ao mesmo tempo carnal e espiritual, ele se liga diretamente ao tema da paixão e da morte. Lembram-se de Romeu e Julieta? A maior parte dos autores dos Tempos Modernos, dos poetas de corte aos moralistas populares, todos bordaram, com preciosismo ou realismo, variações sobre esses pontos. Até fundindo-os. Mas há uma tônica quase permanente: o poder do amor, a atração mútua dos corpos ou o perigo representado pelos charmes femininos, e, *last, but not least,* o castigo final.

Existem, sem dúvida, exceções. Lope de Vega, que domina o teatro do Século de Ouro espanhol, dá um lugar ao amor em suas múltiplas comédias. Ele figura ao lado da busca pelo prazer, característica de seu tempo. É o prazer o elemento que permite o triunfo do casal sobre todos os obstáculos jurídicos ou humanos que se oponham ao seu desabrochar. Mas a maioria dos escritores fica com Cervantes que, em suas *Novelas exemplares,* de 1613, prefere celebrar os amores honestos e pudicos, mesmo os de uma pequena cigana ou de uma servente de albergue, às paixões sem freios.

Os progressos da repressão sexual tiveram algumas consequências interessantes. Uma delas foi a de levar a sociedade ocidental, em princípio condenada a respeitar a decência e o pudor, a uma obsessão erótica ligada, muitas vezes, ao culto clandestino da pornografia. O início do Renascimento expõe, sem disfarces, as virtudes do sexo assim como o charme de seus preparativos. E o faz sem cerimônias. Os aspectos carnais do amor se exprimem com franqueza radical; os poetas que buscam sem falso pudor as alegrias do leito ou do beijo e confessam preferi-los às carantonhas de devoção parecem, em sua sinceridade, escandalosos. Aproveitando-se da revalorização da Antiguidade, artistas variados tentavam unir a inconstância do apetite erótico com a filosofia de que era preciso viver o momento presente.

As diversas etapas do amor sensual ou do desespero amoroso nunca foram tão bem cantadas como o fizeram, por exemplo, Ronsard e Shakespeare. São autores que celebram o êxtase nascido da satisfação do desejo. O Renascimento italiano, por sua vez, inaugurou o culto alegre e realista da licença amorosa. Em suas rimas voluptuosas, a beleza que se venera com toda a liberdade é a do Paraíso antes do pecado: "Eu te saúdo, oh, fenda rósea/ que entre estes flancos, vivamente fulguras/ eu te saúdo, ó venturosa abertura/ que torna a minha vida tão contente e feliz". Mas a ordem moral burguesa, que então se instalava, empurrava para baixo do tapete o domínio dos escritos proibidos, o quadro de nudez e de corpos enlaçados. Enquanto a Vênus de Botticelli despia-se na tela, nos quartos, os corpos se cobriam.

O paradoxo da Reforma Católica foi o de coincidir, na Europa aristocrática, com os desenvolvimentos da civilização renascentista. Misticismo e pecado, normas e desregramento coabitavam na prática e nas representações. Sermões tenebrosos sobre o Juízo Final conviviam com uma literatura erótica cuja especialidade era o gênero pastoral, caro às cortes que se deliciavam em ouvir ou ler sobre amores de pastores e pastoras. Eles convidavam os espectadores e leitores a gozar o melhor de sua juventude, a viver plenamente, a beber, a comer, a folgar. Entre céu e inferno, a aproveitar cada dia, antes que a morte os levasse. Sua mensagem era direta: terapia de alegria e de contentamento pessoal, o bom uso do sexo não dependia, senão, da disposição física dos parceiros.

Mas os séculos ditos "modernos" do Renascimento não foram tão modernos, assim. Um fosso era então cavado: de um lado os sentimentos, do outro, a sexualidade. Mulheres jovens de elite eram vendidas, como qualquer animal, nos mercados matrimoniais. Excluía-se o amor dessas transações. Proibiam-se as relações sexuais antes do casamento. Instituíram-se camisolas de dormir para ambos os sexos. O ascetismo tornava-se o valor supremo. Idolatrava-se a pureza feminina na figura da Virgem Maria. Retomam-se os princípios tristes de Santo Agostinho. Para as igrejas cristãs, toda a relação sexual que não tivesse por fim imediato à procriação se confundia com prostituição. Em toda a Europa, as autoridades religiosas têm sucesso em transformar o ato sexual e qualquer atrativo feminino em tentação diabólica. Na Itália, para ficar em um exemplo, condenava-se a morte os homens que beijassem uma mulher casada e, na Inglaterra, decapitavam-se as adúlteras; em Portugal, queimavam-se, em praça pública, os sodomitas.

Durante o século XVII, autores como Descartes, filósofo francês, tentam explicar a natureza exata do amor como fruto de uma emoção da alma, emoção diversa da agitação do desejo. O amor: oblação, dedicação e abandono de si. O desejo: posse, narcisismo, egoísmo. Opor a amizade terna aos prestígios da sensualidade torna-se uma obrigação. O erotismo é visto como ruinoso e não foram poucos os que tentaram sublinhar a que ponto uma paixão podia ser fatal. O amor no casamento, por sua vez, consolidava-se na representação da "perfeita amizade" ou da união, no coração, de duas almas por meio do amor divino. O sexo era, por vezes, mencionado, mas, na amizade, a razão tinha de dominar o ardor da carne. E a razão era, nesse caso, vista como uma força ou benção divina.

Estudando a vida privada na Europa moderna, o historiador Orest Ranum percebeu que se o casamento envolvia a mistura de corpos, isso ocorria menos por amor apaixonado do que por dever; para garantir a procriação e a continuidade das famílias. As relações sexuais não eram necessariamente íntimas ou amigáveis. O ato requeria apenas privacidade. Entre cônjuges unidos exclusivamente por interesses, o sexo sem intimidade espiritual era mais masturbação do que um ato de amor. Os documentos históricos demonstram, claramente, quando marido e esposa não confiavam um no outro. Denunciam quando a sensibilidade diante do desejo do outro estava exaurida ou se nunca existira. A correspondência, sobretudo, revela a falta de amizade entre esposos, um erro, considerado pelos costumes de então, gravíssimo. As esposas eram normalmente chamadas ou referidas por seus maridos de "amigas". Mas não era impossível que, na falta de "bem-querer amistoso" fossem chamadas laconicamente de *"Madame"*. Um tratamento distante, convenhamos, mas como lembra o pesquisador, mesmo sem intimidade, as relações conjugais eram polidas.

No início do século XVI, faltava prestígio ao matrimônio. Ele era suspeito. Era visto como um mal menor, sendo sua tarefa básica proteger contra a fornicação. Ele era, portanto, aos olhos da Igreja, uma obra da carne. E os olhos da Igreja eram os olhos de todo o mundo. Para ela, a essência do indivíduo residia na alma. Fora disso restava a educação sentimental feita pela ligação amorosa. Ligação precária que se podia anular a qualquer momento. De preferência sem filhos, nem encargos. Não oficial ou sancionada. Mas nessa esfera estreita é que as emoções, os sentimentos e as sensações se manifestavam. Emoções, todavia, repudiadas no momento de fazer uma família. Sufocada no sacramento, a licença amorosa, ou o erotismo, era o afeto vivido somente – ou de preferência – fora do lar, na relação extraconjugal.

A viola e, mais tarde, o violão foram companheiros inseparáveis de amantes e namorados. Durante o Renascimento, as "belas", cuidadosamente penteadas e adornadas para impressionar, decodificavam o sentido oculto dos versos cantados.

No século XVIII, assistiu-se, caro leitor, a um reforço das teses anteriores. Na época das Luzes o casamento foi objeto de um movimento literário ambíguo. Inspirada pela mitologia medieval e cortesã, a paixão pré-romântica, ilustrada por *Werther* de Goethe, publicado em 1774, insistia em punir a sexualidade. Quando o filósofo Rousseau, por sua vez, introduz o que pensava sobre o amor para uma sociedade aristocrática em busca de prazeres, suas preocupações de valorizar a inocência e a virtude apenas reiteram uma longa tradição de idealização, correspondente, sobretudo, à vontade de esconder, se não de esquecer, o ato carnal.

Outra corrente de letras europeias, contudo, celebrou a sexualidade com bem menos recato. No mesmo século XVIII, textos poéticos e literários exprimem os desejos de uma elite obcecada pela busca de volúpia sensual e do uso das técnicas eróticas mais perfeitas. Fruto da repressão sexual que suprimia até o nu da pintura – tão exposto no Renascimento –, essa sensualidade cerebral exacerbava o mito intelectual da virilidade, do qual Don Juan é um símbolo. Falante e galante, esse século só tratava de amor nos salões aristocráticos e, mesmo assim, sob as mais estritas regras de etiqueta cortesã. Usou-se muito a *coquetterie,* fórmula que, respeitando a decência da linguagem, disfarçava habilmente as estratégias mais sórdidas de sedução. O coração contava, então, menos do que o sexo. O laço entre a hipocrisia das convenções, próprias às camadas ricas, e a tensão erótica que elas contribuem a reforçar, fornecerá o tema essencial para a libertinagem. Inspirada pela máscara da boa educação, essa retórica exprimia os constrangimentos de uma sociedade galante que matava o amor ao transformá-lo em vício. Falar de sexo tornou-se uma compensação agradável para o vazio espiritual de uma elite. O retrato mais nítido dessa situação foi feito por Choderlos de Laclos, em seu *As ligações perigosas.*

O aparente sucesso do ascetismo coletivo na Europa do Antigo Regime resultou no que o filósofo Michel Foucault chamaria, na análise que fez do período, de "domínio de si e do outro". Domínio que promovia a derrota da vida e o desaparecimento do amor erotizado. O triunfo progressivo do casamento e do controle da sexualidade impediu a época das Luzes de aparecer como um período de revolução de costumes. Esta vai atingir apenas uma estreita minoria popular, sobretudo no meio urbano, com exceção da liberdade tradicional de certos membros da classe dirigente. O Ocidente cristão seguirá hostil à ideia de felicidade e da emancipação das pessoas. Fora da realidade preciosa, mas rara, do amor conjugal, todos os outros germes de felicidade sexual, presentes na antiga sociedade, tendiam a ser desvalorizados.

Por volta de 1700, as cortes galantes, os chamados "salões preciosos" e mesmo os contos de fadas – muito na moda, então – realimentam o ideal do amor impossível. Se o sentido exato dessa linguagem é difícil de definir, nas grandes cortes europeias se dá ao sentimento amoroso um lugar cada vez maior no seio da poesia, poesia, por vezes, até piegas. O romance, gênero recém-criado, se via, igualmente, tomado por temas amorosos. Tais temas, todavia, insistem em pintar, no amor-paixão, uma catástrofe e uma doença própria a satisfazer as tendências masoquistas de certos heróis. É como se a modernidade tivesse feito desabrochar uma linguagem literária cada vez mais amorosa, enquanto o amor, ele mesmo, se tornava um desejo distante.

Os escritores franceses do século XVIII vão impor um novo modo de representar a paixão. Malgrado a presença de textos libertinos, a época da Revolução Francesa daria visibilidade ao culto romântico da paixão, ligando-o mais estreitamente à dor do que à felicidade. Os autores que então escrevem sobre o amor seguem divididos entre justificar sua existência ou condenar seus excessos. Bem poucos escaparam à idealização tradicional do sentimento. Tal idealização foi mesmo reforçada no século seguinte, com os autores românticos que preferiam demonstrar que as doenças que envenenavam seus heróis, matando-os ao fim de cada história, provinham do veneno mais letal: o amor ele mesmo.

Para encerrar essa pequena síntese sobre o amor no Ocidente moderno, vale a pena, leitor, reter algumas teses. Diferentemente de hoje, quando não imaginamos um casamento sem amor-paixão, no passado as duas coisas eram quase incompatíveis. Não que o amor estivesse "obrigatoriamente" ausente dos matrimônios, sobretudo, dos arranjados, e presente, fora deles; estava, sim, submetido a mil constrangimentos, incluindo os de ordem sexual. O risco do casamento movido por sentimentos era o de subverter a função dessa mesma instituição, desestabilizando a transmissão do patrimônio, a garantia de alianças e o predomínio de certos grupos de poder sobre outros.

Uma vasta corrente da literatura moralista que vai do século XV ao XIX identifica o amor a causas funestas separando, radicalmente, o amor no cotidiano daquele cantado em prosa e verso. No cotidiano, ou seja, no matrimônio, ele se justifica no serviço de orientação conjugal com o qual eram torpedeados os casais: a primeira causa era a procriação e a educação dos filhos no temor a Deus. A segunda, é que o matrimônio se destinava a ser um remédio contra o pecado, um antídoto à fornicação. A terceira, ele deveria ser o instrumento de auxílio à mútua convivência, ajuda e conforto que um esposo prestasse ao outro. Contudo, como demonstram os demógrafos, o sexo ilícito crescia no fim do século XVIII ao mesmo tempo que o casamento se tornava universal.

E será possível olharmos pelo buraco da fechadura da história para ver como se comportavam os casais, amando para valer ou detestando-se? O historiador Lucien Fébvre lembra que o casamento no passado é um "enigma". Enigma, pois se encontram milhares de construções jurídicas e teológicas sobre o sacramento. Mas histórias plenas sobre como se vivia no casamento são raras. Enigma, também, porque, durante séculos, um imenso esforço se faz nas sociedades cristãs para "policiar e civilizar" seus membros; para fazer triunfar sobre os instintos, uma moral fundada na razão. Numerosos "oficiais da moral" – padres, pastores, pregadores e confessores, físicos ou médicos – empregaram-se com ardor e abnegação em alardear as vantagens de tal relação. Mas vantagens se ela fosse despossuída de paixões. Eles impõem o casamento. Proclamam-no indelével. Mas não entram em seu interior. Exigem que os cônjuges sejam bons, doces, polidos e, sobretudo, saibam controlar seus instintos. O cristianismo fez do matrimônio um sacramento. Quebrá-lo era um dos maiores pecados que o homem podia cometer. E quando os homens, por milagre de paciência, de sutileza e de imaginação, conseguem fazer germinar, crescer e florir o amor – essa impressionante criação –, os moralistas lhes viram as costas. Se eles consentissem finalmente em colher a flor do sentimento amoroso no jardim dos homens, era exclusivamente para oferecê-la a Deus, e não para ajudar os próprios homens. Poucos esforços foram feitos a fim de proteger ou estimular as relações do amor com o casamento – da instituição protegida, sancionada, imposta por Deus e do sentimento vivido por homens e mulheres na precariedade de sua vida.

Da Europa, agora nos deteremos um pouco em Portugal, uma das matrizes de nossa cultura. Como seriam as representações sobre o amor no interior de uma sociedade ancorada no predomínio esmagador do mundo agrário, na dominação da aristocracia senhorial e eclesiástica, apegada às maneiras de pensar e a valores profundamente marcados pela religião? Mais. Como pensar o amor em uma sociedade patriarcal, na qual a mulher é vista como um ser inferior e onde a tradição de mestiçagem, ampliada pela presença mourisca na Península Ibérica e, depois, pelas viagens ultramarinas, estava na base das relações homem e mulher? Mais exatamente do norte de Portugal herdamos, também, algumas características com grande influência em nossa colonização e, por conseguinte, na fabricação de nosso imaginário amoroso: a de padrões familiares marcados por altas taxas de ilegitimidade, a de domicílios chefiados por mulheres, a da migração masculina elevada.

Em tempos d'El Rei

O amor foi tratado em Portugal de forma muito diferente da França ou da Itália. A maior parte dos livros então publicados em português ignora ou condena o amor. Há um aumento do tom das censuras morais após o Concílio de Trento, mas as teorias medicalizadoras da luxúria como doença moral já estão em vários textos médicos do começo do século XVI. Na França, a diferença do ambiente cultural pode ser medida pela natureza das publicações exaltadoras da sexualidade e de uma erótica praticamente inexistente em Portugal. A corrupção dos costumes foi o tema-chave, a viga mestra do discurso moralizante na época moderna, e teve no discurso científico novo arsenal argumentativo.

A eficácia desses modelos em Portugal e, por conseguinte, em sua colônia, deve-se à situação das letras e da cultura durante o século XVIII. O atraso do sistema português de ensino, das primeiras letras à universidade, era uma evidência para todos aqueles que saíam do país. Na segunda metade do século, ensaiam-se algumas modificações, sem muito sucesso. Elas esbarram na censura, em professores que ainda não se tinham afastado dos dogmas da Igreja, em preconceitos raciais. Apesar da difusão de toda a literatura estrangeira "iluminista", a estrutura mental lusa não apagava a religião. Mesmo os mais avançados amantes do espírito racional não se libertavam do ambiente profundamente religioso do período. Há poucos ataques à Igreja ou a seus membros. Isso significa que a aliança entre Medicina e Igreja, na tentativa de manter o amor como algo perigoso e inconveniente, tende a prevalecer, como veremos mais adiante.

Portugal tem sobre o amor uma história fundadora: aquela de D. Pedro e Inês de Castro. Inês de Castro foi figura da história de Portugal tomada numerosas vezes como tema de várias obras literárias, não só na literatura nacional, como também na de outros países. A Inês de Castro histórica era filha de um fidalgo galego, D. Pedro Fernandes de Castro. Foi uma das damas que acompanharam D. Constança quando esta veio de Castela para Portugal para casar, em 1336, com D. Pedro, futuro D. Pedro I, filho de D. Afonso IV. Pois esse D. Pedro apaixonou-se por D. Inês, com quem teve filhos, e, segundo algumas fontes, declarou ter casado com ela, secretamente, já após a morte de D. Constança. O amor de D. Pedro e D. Inês suscitou forte oposição por motivos de ordem política. Temia-se que D. Fernando – filho de D. Pedro e de D. Constança – fosse afastado do trono, tornando-se herdeiros da coroa os filhos de D. Inês. Por esse motivo, D. Afonso IV, pressionado pelos seus conselheiros, mandou, em 1355, executar Inês. Essa história de amor trágico tem sido tema de obras teatrais, narrativas e líricas que abordam, em maior ou menor grau, quer o fundo psicológico de Inês, quer o conflito de que ela é o centro. Como personagem, Inês de Castro tem assumido características diferentes de acordo com o autor e a época em que os textos são produzidos. Um aspecto recorrente é a universalidade do tema amor puro, amor que sobrevive à morte, no caso de D. Pedro. A coroação de Inês por D. Pedro, quando já estava morta, e a tragédia da morte inocente face à mesquinhez dos interesses humanos é outro tema frequente. Essa faceta tem garantido à figura de D. Inês uma resistência ao tempo e possibilitado uma atualização permanente, em termos estéticos, dos meios de contar a sua história. Mais do que uma personagem, Inês, e com ela D. Pedro, é o símbolo do amor inocente e feliz.

Para além desta história, desde o século XIII, trovadores em Portugal cantam amores, tal como na França. O tema? A ideia de que Deus se revela na exaltação amorosa, sendo a beleza feminina seu testemunho na Terra. Os cantos poéticos, modelos de breves e rigorosas artes de amar, cultuam a "dona" que encarna a sabedoria e dá a conhecer ao homem seu destino.

Mas não é qualquer mulher essa por quem se "apaixona" o trovador. Ela é elevada. Sua excelência de espírito e sua inteligência contam. A amada é portadora de valores morais que estimulam o que há de melhor no sexo masculino. Ela acende no parceiro o desejo do que lhe é superior. O homem, por sua vez, reconhece o lado sublime da mulher, renunciando, por isso, ao prêmio material – seu corpo. Nesse código amoroso o que está em jogo não é a diminuição do desejo, mas a tensão em que o indivíduo se reconhece na experiência de desejar. O amor serve, assim, para aperfeiçoar moralmente a personalidade do amante. Em uma cantiga amorosa de D. Dinis, o rei-poeta distingue o amor que é renúncia, daquele feito de cupidez e de sensações fáceis. Ele opta pelo primeiro e pela devoção total à mulher. Quanto aos outros, despreza pois "amores semelhantes, tenho eu mais de um cento". O conteúdo da maioria dessas canções louva, também, a sublimação de sentimentos carnais considerados, então, inferiores.

Já as "cantigas de amigo" repõem o amor em sua dimensão humana, cantando a saudade do amigo ausente e o desejo de atender às suas solicitações sexuais:

> Como morreu quem nunca amar
> se faz pela coisa que amou
> e quando dela receou
> sofreu, morrendo de pesar
> ai, minha senhora, assim morro eu.
> Vosso amor me leva a tanto!
> Se partindo, provocais quebranto que não curais
> a quem de amor desespera, de vós conselho quisera?
> Ó formosa, que farei?

Uma parte dessas cantigas inspira-se na vida popular rural. Tem como personagem principal a jovem que vai à fonte lavar a roupa, ou a que vai pentear os cabelos no rio, onde encontra o namorado. Ou aquela outra que na romaria espera o amigo ou oferece aos santos promessas pelo seu regresso. Outro grupo de cantigas leva-nos para ambientes domésticos; deixa-nos ver a moça a fiar, conversando com a mãe e com as amigas; o rapaz a pedir autorização para o namoro. A protagonista das histórias é desembaraçada; sabe jogar às escondidas com o amor, conhece seu poder de sedução e o manipula; conhece a arte de provocar ciúme, do qual frequentemente também é vítima. Os romances contam desde a alvorada do primeiro encontro até o casamento.

No meio palaciano onde se aprecia e se coleciona a poesia lírica, não podia faltar o interesse pelos relatos de aventuras entre damas e cavaleiros. Eles aludem com frequência a personagens bastante conhecidos, como Tristão e Isolda, o mago Merlim, Flores e Brancaflor, na maior parte, traduzidos de romances franceses bretões.

O maior e mais conhecido personagem era Amadis de Gaula, herói da novela de cavalaria homônima. Em sua história, o tema da sensualidade associa-se ao ideal do cavaleiro audaz e generoso, combativo e terno, casto e roído de desejos, a serviço de uma paixão bem humana, mas ao preço de infindáveis dificuldades. Trata-se de uma obra profundamente conformista, que dá um lugar específico ao amor no interior de uma ordem preestabelecida, fixando-lhe regras e reconciliando-o com o casamento.

Amadis e Oriana – a amada do herói – entregam-se ao amor físico depois que uma determinada aventura os deixa a sós na floresta "[...] naquela erva e em cima daquele manto, mais por graça e comedimento de Oriana que por desenvoltura e ousadia de Amadis". É feita Dona a mais formosa donzela do mundo. A virtude é premiada no *happy end* com que se encerra a obra. O *Amadis de Gaula*, finalmente, constituir-se-ia, para seu contemporâneos, em uma espécie de manual romanceado das virtudes do bom amante cortesão. Os discursos grandiosos dos cavaleiros, a quem os serviços amorosos impõem combates pelas florestas, os diálogos dos amantes, as cartas, as mensagens de desafios ou os lamentos, oferecem modelos literários da vida fidalga entre aventuras empolgantes que eram o entretenimento preferido do alto a baixo da sociedade.

A obra em que melhor se exprime o sentimento trágico de uma vida apenas orientada para o amor, porém, é uma novela de psicologia amorosa, editada – pasme, leitor! – em 1554. Trata-se de *Menina e moça* de Bernardim Ribeiro. O romance começa pelo monólogo de uma jovem, em que se entrevê um amor infeliz, uma dolorosa separação, tudo isso em um extenso crescendo de tristezas e perdas. Cada motivo de sofrimento é logo ultrapassado por outro, pior. O tom é o de confidência. A personagem diz não acabar o livro, pois suas mágoas não acabam nunca. Curiosidade: há um diálogo entre a donzela e uma "dona do tempo antigo" que também sofre de amores. E vemos aí as mulheres criticando os homens, por não conhecerem a importância dos cuidados amorosos. Só o isolamento doméstico – dizem elas – lhes permite o culto dos sentimentos delicados e à devoção que o sentimento exige.

O enredo do livro exprime a filosofia trágica do amor. Nele tudo ocorre: a morte traiçoeira de dois amigos, o suicídio de suas amadas, casos sentimentais de personagens secundários, revoltas do amor-paixão contra compromissos assumidos. Fiel à tradição portuguesa, o livro insere-se na ortodoxia católica, pois se arremata por dois casamentos e um funeral. Em *Menina e moça,* as mulheres são seres vitais e práticos, sempre em busca de meios viáveis para

Em Lisboa, as cadeirinhas, ornadas de esculturas, estacionavam nas praças a fim de deixar conversar, por entre as cortinas, os enamorados.

levar a cabo o imperativo de amar. O isolamento e a tristeza em que vivem, podem, contudo, ser interpretados, não como derrota, mas como expressão do inconformismo perante os obstáculos que impedem a realização do amor.

O poeta Luís de Camões, considerado um dos maiores escritores da língua portuguesa até hoje, dedica alguns versos à "linda Inês e a seu branco colo", sofreu influência de Santo Agostinho. Em sua poesia, a mulher aparece não como companheira humana, mas como um ser angélico que sublima e apura a alma dos amantes. Ele vai buscar na Itália renascentista sua inspiração. Da mesma forma como Beatriz conduz Dante pelas alturas do paraíso, ele busca impregnar seus personagens femininos de uma luz sobrenatural que lhe transfigura as feições. Luminosos são seus cabelos de ouro e o olhar sereno. Ela tem o dom de apaziguar os ventos, sua presença faz nascer flores. Toda a sua figura é revestimento físico de um ideal de calma e gravidade. No retrato da amada, Camões persegue Beatriz de Dante.

Mas a experiência vivida por Camões não poderia se limitar a tais convenções. E, assim, ele registra o conflito entre o desejo carnal e o ideal do amor desinteressado. Se o amor é um "efeito da alma", como entender que o amante queira ver corporalmente a amada – pergunta em um soneto? E a resposta nos é dada por um personagem do *Auto de Filodemo*, Duriano, que aponta ironicamente a contradição entre amar pela "ativa" – fisicamente – e amar "pela passiva" – espiritualmente –, mostrando que a ideia de dois amores já estava bem consolidada. A ambiguidade entre esse sentimento extremo que é vivido em meio a conflitos, provocando dor e prazer alternada e simultaneamente, é representado no maneirismo do século XVII como uma "concordância discordante". Em Camões, por exemplo, essa visão dilacerada se manifesta em vários poemas, como no famoso soneto a seguir:

> Amor é fogo que arde sem se ver
> É ferida que dói e não se sente
> É um contentamento, descontente
> É dor que desatina sem doer
> É um não querer mais que bem querer
> É solitário andar por entre a gente;
> É nunca se contentar de contente;
> É cuidar que se ganha em se perder;
> É querer estar preso por vontade;

> É servir a quem vence, o vencedor;
> É ter com quem nos mata lealdade;
> Mas como causar pode seu favor
> Nos corações humanos amizade
> Se tão contrário a si é o mesmo Amor?

Mas o amor não era só coisa de elite. No universo popular também se encontram instantâneos de suas manifestações. Pense-se nas *aravias*, de influência árabe, narrativas heroicas em verso, cantadas ao som de guitarra. Nelas, desfilam esposas fiéis, como D. Catarina; mulheres cativas, como Brancaflor e Melisandra, e heroínas perseguidas, como Silvana e Iria ou a imperatriz Porcina. As poesias populares, assim chamadas pelos etnógrafos também celebram amor; "Com as penas do pavão, com o sangue da cotovia, hei de escrever uma carta, ao meu amor algum dia". Nesses poemas anônimos, era comum a presença de fontes em que enamorados se encontram, de pastoras que fogem com seus amados, ou de afirmações do tipo, "o amor é cego, já vai me vencendo". Cantadas na noite de São João, considerada festa ideal para adivinhas amorosas, certas músicas celebram a intercessão de santos milagreiros nas relações de pessoas que se querem bem: "Fui-me à porta do Batista [São João], perguntar por meus amores, lá de dentro me atiraram, uma capela de flores". "Meu amor não vás a Avintes, nem pra lá tomes o jeito, olhe que as moças de lá trazem a semente do feito".

Já os conto de fadas ou "de encantos" têm sempre como herói principal um príncipe ou princesa enfeitiçada ou perseguida por conhecidos desafetos: gigantes, bruxas, feiticeiras, fadas, monstros. Só com muitos trabalhos e perigos consegue quebrar o encanto ou escapar à perseguição que lhe é movida por inimigos de seu amor. O tom geral é dramático e o desfecho, um casamento por amor.

Toda essa tradição textual, na qual obras de poetas, letrados, ou moralistas sistematizam conceitos e práticas sobre o amor, era devolvida à sociedade, mesmo a seus grupos menos cultos, por meio da literatura vulgarizada, dos contos de fadas, da pregação nos sermões dominicais, da tradição oral. Ao lado da tradição culta, consolidada em nomes como Camões ou Rodrigues Lobo, viceja uma cultura popular. Da mistura de ambas, plasma-se o imaginário luso sobre o amor. Ele não é nem simples reflexo da realidade, nem é detentor de autonomia absoluta; ele é, sim, uma convergência das mentalidades, logo de modos de pensar e agir, com as árduas condições de vida, mas, também de trabalho intelectual que se tinha de enfrentar.

Entre elas, valeria lembrar ao leitor o papel do atraso da educação de homens e, sobretudo, de mulheres em Portugal. Educadores, leigos ou religiosos, passam o tempo a inculcar a ideia de que o mundo é um lugar de tentações. Os meninos devem ser afastados "dos prazeres corporais". A "familiaridade entre os dois sexos" constituía a mais importante questão na educação das crianças. Os meninos não deviam participar das brincadeiras ou das conversas em que estivessem meninas. Assim, para os separar mais facilmente davam-se nas *Regras para a educação cristã dos meninos,* obra publicada em 1783, exemplos extraídos das Sagradas Escrituras: "Não olheis para a mulher inconstante nos seus desejos, para que não caiais nas suas redes"; "Não fixeis os vossos olhos numa donzela para que a sua beleza não seja motivo de sua perda"; "Fiz um contrato com os meus olhos para nem ao menos pensar numa virgem". São muitos os exemplos.

Já os conselhos destinados às meninas começam por sublinhar a condição inferior de seu sexo, por estar a mulher diretamente ligada ao pecado. Nessa ordem de ideias, lembra-se a inconveniência de uma infância desregrada na futura mulher. Os trabalhos domésticos, afastando-a das tentações amorosas, era o que convinha ao seu sexo. As companhias eram escolhidas pela mãe, que não devia deixá-la ler romances ou poesias, mas apenas, salmos e hinos de igreja, de preferência em francês. A dança não era aconselhável porque era "um laço do Demônio". E a música e os concertos tinham igualmente maus efeitos para as jovens – as árias profanas "excitam as paixões, servem de isca à sensualidade". O desprezo da beleza, a simplicidade no vestir, deitar e acordar em horas certas eram regras básicas. Além do papel que a economia doméstica devia desempenhar em sua educação, os pais escolhiam o confessor e o próprio homem com quem a filha tinha de casar.

Outra condição que deve ter influído nas concepções amorosas decorria da polarização entre segmentos sociais: de um lado, a nobreza que se queria letrada e, de outro, as classes não-letradas. Uma recebendo mais rapidamente os modismos amorosos importados do exterior do que a outra. Não há dúvida, contudo, de que a influência da cultura literária francesa foi grande. Reis alocavam agentes em Paris, encarregados da compra de livros. As elites aristocráticas ou comerciantes aderiram à leitura de autores franceses, ajudando a difundir o gosto pelos modismos que faziam do amor fonte permanente de sofrimento, alimentando assim o mito fundador do amor infeliz, amor que uniu D. Inês de Castro e D. Pedro.

A construção de identidades amorosas tanto em Portugal quanto no Brasil enraíza-se, contudo, não tanto na literatura, pois as elites ainda eram majoritariamente iletradas, mas, sim, na interiorização, por homens e mulheres, de normas enunciadas pela Igreja ou pela Ciência. O importante a observar, leitor, foram os dispositivos que asseguraram a eficácia de um tal imaginário amoroso. Imaginário eficaz somente à medida que os indivíduos contribuem ou se predispõem a ele. Nossos antepassados consentiam e garantiam a reprodução de representações sobre o amor. É naquele país em que a Contrarreforma Católica consegue reprimir o erotismo com maior eficácia. Essa ação normalizadora, que inclui a Inquisição, apoia-se sobre iniciativas conservadoras dos portugueses, cujos costumes austeros eram notados pelos cronistas estrangeiros entre os séculos XVI e XVII. Alguns historiadores atribuem à religião uma das razões para as atitudes, as sensibilidades e os comportamentos dos portugueses: "Durante os dois séculos que correram entre o tempo do rei D. João III e de Pombal, Portugal era, provavelmente, o país mais dominado pelo clero em toda a cristandade e só foi ultrapassado nas demais regiões, a esse respeito, pelo Tibete", esclarece o historiador Charles Boxer.

Dores de amores

O sentimento amoroso teve um poderoso inimigo nessa época de opressão: a Igreja. Entretanto, ela não está sozinha na luta para impor a moral cristã. O amor passa a ser perseguido, também, por uma antiga ciência: a medicina. Pois a medicina começa a oferecer uma porção de argumentos físicos contra o amor. Ela não o considera um pecado, como faz a Igreja, mas, uma doença. O amor excessivo é ruim para a saúde. A "luxúria", considerada um desarranjo fisiológico, como expressão direta desse amor, tinha de ter remédio. Tudo começa com a crença, corrente na Idade Moderna, de que o comportamento dos indivíduos é determinado pela qualidade e pela quantidade do calor de seu corpo. Tal calor não provém do fígado ou do cérebro, mas do coração. Subjetividade e coração – o órgão – são uma coisa só. Dessa perspectiva, os indivíduos derivam sua identidade das paixões de seu coração. Um coração em mau estado não podia dar em boa coisa.

Acreditava-se que o desequilíbrio ou a corrupção dos humores, graças à secreção da bile negra, explicasse uma desatinada erotização. Dela provinham os piores crimes, os mais violentos envolvimentos afetivos e os mais desumanos dos atos. Apesar da educação, da fé religiosa, do medo de castigos, a razão não conseguia, muitas vezes, controlar o calor proveniente do coração. E as pessoas, carentes da necessária racionalidade, sofriam por não colocar as decisões do tal coração nos limites adequados. Todos os excessos, portanto, deviam ser evitados, contornados, amestrados. Sem o controle de suas paixões, homens e mulheres estariam perdidos. É, pois, o sentimento fora de controle, resultando em erotismo desenfreado, que consolida a ideia do amor como enfermidade.

Em fins do Renascimento longos tratados médicos são escritos sobre o sentimento: *O antídoto do amor*, de 1599, ou *A genealogia do amor*, de 1609, são bons exemplos desse tipo de literatura. Seus autores interessam-se tanto pelas definições filosóficas do amor quanto pelas técnicas, pelos diagnósticos e pelos tratamentos envolvidos em sua cura. Todos, também, recorrem a observações misturadas a alusões literárias, históricas e científicas para concluir que o amor erótico, *amor-hereos* ou melancolia erótica, era o resultado dos humores queimados pela paixão. E mais... que todos os sintomas observados nos amantes e cantados em prosa e verso poderiam ser explicados em termos de patologia.

O famoso livro de Robert Burton, *Anatomia da melancolia*, publicado em 1639, diz exatamente isso e não faltava quem afirmasse que o amor podia invadir o corpo como um feitiço ou encantamento – o que, cá para nós, não deixa de ser verdade! Tal crença é interpretada pelos médicos como uma estranha infecção do sangue. Mas uma infecção causada pela transferência dos "[...] espíritos do objeto contemplado, através do olho do contemplador". Em outras palavras, a fascinação, na forma de um vapor indesejável, penetrava, pelos olhos e envenenava todo o corpo. Lembra-se, leitor, da importância dos olhos como "a janela da alma"? Não faltava quem quisesse demonstrar que o corpo era lugar de uma série de eventos patológicos, cujos elementos explicariam a doentia transição do desejo à doença. Vamos ver algumas dessas vozes de médicos:

> Nossos médicos modernos chamam de febre amorosa os batimentos do coração, inchamentos do rosto, apetites depravados, tristezas, suspiros, lágrimas sem motivo, fome insaciável, sede raivosa, síncopes, opressões, sufocações, vigílias contínuas, cefalalgias, melancolias, epilepsias, raivas, furores uterinos, satiríases e outros perniciosos sintomas que não recebem mitigações nem cura na maior parte das vezes a não ser pelos remédios do amor [...] estes acidentes fizeram que muitos acreditassem que o Amor seja um veneno que se engendra em nosso corpo ou escorre pela veia, ou seja causado por medicamentos que eles chamam de filtros.

O amor excessivo e a paixão física eram considerados ruins para a saúde: abreviavam a vida.

> Esse mal ataca inicialmente pelos olhos, flui pelas veias como um veneno, dirige-se ao fígado que inflama de forma a transmitir um calor aos rins e ao lombo que se tornam sedes importantes dos sintomas eróticos, chegando finalmente ao cérebro que é escravizado.
> O amor tendo abusado dos olhos, como verdadeiros espiões e porteiros da alma, deixa-se deslizar docemente por um par de canais e caminha insensivelmente pelas veias até o fígado, imprime subitamente um desejo ardente da coisa que é realmente, ou parece amável, acende a concupiscência e por este desejo começa toda a sedição [...] vai diretamente ganhar a cidadela do coração, o qual estando uma vez assegurado como o mais forte lugar, ataca depois tão vivamente a razão e todas as potências nobres do cérebro que ela se sujeita e torna-se totalmente escrava.

Entre as causas do amor erótico estariam as externas, como o ar e os alimentos, e as internas, o repouso, a vigília e o sono. Na tradição de ensaios morais tão correntes em Portugal, João de Barros, em 1540, afirmava que o sentimento apaixonado "abreviava a vida do homem". Incapazes de conter nutrientes, os membros enfraqueciam-se, minguando ou secando. Muitos males decorreriam daí, entre eles a ciática, as dores de cabeça, os problemas de estômago ou dos olhos. A relação sexual, por sua vez, emburreceria, além de abreviar a vida. E ele concluía: só os "[...] castos vivem muito".

Descrita como um instrumento de envenenamento do corpo social, a luxúria ou o "amor demasiado", como era, por vezes, chamada, além de ser vista como uma doença, constituiu-se em um recurso para a valorização do casamento. Ela opunha o adultério ou a relação ilícita ao sagrado matrimônio; o prazer físico ao dever ou débito conjugal. Os lascivos eram punidos, segundo a tradição literária inspirada em Dante, ardendo atrás de um muro de fogo.

No século do iluminismo, segue em Portugal a ideia do amor doença. O doutor Bernardo Pereira afirmava que o pensamento cristão era a única arma contra "[...] o feitiço voluptuoso da lascívia". Para não se deixar enfeitiçar pelo amor, o remédio eram orações, penitências e a lembrança do inferno. Médicos falavam como padres pregadores: "A paixão", segundo um deles, Bento Morganti,

> [...] exalta a imaginação, encanta e fascina os sentidos. A imaginação pervertida orna de falsas cores os atrativos do mal, faz nascer ilusões enganadoras e impele os sentidos para o gozo e voluptuosidade desordenadas. É preciso aprender a governar esta "louca da casa".
> A imaginação é o maior excitante das paixões, através dela se corrompe a vontade. Além dos sentidos abertos para os riscos do mundo é dela que vem as tentações interiores, muito mais insidiosas e perigosas de se domar.

Essa imaginação, como "louca da casa" – como a chamava Santa Teresa d'Ávila – é a grande inimiga do entendimento e do controle. E conclui taxativo: "O homem prudente e de um espírito bem concertado não deve admitir outra paixão se não aquela de não ter nenhuma".

A aliança do conservadorismo contrarreformista com a medicina das cortes ibéricas produziu um moralismo católico que tornava o sexo fonte de torpeza. E seu maior risco era o já mencionado descontrole da imaginação. E como combater tal problema? Os remédios poderiam ser dietéticos, cirúrgicos ou farmacêuticos. Ao "regime de viver", que se esperava, fosse tranquilo, somavam-se sangrias nas veias de braços e pernas. E, ainda, remédios frios e úmidos, como águas de alface, grãos de cânfora e cicuta, que deviam ser regularmente ingeridos. Contra o calor das paixões tomavam-se sopas e infusões frias, recomendando-se, também, massagear os rins, o pênis e o períneo com um "[...] unguento refrigerador feito de ervas, pedra bezoar ou de alface". Comer muito era sinal de perigo. Os chamados "manjares suculentos" eram coisa a evitar. "Dormir, só de lado, nunca de costas, porque a concentração de calor na região lombar desenvolve excitabilidade aos órgãos sexuais".

A patologia do amor se refinará no século XIX quando uma longa série de doenças lhe é atribuída. "Há poucos médicos" – explicava o doutor Mello Moraes – "que não tenham tido a ocasião de patentear um amor oculto que roa o coração de um de seus doentes". E após louvar o "amor feliz" do matrimônio que não é movido pelo desejo carnal, passa a relacionar o conjunto de males provocado pelo sexo, relatando o que chama de "febre ardente dos esfalfados": "uma doença que sobrevém de repente aqueles que cometem excessos venéreos; a pele fica seca e ardente, o pulso, umas vezes cheia outros pequeno, urinas vermelhas, há congestão e palidez na face, náusea, vômito e delírio. Esta doença pode causar morte rápida".

Entre a juventude, ela ceifava vidas sem dó nem piedade. E tome exemplos:

> Uma moça sem causa conhecida, sem moléstia física, ficou triste e pensativa; seu rosto fez-se pálido, os olhos se encovaram e as lágrimas correram. Ela sofria cansaços espontâneos, gemia e suspirava; nada a distraía, nada a ocupava, tudo lhe aborrecia. Evitava seus pais, suas amigas; veio a febre, depois o marasmo, por fim a morte. Ela levou consigo seu segredo para a sepultura; a pobre moça amava! Quantos acabam assim ceifados na flor da idade, roídos no coração por esse mal devorador [...] a exaltação da imaginação, a excitação dos sentidos, as emoções violentas tão frequentes

no amor desgraçado abalam muitas vezes o sistema nervoso, a ponto de produzir ataques de nervos, histeria, epilepsia e mesmo catalepsia. A força incontrolável do desejo que para Agostinho era uma rebeldia introduzida na própria natureza da carne, será encarada pela medicina como sintoma de um grave distúrbio, cuja cura ela se propôs a proporcionar.

E pior. O amor provoca a nostalgia ou a saudade, que é outra doença. Mas a maior enfermidade é a erotomania ou loucura amorosa. Tal doença, de natureza inflamatória, possuía sinais bem evidentes, manifestando-se por furores que, como o estro animal, acumulam muitos sucos nos mais jovens e nos celibatários. Afinal, esses são tempos em que se luta para casar as gentes.

Efeitos tão devastadores nasciam do que consideraríamos, atualmente, causas prosaicas:

> [...] amizades frequentes com conversações ternas, a vivenda na mesma casa, a sociedade nos mesmos exercícios, a ociosidade, as comidas especializadas em pimenta, canela e gengibre, a bebida do vinho e mais licores inebriantes, a lição de livros amatórios, a vista de painéis lascivos e outras curiosidades perigosas como as óperas, comédias e etc.

Pois são elas que, perigosamente, podiam trazer o perigo do contágio amoroso. Definidas por um médico brasileiro como uma necessidade desregrada que acabava por tiranizar o doente, as paixões d'alma ainda eram responsáveis pela aparição de hemorroidas. Não as simples, mas as mais "violentas, anômalas e irregulares". Os apaixonados passavam a encolerizar-se ou entristecer mais facilmente e até mesmo a tísica, como era chamada a tuberculose, "esse mal terrível", resultava de ciúmes concentrados. Os tumores, de amor desregrado ou desgosto prolongado. E daí por diante. A medicina passa, nessa época, a tornar-se cada vez mais uma instituição de policiamento de costumes e de repressão moral.

Alguns remédios menos complicados eram sugeridos por padres. Para Ângelo Sequeira, conhecido pregador, os estímulos da carne podiam ser facilmente reprimidos quando se repetisse por várias vezes a seguinte invocação: "Ó morte! Ó juízo! Ó inferno! Ó paraíso!". Fácil, portanto. O importante a reter é que o discurso contra a luxúria permitia manifestar toda a hostilidade em relação aos solteiros ou aos descasados, além de alimentar o pudor no interior do casamento. Ao criticar as condutas consideradas desonestas e habituais entre os solteiros, a instituição acabava por valorizar as condutas honestas, exigidas aos cônjuges. Mãe da anarquia e da desordem, a luxúria invertia as regras estabelecidas pela Igreja e pela Ciência para o uso do corpo e dos sentimentos. Para a maior parte dos médicos, ela não se contentava em perturbar o espírito e condenar o corpo a uma doença incurável; ela interfere em uma concepção de universo sociorreligioso, obrigando a elaboração de um discurso radical, no qual a peste, a insanidade e a morte se tornam sinônimos, sobretudo para quem vive alheio às prescrições do casamento. O casamento seria, sim, a última instância e o santo remédio para evitar a devassidão, leia-se, a paixão.

No abrigo desse sacramento, as mulheres não sofreriam com o acúmulo de "sucos e líquidos prolíficos". Os calores e os apetites regulados pelo débito conjugal e pela procriação as livrariam "da pestilência do amor lascivo". As santas e as honestas viam-se livres das torturas morais e espirituais provocadas pela luxúria, assim como seus devotados companheiros.

A dieta do amor

Se a Igreja e a medicina faziam de tudo para abrandar as formas de amar, as viagens ultramarinhas dos séculos XV e XVI tiveram o efeito de lenha na fogueira do sentimento. E a razão, leitor? O convívio pioneiro com as culturas de além-mar apimentou a Europa e, em particular, Portugal, com sabores, odores e sensualidades novos. No momento em que se implementa o modelo cristão de vida conjugal e uma avalanche de textos moralizantes se abate sobre as populações, ocorre, também, a expansão de uma gastronomia à base de afrodisíacos. Uma resposta silenciosa à repressão sensual? Uma forma de escapismo às normas da Igreja? O que se sabe é que cada vez mais se consomem sopas de testículos de ovelhas, omeletes de testículos de galo, cebolas cruas, pinhões e trufas, entre outras substâncias usadas nessa culinária encarregada de estimular o desejo sexual, esclarece o especialista e historiador Henrique Carneiro. Na Europa ocidental expande-se o uso do âmbar, do almíscar, de perfumes animais, não só como odorizantes do corpo, mas, também, como alimentos. Especiarias estimulantes, reconfortantes, tonificantes e revigorantes ampliam a gama erótica dos prazeres – lógico, prazeres proibidos – da carne.

Portugal é a porta de entrada desses produtos. O estímulo renovado dos sentidos foi uma das facetas mais exuberantes do Renascimento, não apenas, lembra Carneiro, na expressão artística, mas no desenvolvimento de uma sensualização dos costumes. Se por um lado Portugal, cujo Renascimento foi incipiente e demasiado breve, não conheceu a exaltação pictórica, poética, gastronômica e luxuriosa do corpo, o país constituiu-se na placa giratória que, por excelência, distribuía especiarias de luxo vindas do Oriente. Produtos que alimentam a sede de estímulos sensoriais nas cortes da França e das ricas cidades italianas.

O contato imediato dos lusos com as Índias Orientais e Ocidentais não impediu, contudo, influências na cultura portuguesa em que, a despeito de toda a severidade moralista, também penetrou o fascínio dos perfumes. Perfumes vindos tanto da China quanto do subcontinente asiático, além dos saberes fitoterápicos provenientes da América, se uniam para a realização de filtros capazes de resolver casos de amor ou ciúme, assim como se prestavam à preparação de venenos e abortivos. Um dos mais notáveis cronistas a perceber o desbravamento sensorial vivido pelos portugueses foi Garcia da Orta. De origem hebraica e amigo de Camões, ele se dedica ao estudo da farmacopeia oriental. A descoberta de novas faunas e floras o permite saudar, com entusiasmo, os afrodisíacos largamente utilizados nessa parte do mundo. Ele não apenas menciona a *cannabis sativa*, também conhecida como banguê ou maconha, mas exalta, igualmente, as virtudes do ópio. Fundamentado em sua convivência com os indianos, Orta sabia que o ópio era usado como excitante sexual capaz de duas funções: agilizar a "virtude imaginativa" e retardar a "virtude expulsiva", ou seja, controlar o orgasmo e a ejaculação. Além desstes dois produtos, Orta menciona o betel, uma piperácea cuja folha se masca em muitas regiões do oceano Índico, lembrando sobre seu uso que "[...] a mulher que há de tratar amores nunca fala com o homem sem que o traga mastigado na boca primeiro".

Nem todas as especiarias conhecidas eram consideradas afrodisíacas. Apenas o açafrão, o cardamono, a pimenta-negra, o gengibre, o gergelim, o pistache e a noz-moscada. Outras substâncias com a mesma e poderosa reputação eram o âmbar e o almíscar, produtos de origem desconhecida na Europa até século XVI. Nos herbários, livros em que se reuniam descrições e ilustrações de plantas, não há referências à canela e ao cravo como possuidores de virtudes afrodisíacas, embora fossem muito caros e disputados.

Os produtos exóticos descobertos nas novas terras abordadas pelos europeus incluíam os animais africanos. O rinoceronte, denominado *alicorne*, proveniente

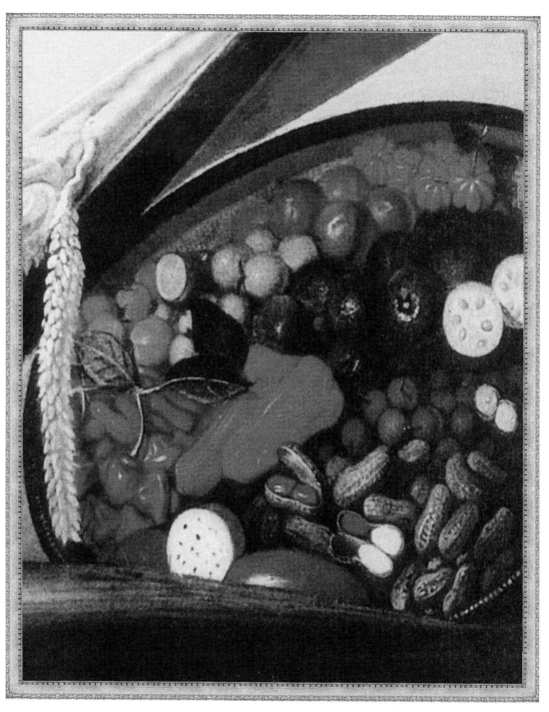

Na dieta encarregada de "incitar o amor", a presença de produtos vindos do Novo Mundo.

da Guiné, tinha o chifre comercializado em virtude de sua reputação de afrodisíaco – o que ocorre, aliás, até hoje. Outro animal de uso mágico sexual era a pomba do mato ou *yoroti*: "[...] quando o macho morre, não se torna a fêmea a casar, e quando a fêmea morre não se torna o macho a casar [...] os negros os dão de comer às suas mulheres para não terem conversação com outro homem", explicava Garcia da Orta. O uso analógico de certas plantas ou animais, em que se busca obter suas mesmas virtudes e propriedades, era comum. Animais fiéis ao parceiro, ingeridos, induziam à fidelidade.

O primeiro observador encarregado de fazer um relatório de história natural do Brasil, o holandês Guilherme Piso, registrou também algumas plantas afrodisíacas. Segundo ele, tanto "[...] a pacova quanto a banana se consideram plantas que excitam o venéreo adormecido". Sobre o amendoim registrou: "[...] os portugueses o vende diariamente o ano todo, afirmando que podem tornar o homem mais forte e mais capaz para os deveres conjugais".

Nas obras publicadas na Europa sobre plantas vindas dos Novos Mundos – Ásia, África e América – aparecem espécimes sob a rubrica "amor, para incitá-lo". Entre tantas conhecidas destacam-se a hortelã, o alho-poró e a urtiga. Outras, ainda, aparecem sob rubricas como "jogos de amor" ou "para fortificação da semente", leia-se, do sêmen. Em 1697, um desses livros menciona 19 substâncias, muitas delas extraídas do reino animal: genital de galo, cérebro de leopardo, formigas voadoras. Entre as substâncias vegetais encontram-se a jaca, as orquídeas e os pinhões. Já para diminuir os "ardores de Vênus", deusa do amor, menciona-se do chumbo ao mármore e deste ao pórfiro, cuja frigidez, quando aplicados sobre o períneo ou os testículos, diminuíam o ardor. No sumário de alguns herbários há entradas que bem mostram os efeitos dessas descobertas: "induzir a fazer amor", "incitar a jogos de amores", "fazer perder o apetite para jogos de amores" e "sonhos venéreos quando se polui sonhando", "substâncias úteis para excitar o jogo do amor ou para as partes vergonhosas".

No item de receitas próprias para "engendrar e facilitar a ereção e o coito", as ostras, o chocolate e cebola eram apreciadíssimos, assim como a alcachofra, a pera, os cogumelos e as trufas. O médico de D. João v, Francisco da Fonseca Henriques, em seu livro *Âncora medicinal*, de 1731, cita ao menos cinco plantas – a menta, o rábano, a cenoura, o pinhão e o cravo – atribuindo-lhes o dom de "provocar atos libidinosos e incitar a natureza para os serviços de Vênus". Segundo ele, uma dieta casta devia evitar alimentos quentes, fortes e condimentados, aliando-se a tal cardápio outras terapias, como banhos frios e aplicações tópicas de metais.

Os portugueses estiveram cara a cara com uma *ars erótica* que usava e abusava de afrodisíacos. Dela, contudo, só levaram para Portugal a possibilidade de ver em tudo, pecado ou doença! No século XVIII, a ideia de que o amor é uma doença não faz os afrodisíacos desaparecem dos manuais de remédios, mas se recomendam, cada vez mais, os anafrodisíacos. Definindo-os como "aqueles remédios que ou moderam os ardores venéreos ou mesmo os extinguem". Os herbários registram substâncias cuja função era, basicamente, esfriar o desejo. É o caso do *agnus-castus,* ou agno-casto, a mais eficaz das plantas antieróticas que "recebe o seu nome porque ele torna o homem casto como um cordeiro porque ele reprime o desejo de luxúria". Existiam várias outras substâncias com a mesma reputação de esfriar ou anular o desejo, como a cânfora: "contra a luxúria, respirar cânfora. Por sua frieza, a cânfora condensa os espíritos e, espessando-os, os retém no corpo". Havia anafrodisíacos que agiam "espessando a semente", tornando-a, portanto, mais difícil de escorrer. Nessa categoria encontramos as sementes de alface, melancia e melão. Outra categoria era constituída por substâncias que consumiriam "espíritos do corpo e semente", como arruda, cominho e aneto.

Se até o século XVII o coito praticado com regularidade e sem exageros era recomendado, a partir desse período, segundo Carneiro, o quadro muda e intensifica-se uma censura ao amor considerado, como já viu o leitor, causa de perturbações de saúde e mesmo moléstia contagiosa. Torna-se consensual a noção de que o prazer é a pior fonte dos males do corpo, conforme o que a moral cristã já vinha afirmando há mais de um século.

Os meios disciplinares, coercitivos, cirúrgicos, antiafrodisíacos da Medicina dos séculos XVIII e XIX ofuscam, pouco a pouco, o antigo arsenal de plantas anafrodisíacas dos herbários seiscentista e setecentista. O antigo e poderoso *agnus-castus* não recebeu mais as indicações gélidas do passado, mas a temperança, a frieza e a sobriedade em todos os terrenos, em especial no amor, tornaram-se virtudes burguesas da nova época. Virtude, diga-se, que deveria ser regada a café, bebida elogiada justamente por sua capacidade anafrodisíaca. O mundo barroco do chocolate, dos aromas importados, do almíscar e do âmbar, das comidas fortemente "adubadas" de acalorados condimentos, de obsessão afrodisíaca que generosamente concedia essa virtude a diversos vegetais e animais, é substituído por um outro; um mundo industrial em que o desempenho do trabalho é movido a excitantes: o café, o tabaco, todos elogiados como "dessecativos e antieróticos". É o novo espírito burguês, casto, econômico e produtivista. De par com uma tal dieta de economias em todos os sentidos, também o sêmen devia ser poupado e reservado à sua exclusiva função reprodutiva.

Dois amores?

Desta primeira parte, leitor, vale a pena reter algumas constatações. O amor cantado em prosa e verso, vindo de Portugal com os primeiros colonizadores, ficava muito distante do dia a dia. Com a presença da Igreja e seu forte projeto de cristianizar a colônia, o que vem para cá é, exatamente, o que estava por trás das representações poéticas. Ou seja, práticas patriarcais e machistas que, ao transplantar-se para a colônia, trazem em seu bojo a mentalidade de uma desigualdade profunda entre os sexos. Ao homem a vida na rua, a vida pública. Para a mulher, a vida em casa, na privacidade.

Uma tal concepção de união entre homens e mulheres teve por consequência a coexistência de dois tipos de conduta sexual: uma, conjugal, com a única finalidade de procriação. Outra, extraconjugal, caracterizada pela paixão amorosa e pela busca de prazer. A mulher era duramente tratada pelo homem, que a considerava um ser inferior, mais frágil, mais fraco. Amá-las? Só fisicamente. E, de preferência, fora do casamento. Matrimônios, por seu turno, só os bem pensados em termos de bens. Casamento bom era casamento racional.

E as tão temidas paixões, existiam? Sem dúvida. Feitos de códigos que variavam entre grupos sociais ou etnicamente diversos, os amores "como o Diabo gosta" eram, sobretudo, aqueles que tiravam os amantes do caminho institucional. *Se/ducere*: sair da estrada, da trilha, tomar um caminho paralelo ou perder-se. Um tesouro de engenhosidade, de inventividade marca a trajetória de nossos antepassados, levados – como somos nós hoje – para onde não planejavam. Concubinatos, ligações consensuais, filhos ilegítimos, adultérios são as marcas deixadas na documentação histórica desses momentos nos quais a razão era deixada de lado.

As coisas só começam a mudar e, mesmo assim, de forma muito arrastada, no século XIX. Pouco a pouco, a diferença entre amor fora e dentro do casamento dilui-se, pelo menos no imaginário das pessoas letradas. Um ideal de casamento se impõe, em ritmos diferentes, para os diversos grupos da sociedade. Por meio desse ideal, importado da Europa via literatura, o erotismo extraconjugal deveria entrar no casamento afugentando a reserva tradicional. Nesse ideal, passa a existir um único amor, o amor-paixão, enquanto as características que retardavam o triunfo do amor, feito de sentimento e sexualidade, começam a ser postas em xeque. A sociedade começava, daí em diante, a aproximar as duas formas de amor tradicionalmente opostas. Mas não há dúvidas de que o cristianismo e seu monopólio espiritual influenciaram ainda por muito tempo o princípio de que o amor carnal deveria ser sublimado. Sublimado, anulado e substituído, de preferência, pelo amor a Deus. Ou, melhor ainda, pelos negócios.

> Um dos mais emblemáticos textos do Novo Testamento, escrito pelo apóstolo São Paulo em missão evangelizadora na Ásia Menor, mais precisamente em Éfeso, a Epístola aos Coríntios é um retrato nítido do amor-ágape. Esse que é generosidade, sofrimento e doação.
>
> Ainda que eu falasse as línguas dos homens e dos anjos, e não tivesse amor, seria como o metal que soa ou como o sino que retine.
> [2] E ainda que tivesse o dom de profecia, e conhecesse todos os mistérios e toda a ciência, e ainda que tivesse toda a fé, de maneira tal que transportasse os montes, e não tivesse amor, nada seria.
> [3] E ainda que distribuísse toda a minha fortuna para sustento dos pobres, e ainda que entregasse o meu corpo para ser queimado, e não tivesse amor, nada disso me aproveitaria.
> [4] O amor é sofredor, é benigno; o amor não é invejoso; o amor não trata com leviandade, não se ensoberbece.
> [5] Não se porta com indecência, não busca seus interesses, não se irrita, não suspeita mal;
> [6] Não folga com a injustiça, mas folga com a verdade;

⁷ Tudo sofre, tudo crê, tudo espera, tudo suporta.
⁸ O amor nunca falha; mas, havendo profecias, serão aniquiladas; havendo línguas, cessarão; havendo ciência, desaparecerá;
¹³ Agora, pois, permanecem a fé, a esperança e o amor, estes três, mas o maior destes é o amor.

Primeira Epístola aos Coríntios, capítulo XIII, versículos 1 a 8 e 13.

Sóror Mariana Alcoforado (1640-1723) nasceu e faleceu em Beja. Era uma religiosa que professou no Convento da Conceição na mesma localidade, tendo sido escrivã e vigária do convento. Foi-lhe atribuída a autoria das *Lettres portugaises*, publicadas em Paris, em 1669, por Claude Barbin. No mesmo ano, elas são publicadas em Colônia, Alemanha, com o título *Lettres d'amour d'une religieuse portugaise*. Nessa última edição, uma nota informa que as cartas foram dirigidas ao cavaleiro de Chamilly e tinham sido traduzidas para o francês por Guilleragues Boissonade. Os pesquisadores especialistas duvidam, no entanto, da atribuição dessa autoria, embora a correspondência amorosa da freira faça parte do imaginário português sobre o amor, sendo considerada uma das mais belas páginas de amor da literatura ocidental.

"Sóror Mariana de Alcoforado

Considera meu amor, quão excessivo foi o teu descuido de prever o que havia de suceder-nos! Ah, infeliz! Foste enganado, e me traíste, por lisonjeiras esperanças mentirosas. Uma afeição sobre o que tinhas fundado tantos projetos deleitosos, e da qual te prometias infinito prazer, põe-te agora numa desesperação mortal, somente comparável em crueldade à da ausência, que é causa dela.

E há de esta ausência, para a qual ainda a minha dor, por mais engenhosa que seja, não soube achar o nome assaz funesto, há de ela privar-me de contemplar aqueles olhos em que divisava tanto amor e que me faziam conhecer afetos, que enchiam meu peito de alegria, que eram tudo para mim, tudo supriam e enfim me satisfaziam?

Ai de mim! Os meus ficaram privados da única luz que os animava, só lhe restam lágrimas; nem eu lhes dou outro exercício senão o de chorar continuamente desde o instante que soube estares resolvido a uma separação, para mim tão insofrível, que em breve tempo me acabará. Parece-me, porém, que de algum modo me afeiçoo a infortúnios dos quais és a única causa. Dediquei-te minha vida apenas te vi, e sinto algum gosto em fazer-te dela sacrifício.

Milhares de vezes no dia a ti envio meus suspiros, que te procuram por toda a parte, e não me trazem recompensa de tantas inquietações, mais do que um aviso por demais sincero, da minha má fortuna, a qual cruamente não consente que eu me lisonjeie, mas, repete-me a cada instante: 'Cessa, cessa ó Mariana desditosa de consumir-te em vão, e de procurar um amante que jamais tornarás a ver, que passou os mares para fugir de ti, que vive em França entregue às suas delícias, e que nem só um momento cuida nas tuas mágoas, que te dispensa de todos esses transportes, e não sabe agradecer-tos [...]'.

Não importa.

Estou resolvida a adorar-te toda a minha vida, e a não ver mais pessoa alguma... e certifico-te que farias bem de não amar mais ninguém. Acaso poderias contentar-te com outra paixão menos ardente do que a minha?"

Carta primeira.

Este é um exemplo de um dos muitos textos impressos ou manuscritos que circulavam nos séculos XVII e XVIII entre a colônia e a metrópole portuguesa, insistindo na diferença entre o bom e o mau amor. O fato de estar manuscrito demonstra que as pessoas tinham o hábito de carregar consigo pequenos trechos de textos moralizantes, em uma tentativa de adestrar-se contra os sentimentos aí discutidos.

"Amor é um não sei que, que vem não sei por onde: mandam não sei que engendrar-se não sei como: contenta-se com não sei que, sente-se não sei quando, mata não sei por que: e finalmente o atrevido Amor, sem romper as carnes de fora, nos desangra as entranhas de dentro. Outros dizem é um escondido fogo, uma agradável chaga, um saboroso veneno, uma doce amargura, uma deleitável enfermidade, um alegre tormento e uma franca morte.

Sendo o Amor um metal tão delicado, um câncer tão oculto, que se não põe, no rosto onde se veja, nem no pulso onde se sinta, mas no coração onde ainda que se possa sentir não se ousa descobrir com que o cômico veio a dizer, ser o Amor um Espírito insensível, que entrando por onde quer, e abrasando o peito sem cor, sem seta, nem arco pode o impossível em um peito humano, recebesse no conceito, e no coração se apresenta. Donde assentamos, o Amor é insensível pois não entra pelos olhos por não ser cousa corada, nem pelas orelhas por se não misturar com o ar, não pela boca por se não comer nem beber, e menor pelo tocamento por não ser, palpável, mas entra pela vontade: que como é natural do homem desejar seu bem, tendo o do Amor pelo maior, abre a porta da vontade, por entre a se aposentar no coração, e posto ali, fica mui difícil de sair, pelo que se segue ser o Amor um desejo irracional, que facilmente se emprega, e com grande dificuldade se perde."

Seção de Manuscritos da Biblioteca Nacional.

Esta é uma raríssima troca de correspondência entre amantes, com grafia dos fins do século XVIII, conservada no Instituto Histórico e Geográfico Brasileiro. Os amantes usam nomes falsos para encobrir sua identidade.

Carta de Fernando Prodigioso para D. Filena de Luna
"Senhora,

Se a candura e sinceridade merecem estimação, ouvi a sua linguagem. O homem é escravo do seu coração; ele me mandou que vos amasse; eu não pude deixar de obedecer-lhe. Conheço que vós sois filha de um ilustre general, eu, senhor do país. Vós rica, eu pobre, vós cheia de perfeições, eu, sem merecimento, mas, não me envergonho de dizer que vos amo; a minha razão será culpada em não me desvanecer, os meus projetos porém o meu coração tem culpa de vos amar. Se ele é de cera, eu não posso fazer de ferro, nem tampouco das leis de quem me governa. A vossa companhia é o único bem que eu desejo, mas as ordens do meu rei me impos-sibilitam que a desfrute, contudo, ninguém me poderá obrigar que a sepulte dentro em mim este segredo. Eu amo a Filomena e lhe ofereço o meu coração. Já fiz oferta, se ele for culpado em vos amar,

castigai-o a vossa vontade, pois lhe será gostoso sacrifício morrer nas vossas mãos como vítima, que satisfaça ofensa do meu atrevimento.
Juro ser vosso até morrer.
Prodigioso"

Carta de Filomena de Luna para D. Fernando Prodigioso
"A vossa virtude e ações são joias de mais valor que glória que resulta de participar de um sangue ilustre; minha virtude tem muito que invejar em vós e de boa vontade trocara vosso merecimento. O Amor iguala a todos e costuma rir-se da vaidade e capricho dos mundanos. Eu aceito a dádiva de vosso coração, seja ele sincero e verdadeiro, que eu com as minhas lições e exemplos o ensinarei a ser constante; levai também o meu, perguntai-lhe os seus sentimentos e verás que sendo iguais, será vosso até morrer.
Filomena"

Nascido em Lisboa, em 1608, e falecido, em 1666, D. Francisco Manuel de Melo foi escritor, político e militar além de representante máximo da literatura barroca peninsular. Publicou dezenas de obras durante a vida. Aliou ao estilo e à temática barroca – a instabilidade do mundo e da fortuna, em uma visão religiosa – o espírito galante, próprio da aristocracia a que pertencia. Entre as suas obras mais importantes está a *Carta de guia de casados*. Publicada em Lisboa, em 1651, é uma das suas obras maiores, onde tece considerações sobre a vida conjugal e familiar. Foi escrita para um amigo, às portas do matrimônio. Machista, a *Carta*, pela sua extensão, é considerada, acima de tudo, um tratado de moral em que se defende o "casamento de razão" em detrimento do casamento originado pela paixão, considerado por ele apenas um ato irracional, capaz de levar facilmente a uma vida conjugal instável e infeliz ("amores que a muitos mais empeceram que aproveitaram"), ao contrário do casamento que se funda apenas no "amor-amizade" que, ao longo do tempo, vai-se afirmando pelo respeito mútuo e por uma intimidade crescente. A mulher é descrita nesta obra como o elemento que se deve submeter à autoridade do marido. O autor não nega, contudo, as capacidades intelectuais femininas – é, até, dito que a mulher tem faculdades mentais em muitos aspectos superiores aos homens – o que as tornariam, por consequência, mais perigosas: "aquela sua agilidade no perceber e discorrer em que nos fazem vantagens é necessário temperá-la com grande cautela". O autor defende, por isso, que a mulher não deve cultivar demasiado a sua inteligência, os únicos livros a ela adequados são "a almofada de coser". Ao homem, cabe ser sério, fugir dos vícios e dedicar-se ao lar e à esposa. Reflexo da época, contudo, são perdoados alguns deslizes do marido (sendo dados, mesmo, alguns conselhos em relação aos filhos bastardos). Alguns dos provérbios dessa obra ficaram famosos, como o "Que Deus me guarde de mula que faz him e de mulher que sabe latim". É interessante verificar que todo o texto se assume como conselhos de um solteiro para outro solteiro – uma conversa de homens que, eventualmente, poderá ser lido por alguma mulher.

"As mulheres de rija condição, a quem comumente chamam bravas, são as que menos cura tem; porque até da temperança do marido, que era sua melhor mezinha, tomam causa de demasiarem: sendo já antigo, que o soberbo se faz insolente à vista da humildade: O bravo se enfurece diante da mansidão. A violência e o castigo não têm lugar na gente de grande qualidade. Pelo que já disse num muito discreto, que entre as coisas, que os vilões traziam já usurpado aos fidalgos, era uma o poderem castigar suas mulheres cada vez, que lho mereciam.

Pouco mais remédio sói ter estas tais condições, que uma grande prudência, com que se atalhem. Aconselharia aquele, a quem tal suceda, se apartasse o possível de viver nas cortes, e grandes lugares; quem grita no despovoado, he menos ouvido. Atalham-se assim inconvenientes: não se ficará sendo a fábula do povo, onde de ordinário servem de iguaria aos murmuradores as ações de tais casados."

"A Feia é pena ordinária, porém que muitas vezes ao dia se pode aliviar, tantas, quantas seu marido sair de sua presença, ou ela do marido. Considere que mais vale viver seguro no coração, que contente nos olhos; e desta segurança viva contente, que pouco mais importa haver perdido por junto a formosura, que vê-la ir perdendo cada dia com lástima, de quem a ama. Isto sucede nas mulheres já pela idade, já pelos achaques, a que toda formosura vive sujeita. Donde com muita razão se queixava um discreto, não de que a natureza acabasse as formosas, mas de que as envelhecesse."

"[...] Deve a mulher, quando enferma, ser tratada de seu marido com todo regalo possível, sofrida com toda paciência. Considere-se que a obrigação do fiel companheiro he guardar companhia pelo mau, como pelo bom caminho. Se as sortes se mudassem, da mesma maneira quisera o marido ser tratado e sofrido da mulher."

> MELLO, Dr. Francisco Manoel de. *Carta de Guia de casados para que pelo caminho da prudencia se acerte com a casa do descanso.* Sétima Reimpressão. Lisboa: Na Officina de Antonio Rodrigues Galhardo, 1765, pp. 30-2.

D. Francisco Portugal, em seu *A arte de galanteria*, retoma teses do amor cortês, insistindo em recusar o amor que fosse só satisfação dos instintos. O amor deve, sim, ser sublimação e espiritualização. O desejo absoluto passa a ser sinônimo de sofrimento e se constrói um ritual amoroso no qual o afastamento dos amantes é condição e alimento da paixão.

"Em todas as idades e em todas as nações se pleitearam cuidados e houve mestres do amor; a galanteria, porém, nasceu com botas e capa de baeta. O tempo encheu de artifícios o que eram inocências: alquimista do que não importa, desluziu o são com o aparente. Digamos porque não se chama ao amor amizade. Entre as duas coisas há esta diferença: o amor é uma paixão que tem mais de desejo que de prazer; e a amizade é uma afeição reverente, ou um amor envergonhado, que tem mais de prazer que de desejo. O amigo pretende para o que sempre ama e o amante para que o que pode deixar de amar. Um cuida de si, outro descuida-se de si. Este nome amizade significa tudo entre iguais, coisa que não se tolera entre galã e dama. O fim do amor é unir e gozar – grosseria também que se pode sofrer para a própria e não para a alheia. A galanteria achou um lugar mais alto entre estas duas coisas – amor e amizade. Quem diz galã diz um acatamento em que está a servidão em que jazem os mandos, um amor que nunca é desejo, uma amizade que nunca é igualdade; quinta-essências da alma que não ama, adora; não pretende, serve; e que a põem tão longe da esperança como do esperar... é uma neutralidade entre receio e merecimento... cristal em que se enfeitam as boas maneiras, é ocupação que não desencaminha da virtude."

PORTUGAL, D. Francisco de Almeida. *A arte da galanteria*. Lisboa: Na Oficina de João da Costa, 1670.

SÉCULO XIX

Meteorologia das práticas amorosas

Amores e namoros: de longe...

Um cenário: o sobrado humilde, dando para a rua de pedras, como tantos que se agarravam às ladeiras do morro de Santa Teresa, no Rio de Janeiro. Por trás da janela, um rosto, um olhar. Impossível não fixar a imagem desconhecida e bela. Um diálogo entre mãe e filha: "– Vai para a janela, Aurélia [...] tu és tão bonita, Aurélia, que muitos moços se te conhecessem haviam de apaixonar-se. Poderia escolher então algum que te agradasse". Ao que a jovem responde, "– Casamento e mortalha no céu se talham, minha mãe". A época? Primeira metade do século xix. Sim, leitor, a história é do escritor José de Alencar. O romance? *Senhora*. Nele, a heroína pobre, enriquece e vinga-se comprando o marido que a descartara por um casamento melhor. Melhor significava, nessa época, uma noiva mais rica, cheia de patacas, opulenta. Beleza, como a de Aurélia, não punha mesa nesses tempos. O que contava era o dote! Nunca talhado no céu, conforme o ditado. Casamentos baseavam-se, então, nos arranjos bem terrenos, fossem eles familiares ou políticos, de pais ambiciosos. Sem dinheiro, "amostras de balcão" – como se chamava a exposição da moça à janela – não davam em nada.

Entra em cena, pela pena de Alencar, aquele que será um dos personagens principais da história do amor nesse período: o casamento por interesse. Considerado um negócio tão sério que, como já vimos, não envolvia gostos pessoais, ele se consolida entre as elites. As esposas eram escolhidas na mesma paróquia, família ou vizinhança. Ritos sociais organizavam, então, o encontro de jovens casais que logo chegam ao casamento. Namoro: pouco ou nenhum. Noivado, rápido.

Com ritos amorosos tão curtos e alheios à vontade dos envolvidos, amantes recorriam a outros códigos. O olhar, por exemplo, era importantíssimo. Exclusivamente masculino, ele escolhia, identificava e definia a presa. Era um lugar de relações de dominação, de poder e força, inclusive sexual. A mulher podia, quando muito, cruzar seu olhar, com o do homem. Um olhar feminino livre seria percebido como um olhar obsceno, lúbrico. Olhar, portanto, era coisa de macho.

O mais ambicionado objeto de prazer? Como o leitor verá mais adiante, os pés. Pequenos, eram o signo de beleza mais apreciado. O lugar mais sensual do desejo. Não só tal interesse pelos pés pode parecer bizarro, mas, esse foi, também, um tempo em que as paixões se apresentavam na forma de modificações corporais: as lágrimas, os suores frios, o tremor, o rubor das faces, os gemidos e os suspiros. Esses eram signos gerados na alma e no coração. A tristeza? Ela fazia o sangue correr mais espesso e lento, acentuando a palidez do rosto. A alegria? Rubor na certa, pois o sangue, mais fluido e rápido, coloria as bochechas. Graças às influências vindas do exterior, tinha início, muito lentamente, um novo código amoroso em que sonhos de pureza angelical se misturavam às práticas tradicionais rudes e autoritárias.

Mas vamos entender, primeiro, o contexto econômico, político e social para entender, depois, o que teria mudado nos comportamentos amorosos. O leitor não se iluda. Até o período em que se deu a Independência, as características não variavam: o Brasil continuava a ser um país agrário, cuja atividade básica era a produção agrícola apoiada no braço escravo. A capital, por exemplo, era cortada por ruas estreitíssimas e sujas. Bairros como Botafogo ou Catete eram considerados arrabaldes, encerrando casas de campo abraçadas pela vegetação. O Passeio Público representava a melhor área de lazer para a população. Nas noites de luar, era à beira d'água que as famílias se reuniam, entoando modinhas e lundus ao som do violão. Foi nesse Rio de Janeiro que desembarcaram, a 8 de março de 1808, o futuro monarca e a família real. Algumas consequências adviriam dessa longa viagem, pois a sonolência tradicional, na qual estavam mergulhados os cariocas, conheceria algumas novidades.

A primeira delas vem com a chegada de milhares de pessoas – há divergências quanto ao número exato. Gente que fazia parte da burocracia de Estado. Mas não só. Além de fidalgos, vieram colonos e administradores de outras partes do Império português e também refugiados, saídos de países sul-americanos tomados por revoluções republicanas. Um número crescente de escravos fizera da Baía da Guanabara o maior terminal negreiro da América e, do Rio de Janeiro, uma "cidade negra", nas palavras de um historiador. Mercadores e comerciantes vindos de Minas Gerais e de outras partes do país instalavam-se na corte em busca de espaço para suas mercadorias. O comércio continental, graças ao ouro, fizera medrar fazendas, roças, vendas e vilas no interior, azeitando idas e vindas entre o litoral e o planalto. Com exceção da capital, Rio de Janeiro, e de alguns centros – onde a agricultura exportadora e ouro tinham deixado algumas marcas, caso de Salvador, São Luís do Maranhão ou Ouro Preto –, a maior parte das vilas e cidades não passava de pequenos burgos isolados com casario baixo e discreto, como São Paulo, Curitiba e Porto Alegre. Mesmo na corte, as mudanças eram mais de forma do que de fundo. Pachorrentas seriam as notícias publicadas pela imprensa oficial da época. Até a inauguração do Real Teatro de São João, palco onde se exibiam companhias estrangeiras e artistas, como a "graciosa Baratinha", as atividades culturais cariocas não eram suficientes para quebrar a monotonia cotidiana.

Enquanto isso, a Europa do início de 1800 transformara-se em terreno das guerras napoleônicas. Sob o troar dos canhões, contudo, leitores de ambos os sexos devoravam, ávidos, a história de amor que marcou época. A de Julie. O personagem citado na introdução deste livro foi protagonista de *Nova Heloísa*, romance de Jean-Jacques Rousseau. O enredo girava em torno de um casamento típico, então: o de interesse. A heroína sonha desfazer-se do aristocrático candidato apresentado pelo pai para casar-se com um pobre professor, príncipe dos seus sonhos. O candidato: um senhor entrado em anos. O amado: um jovem. Mas o autor estava aí para lembrar que a paixão não era tudo. Mais importante eram os compromissos sociais. E a bela Julie nunca seria feliz fazendo seu pai infeliz. Conclusão: ela aceita o marido que lhe é proposto e compreende que é possível viver com alguém, para sempre, de forma amigável, sem qualquer sentimento mais forte. O lugar de seu adorado professor fica sendo a memória, a lembrança. Se essa história comoveu meia Europa é porque naqueles tempos muitas pessoas se viam confrontadas com o mesmo dilema. Aqui, onde a obra de Rousseau, aliás, circulava desde o século anterior, não seria muito diferente.

Com o livro circulavam também ideias sobre as relações entre os sexos: homens e mulheres, por exemplo, não tinham a mesma vocação e essa diferença é que fazia a felicidade de cada um. O homem nascera para mandar, conquistar, realizar. O despotismo, antes privilégio de monarcas, passa a ser do marido, dentro de casa. A mulher, por sua vez, nascera para agradar, ser mãe e desenvolver certo pudor natural. O discurso amoroso que circulava entre uma pequena elite, inspirado no romantismo francês, era recheado de metáforas religiosas: a amada era um ser celestial. A jovem casadoira, um anjo de pureza e virgindade. O amor, uma experiência mística. Liam-se muitos livros sobre sofrimento redentor, sobre estar perdidamente apaixonado, sobre corações sangrando. Mas falar sobre tais assuntos era tão escandaloso que as palavras eram substituídas por silêncios, toques, troca de olhares e muita bochecha vermelha. Enrubescer era obrigatório para demonstrar o desejado nível de pudor, pudor que elevava as mulheres à categoria de deusas, santas, anjos.

Mas a realidade da maior parte das mulheres estava bem distante das representações literárias. Numerosos viajantes de passagem pelo Brasil fazem alusão ao modo de vida feminino cotidiano. Bem diferentes das heroínas de romances, as mulheres viviam displicentemente vestidas, ocupadas com afazeres domésticos e dando pouca atenção à instrução. Ao ócio e ao trabalho escravo, que em tudo substituía seus movimentos, os mesmos estrangeiros debitavam suas transformações físicas: belas aos 13 anos, matronas aos 18. E pesadas senhoras, cercadas de filhos, um pouco depois. As varandas nos fundos das casas serviam para abrigar a família, isolando-a dos rumores da rua, separando moças e rapazes. A janela era mediadora de olhares, de recados murmurados, de rápidas declarações de amor, do som das serenatas. Ela era o meio de comunicação entre a casa e a rua. Recepções a estrangeiros ou desconhecidos eram raríssimas. Um momento em que se quebrava tal pasmaceira era o do entrudo, ou Carnaval: "[...] as raparigas brasileiras são naturalmente melancólicas e vivem retiradas. Porém, quando chega o entrudo, parece haver completamente mudado de caráter e, por espaço de três dias, esquecem sua gravidade e natural acanhamento para ao folguedo se darem", anotava, em 1816, o explorador Jean Ferdinand Denis. O francês não entendia por quê.

Nessa festa, os limões de cheiro tinham espaço garantido. Um nosso literário explica que os tais limões tinham outro ofício, além das batalhas de água. Serviam para molhar o peito das moças; era nele esmigalhado pela mão do próprio namorado, macia, amorosa, interminável. E não faltaram pedidos de casamento que tiveram como motivo um limão de cheiro comprimido contra um braço bem-feito.

Fora disso, o evento social mais importante continuava a ser a missa dominical. A missa, perguntará o leitor. Sim... a missa que tinha, então, uma importância, hoje, inimaginável em uma história do amor. Ela era o melhor lugar para o namoro. Em 1817, não escapou ao navegador e cientista francês Louis de Freycinet que o acanhamento e a timidez, resultado da pouca vida social, sumiam na hora de ir para a igreja. Nela, conversava-se com as jovens na frente de seus pais e os olhares trocados estabeleciam verdadeiros códigos secretos. Por sua vez, Carl Seidler, mercenário e autor de um livro sobre nosso país, observara que a igreja era o teatro de todas as aventuras amorosas na fase mais ardente: a inicial. Só aí as mulheres aproximavam-se e até cochichavam algumas palavras com seus interlocutores. A religião encobria tudo. O mínimo gesto bastava para ser compreendido, e enquanto se fazia devotamente o sinal da cruz pronunciava-se, no tom da mais fervorosa prece, a declaração de amor. Se a dama resolvesse dar ouvidos ao suspiro enamorado, acabada a missa ela mandava uma mensagem por meio de sua escrava, determinando data e lugar para um encontro. "Tudo sem afetação ou disfarce". E os riscos? "Os homens, apesar de sua ciumenta atenção, podiam a cada momento ser enganados" – ponderava o viajante. "Assim um estrangeiro nunca deixará de lograr seus desejos, mesmo que não tenha pretensões a bonito, contanto que apareça sempre bem vestido", gabava-se.

A baronesa de Langsdorff, em 1843, acrescentava ter hesitado em achar que estava em uma igreja de tanto que homens e mulheres falavam entre si. Nas áreas rurais – conta-nos o diário da sinhá-moça Madalena Antunes – os cavaleiros iam enluvados, trazendo rebenques de prata presos aos punhos e botinas com esporim. Os cavalos também faziam bonito presos na árvore mais próxima à porta da igreja e os que tinham cães de raça aguardavam debaixo do alpendre o início da missa. As moças iam atraentes em suas *toilettes*, cada qual fazendo o possível para impressionar. Em 1853, a escritora e feminista Nísia Floresta confirmava que um dos aspectos originais da população eram os namoros em adros e capelas. Vamos ouvi-la: "É possível observar as mulheres a trocar olhares compridos e doces com os jovens que passam de um lado para o outro ou se detêm, mesmo para continuar melhor esse jogo, durante o transcurso da cerimônia".

Também eram conhecidas certas figuras que nas portas iluminadas ou capelas esvoaçavam à espera de suas eleitas. Chamados de "gaviões" do amor, moviam-se em bandos numerosos, irrequietos, zombando da severidade dos pais e desobedecendo até as pastorais do bispado, que proibiam tais "namoros de água benta".

Mas vamos nos aproximar, leitor, para ver exatamente como se davam tais rituais amorosos. As famílias vinham para as cerimônias do culto guiadas pelas lanternas dos negros escravos. No lusco-fusco, era a "pomba" que escolhia o "gavião" e nunca o "gavião" que escolhia a "pomba". Isso na hora do namoro, que na hora do casamento quem escolhia era o pai. Escolher? E como escolhia ela? Lançando seu olho mole e açucarado sobre o olho açucarado e mole do gavião de seu agrado. Era o curto-circuito. Naquele dia, só viviam daquele instante magnífico. "Que podia ele fazer no segundo encontro? Naqueles dez ou quinze segundos de proximidade com a criatura de seus sonhos?" – pergunta-se o cronista Luís Edmundo.

> Coisas enormes, coisas extraordinárias. Emparelhado com a pomba, o gavião, por exemplo, podia fulminá-la com tremendíssimas piscações de olho; embriagá-la e confundi-la com frases que ele arrancava do fundo do coração... Dando por findo o estágio do olho, da frase melosa, do suspiro, abria dois dedos em forma de pinça, dois dedos desaforados e terríveis e zás, atuava na polpa do braço, do colo ou da anca da rapariga, de tal sorte provando-lhe o amor. Ficava uma nódoa escura na carne da sinhá moça, porém, outra cor-de-rosa, ficava-lhe na alma. Os beliscões eram chamados de mimos de Portugal.

Úteis à religião e ao amor, as igrejas recebiam o jovem gavião, namorador e almofadinha também, na época, chamados de taful – que não escapava à sátira de contemporâneos, como as do baiano João Gualberto dos Santos Reis:

> Quem sofrer pode a posição burlesca
> Com que o fofo taful assiste a missa
> Quando faceiro ajoelhar se digna
> Só com um joelho o faz, e sobre o outro
> Que levantado está curvando o braço
> Nele o corpo debruça e em viva cópia
> Verás ali o tabaréu do mato
> Que a leve paca trajeitoso espia
> E quando em pé está, que gosto é vê-lo
> Para aqui, para ali dengue se volve
> Afetado, valsante o pé figura
> Com os dedos, qual pente, os cabelinhos
> Amanha e desamanha; e todo moça
> C'um trejeitinho, qual se lhe nas faces
> Mosca importuna cócegas fizera
> Có beicinho arregaça uma ventinha
> Num cantinho da boca enfastiado
> Dum doutro lado o colarinho entesa
> Do sapato ou botim sacode a poeira,
> Mira, remira, os anelões e a luva
> Tira e põe; o chapéu com o lenço alisa
> Traça as mãos para trás, requebra os olhos
> Mexe-se todo; todo se endireita
> Sem nunca endireitar-se, e recheado
> De presunção; vazio de juízo
> Vê que a missa acabou, quando o bilco
> Do povo o esperta; e sem que dê notícias
> Do que viu, do que ouviu quanto ao Sagrado
> Muito teso e ufano vai traçar as ruas

Fora à troca de olhares e os cochichos na missa, raramente um homem tinha ocasião de falar com aquela com quem queria casar antes de tê-la pedido em casamento. Quando os pais da jovem não eram muito severos, às vezes se conseguia conversar com ela. Mas só na presença deles. Até o fim do século o namoro será dificultado. Em 1890, a educadora Marie Robinson Whrigt observava que a inteira liberdade de namoro que já era concedida nos Estados Unidos continuava desconhecida no Brasil. Um americano impaciente, impressionado com a beleza e a graça de uma brasileira, resumiu as dificuldades que um namorado tinha para o encontro: "Antes enfrentar um canhão carregado que a tarefa de cortejar a família inteira para conseguir a menina!". Em alguns casos, geralmente em pequenas cidades e vilarejos, o namoro continuava a ser com a jovem senhorita debruçando-se à janela para ouvir e o devotado admirador postado na rua, desfiando declarações amorosas, impávido diante das interrupções ruidosas de passantes curiosos. Quantas dissonâncias interferindo na linguagem inspirada no amor, dizia Marie Wright, para concluir: "É possível que as lições de paciência aprendidas nestas circunstâncias difíceis tenham, posteriormente, um efeito salutar sobre a disposição do casal, pois nas mais das vezes, vivem em paz".

No romance de Manuel Antônio de Almeida, *Memórias de um sargento de milícias*, observa-se que a aproximação era mais fácil nas classes populares quando comparada com as elites. O namoro de Leonardo, filho de uma "valente pisadela" e um "tremendo beliscão", com a filha da comadre rica, D. Maria, não tinha nada de restritivo. Ao contrário, não havia sequer vigilância cerrada sobre o casal que se encontrava só, muitas vezes. Da mesma forma, a passagem de Leonardo pela casa de Tomás da Sé permite a ele namorar, beijar uma das moças sem nenhum problema.

No meio rural, tudo indica, seguiam-se regras estritas. Um exemplo é a descrição que a personagem Dona Picucha Terra Fagundes – do romance épico *O tempo e o vento* do escritor gaúcho Érico Veríssimo – faz sobre amores do Sul em meados do séculos XIX:

> Pra contar não tenho muito. Mas sou filha do velho Horácio Terra, negociante no Rio Pardo. Me casei muito menina com um tropeiro de Caçapava. Quem me escolheu marido foi meu pai, sem pedir a minha opinião. Quando vi, estava noiva. O moço vinha uma vez por semana, mas ficava na sala proseando com o Velho. Eu mal tinha licença pra espiar pela fresta da porta. E fomos muito felizes, graças a Deus Nosso Senhor.

Mas além dos gestos tradicionais trazidos de Portugal – como a pisadela e o beliscão –, havia a correspondência secreta dos enamorados – conta-nos a professora parisiense Adéle Toussaint-Samson. Ela se fazia, com frequência, por meio do *Jornal do Commercio*. Nele, duas páginas, pelo menos, eram consagradas ao correio sentimental com frases do tipo: "Esperei-te ontem e não vieste! Aquele

Más notícias: A carta e o correio entre amantes ou namorados era a forma mais comum de comunicação. Esperavam-se horas e, por vezes, dias para uma notícia ou uma palavra de amor.

que morre de amor por ti implora uma resposta à sua carta". "Ó virgem! Li o céu em teus olhos". "Não passes mais sob minha janela; vigiam-no etc." Dizia ela que era tão mais divertido seguir essa correspondência, quanto havia confusão entre os missivistas: "tomou-se uma carta por outra e a ação se complica", ironizava a francesa sobre namorados que desafiavam as dificuldades impostas pelas famílias.

Coube à ficção romântica do período posterior descrever as atitudes que envolviam namoro e sentimentos. É o romance *A moreninha*, de Joaquim Manuel de Macedo, que introduz na literatura brasileira, em 1844, o amor romântico, importado da França. Vejamos, leitor, o diálogo entre dois personagens, Fabrício e Augusto:

> O meu sistema era este – explica Fabrício:
> 1º Não namorar moça de sobrado. Daqui eu tirava dois proveitos, a saber: não pagava o moleque para me levar recados e dava sossegadamente e à mercê das trevas, meus beijos por entre os postigos da janela.
> Ora tu te lembrarás que bradavas contra o meu proceder, como indigno da minha categoria de estudante; e apesar de me ajudares a comer saborosas empadas, quitutes apimentados e finos doces, com que as belas pagavam por vezes a minha assiduidade amantética, tu exclamavas:
> – Fabrício! Não convém tais amores ao jovem de letras e de espírito! O estudante deve considerar o amor como um excitante que desperte e ateie as faculdades de sua alma; pode mesmo amar uma moça feia e estúpida, contanto que sua imaginação lha represente bela e espirituosa. Em amor a imaginação é tudo: é ardendo em chamas, é elevando as asas de seus delírios que o mancebo se faz poeta por amor.
> Eu então te respondia:
> – Mas quando as camas se apagam, e as asas dos delírios se desfazem, o poeta não tem como eu, nem quitutes, nem empadas.
> E tu me tornavas:
> – É porque não experimentaste o que nos prepara o que se chama amor platônico, paixão romântica!

Mais adiante, esse amor platônico é chamado "amor à moderna". "Ainda não sentiste como é belo derramar-se a alma toda inteira de um jovem na carta abrasadora que escreve à sua adorada e receber de troco, uma alma de moça, derramada toda inteira em suas letras, que tantas mil vezes beija". O antiquado sistema de Fabrício opunha-se ao sistema moderno de forma radical: enquanto para Fabrício o namoro incluía empadas e beijos roubados, para Augusto, o amor "[...] era deitar-se no solitário leito e ver-se acompanhado pela imagem da bela que lhe vela no pensamento ou despertar no momento de ver-se em sonhos sorvendo-lhe nos lábios voluptuosos beijos!". A receita de Fabrício era mais prática. Ele preferia os "[...] beijos voluptuosos por entre postigos de uma janela do que sorvê-los em sonhos e acordar com água na boca. Beijos por beijos antes os reais do que os sonhados"!

Pelo menos no que se refere à literatura do século XIX, não parece haver indicação de que o namoro evoluiu para um sistema mais aberto de aproximação. Estamos, diz a socióloga Maria Ângela D'Incao, diante de duas maneiras de encarar o amor. Um real, feito de namoros atrás das portas, e um literário, que apresenta o amor como estado da alma, tal como o mostram Alencar e Macedo. O que se observa na literatura romântica desse período são propostas de sentimentos novos, nas quais a escolha do cônjuge passa a ser vista como condição de felicidade. Mas isso ficava para os livros ou para os novos códigos amorosos que lentamente se instalavam. A escolha, na vida real, era, todavia, feita segundo critérios paternos.

Dança, festas e recitais: o encontro possível

Para viver um amor de romance ou, um outro, era preciso encontrar-se. E além da Igreja, jovens procuravam cruzar-se em outras oportunidades. Como não havia bailes públicos, eram frequentes as reuniões em residências particulares, onde se juntavam amigos e vizinhos e onde a mocidade alternadamente dançava e fazia música, segundo o oficial austríaco Schlichthorst. Ao som da chamada guitarra mourisca, as danças eram acompanhadas de pequenas canções: as modinhas. "Se o cantor tem talento, as improvisa. Ouvi diversos que atingiram grande perfeição nessa difícil arte. Nelas não se sabe o que mais admirar. Se o primor da forma ou a delicadeza dos sentimentos expressos". Os saraus não eram incomuns. Em uma certa época do ano, entre o jantar e as danças havia o Mês de Maria, rezado e cantado em oratório particular pelas filhas da casa. Era costume dos salões brasileiros essa mistura de devoção e distração, graças aos quais ressoavam, ao mesmo tempo, ladainhas e jaculatórias, quadrilhas, valsas e serenatas, preces e cochichos enamorados. Salões nos quais – como, aliás, na igreja – rezava-se e namorava-se ao mesmo tempo.

Por volta de 1840, cronistas locais ainda assinalavam os poucos divertimentos que se limitavam, no Rio de Janeiro, ao teatro São João e alguns teatrinhos e a piqueniques e *soirées* onde se bailava a gavota, a mazurca e as quadrilhas francesas. Música e dança serviam para traduzir, sutilmente, o que não podia ser vivido de maneira mais direta. Afinal, enlaçar uma jovem, tocar-lhe a ponta dos dedos enluvados, sentir a distância o perfume de seus cabelos era o máximo de intimidade que teria um gavião ou taful com a sua pomba.

Mudanças vieram com os professores de dança, de origem francesa, despertando em Schlichthorst um crítico comentário:

> Infelizmente também no Rio de Janeiro a dança francesa começa a suplantar a nacional. Não conheço nada mais desenxabido do que os chamados *entrechats* e *ailes-de-pigeon* (saltos coreográficos em que os pés batiam uns nos outros ou salto em que se imitava o bater de asas dos pombos) eternamente repetidos e que lembram um boneco de engonço a mover braços e pernas, conforme se puxa o fio. Mesmo uma gavota prefiro dançada no Brasil, de maneira a exprimir a ideia do amor que nega e consente.

Como se vê, tanto o conteúdo da música, escolhida e cantada, quanto a maneira de dançar – negando e consentindo – podia traduzir sentimentos. Era possível, portanto, comunicar nessas oportunidades afetos e gestos amorosos. O papel da sensualidade no olhar e na dança protagonizada por mulheres não escapou a Adéle Toussaint-Samson – nas memórias sobre seus anos de Brasil –, que as viu bailar em festas de São João, no interior. Lamentando a tradição que começava a desaparecer, ela afirmava que tais costumes estavam se perdendo no Rio de Janeiro, mas eram conservados religiosamente no interior do país. "Vi, nesses dias" – diz ela – "algumas damas brasileiras dançar, a pedido, o lundu, dança nacional que atualmente as mulheres jovens quase já não conhecem, e que consiste em uma espécie de passeio cadenciado, com um movimento de quadris e de olhos não desprovido de originalidade, e que todo mundo deve acompanhar estalando os dedos como castanholas [...] Nessa dança, o homem, de alguma

Os moleques de recado, livres ou escravos, membros da família ou pagos eram os mediadores por excelência de namoros ou paixões. Na cidade ou no campo, davam sempre um jeitinho de informar aos amantes o próximo passo dos jogos amorosos.

maneira, não faz mais do que girar em volta da dama e persegui-la, enquanto ela se entrega a toda espécie de movimentos de gata dos mais provocantes". Quanto mais maduras, segundo outro cronista, "mais dengues e buliçosas".

Então, não nos enganemos, leitor. Apesar das restrições, existiam espaços de sedução em que as mulheres podiam exibir seus talentos, enfeitiçar, enviar recados e receber homenagens daqueles que por elas suspiravam. Podiam mesmo se comportar como uma provocante gata, se revelando dengosas e desenvoltas. Nas festas que reuniam homens e mulheres, as quadrilhas começavam às nove da noite e o último "galope", era tarde, às três horas da madrugada. Senhoras revezavam-se ao piano, móvel aristocrático francês e inglês, importado em massa, a partir de 1850, cujos acordes serviam para impressionar o sexo oposto. A partir da mesma década, por influência francesa, surgem as *soirées*. Aí multiplicavam-se as pianistas, as *diseuses de poémes*, os recitais de canto, na maior parte das vezes para exibir a menina casadoira. Outros tantos saraus não passavam de produção familiar, como no caso do conselheiro Pereira Franco, que reunia em sua casa em Botafogo, Rio de Janeiro, um "harém" de cunhadas e sobrinhas, especialistas em cantar e dançar. Todavia, enquanto as danças brasileiras, com tudo o que tinham de sedutoras, iam se entrincheirando nas áreas rurais, na cidade tudo se copiava do estrangeiro. Até mesmo as formas de aproximação. Polcas e lundus enchiam os ares, alguns deles com letras de duplo sentido: "Senhora, dona, guarde o seu balaio" ou "Não bula comigo nhonhô". Paula Brito, um dos maiores agitadores culturais do tempo do Império, aproveitando que se chamava "marrequinha" ao laço do vestido amarrado na altura das nádegas femininas, não hesitou em cantar suas rimas:

> Iaiá, não teime
> Solte a marreca
> Se não eu morro
> Leva-me à breca

Outra novidade vinda do estrangeiro, foi o *cotillon* – pequenos papéis com nomes de casais da literatura, tipo Romeu e Julieta ou Tristão e Isolda – distribuído entre os jovens. A moda, vinda dos salões franceses obrigava os jovens tímidos a participar das atividades sociais. O problema é que a moda promoveu também tragédias nascidas de um *flirt*, ensejou infidelidades, esboçadas num volteio de valsa, alimentou ciúme. E não faltavam os críticos da velha guarda, que viam nesses encontros só os aspectos ridículos, procurando corrigi-los pelo humor. O padre Miguel Lopes Gama, vulgo padre Perereca, conhecido jornalista no Recife, avesso a novidades, era um desses especialistas. Vale a pena acompanhá-lo:

> Muitos que nunca dançaram, nem jeito têm para isso, matricularam-se numa sala de dança, e aprendendo a dar meia dúzia de pernadas a compasso estão habilitados para passar à festa às mil maravilhas.
> Algumas senhoritas estão com grande empenho aprendendo às escondidas as modinhas mais modernas, não para se passarem por cantoras, mas para darem boa conta de si, no caso de serem rogadas ou de ter que pagar uma prenda, o que sempre fazem depois de muitas escusas, queixando-se impreterivelmente de rouquidão e de defluxo. Ainda não ouvi cantar uma só senhora que primeiro não dissesse que tem a garganta incomodada [...]. Todos sabem que as contradanças foram inventadas na Europa com o fim primário de agitar e esquentar o corpo contra os rigores do frio, que em alguns países chega a matar. Nós brasileiros, que temos uma mania irresistível para macaquear, também contradançamos, não para espantarmos o frio, porque o não há, mas para aumentarmos a calma e moermos os nossos corpos debaixo de simetria e compasso. Causa lástima ao observador filósofo o ver como saem castigadas de uma contradança as nossas senhoritas.

Apertadas por um verdadeiro cilício chamado espartilho, os pulmões estão oprimidos e não podem dilatar-se, como sua natureza pede. Todos os demais órgãos, segundo o padre Perereca, participam a esse arrocho e aos saltos, rodopios e passa-pés, indispensáveis nas contradanças. Segundo ele, um suor copioso, inundava as coitadinhas, as artérias pulsavam descompassadamente. E tudo sem dar um pio...

> E quando acabam dessa folia, conclui, dizem muito satisfeitas que se divertiram à grande, porque só lhes faltou botar a alma pela boca. Ah! Quantas hemoptises, e muitas tantas enfermidades de nomes gregos e todos feios, não tem causado, sobretudo no belo sexo, o tal divertimento das contradanças! Mas que importa isso, se as contradanças são tão lindas, e se as inglesas, francesas etc. fazem o mesmo.

A presença de estrangeiros na capital do Império também introduzira modismos nas práticas de corte amorosa. No caso da presença espanhola, por exemplo, exigia-se do cavalheiro uma "conversa viva, mas não trivial, porque a galanteria espanhola exige que se dedique atenção exclusiva a uma só dama".

No entender de Schlichthorst isso era mais digno e decente do que "o deslavado cortejar a todas, que vindo da França, se propagou pelo mundo inteiro".

A primeira época do reinado de D. Pedro II, entre 1840 e 1867 até a Guerra do Paraguai, copiava-se tanto os esplendores do Segundo Império francês quanto os maus costumes. Paris dominava o mundo. O Rio de Janeiro contagiava-se por imitação. Nos diferentes bairros, proliferavam sociedades com títulos preciosos: Vestal, Sílfide, Ulisseia. A dupla piano e charuto torna-se inseparável: a mocidade abandonara o rapé, preferindo olhar a fumaça com volúpia. Rapazes pareciam sonhar com um charuto entre os lábios, enquanto a jovem atacava uma valsa no piano. Lia-se Byron, solfejavam-se óperas, como *Nabuco* ou *Otelo*. O Catete, bairro do bom-tom, da elegância, do espírito, da aristocracia – o *fabourg Saint-Germain* do Rio de Janeiro – tinha salões onde ecoavam canções em francês: "– *Dieu ma conduit vers vous... Oui, je doute de l'esperance et de l'amour...*". Tudo era pretexto para reuniões e encontros: São João, Reis, Natal com dança depois da missa, bailes à fantasia em que mimosas pastoras ou lindas escocesas, iluminadas por velas, eram tiradas para dançar. O tempo de festa do Natal, segundo padre Perereca, era o mais propício para os jovens. Nele se pescavam amores novos e começavam namoricos para o ano inteiro. Nele se organizavam jogos de prendas, cantavam-se modinhas e fazia-se muito barulho. "E acabado tudo cada um vai para seu ninho murmurar e desenferrujar a língua à custa dos amigos", anotava, maldoso.

Na correspondência da época, vemos que era comum um rapaz de família "produzir" uma jovem sua parenta para apresentá-la a futuros pretendentes, como registrava Francisco Otaviano, futuro senador, poeta e advogado. "A N... não se casa porque achou oposição na família e a corte desabusa de cálculos de província. Na noite do Campestre fui eu quem a produziu e apresentei a alguns cavalheiros e estes a ela. O Wanderley ficou doido, o Janses embasbacado e muitos enamorados".

Outro momento de encontro entre os sexos era os dos banhos de mar, como contam os missionários anglicanos Kidder e Fletcher, em 1851:

> É divertido verem-se as moças e os rapazes brasileiros correndo pela praia, soltando gritos de prazer toda a vez que uma onda mais pesada rola por cima de um grupo e os atira cambaleando sobre a areia – [...] senhoras, em roupa de

banho de tecido escuro, soltam as tranças. Homens e mulheres de mãos dadas entram no espumoso elemento e, assim os que não são bem adestrados em natação podem resistir ao embate das ondas mais fortes que caem sobre eles. De vez em quando algum gaiato grita: 'Tubarão! Tubarão!', molhando as senhoras, para provocar o riso dos garotos.

As estreitas ruas nas capitais, até fins do século, ruas como a do Ouvidor, também tinham seu papel de mediadoras de amores. Até Machado de Assis escreveu contra seu alargamento: "[...] se a rua ficar mais larga para dar passagem a carros, ninguém irá de uma calçada a outra, para ver uma senhora que passa – nem a cor de seus olhos, nem o bico de seus sapatos, e onde ficará em tal caso o 'culto do belo sexo' se lhe escassearem os sacerdotes"? E de fato, leitor, as ruas eram a vitrine na qual elas desfilavam, com o pretexto de ver as outras vitrines – as comerciais – sobretudo depois que se instalaram lampiões de gás na década de 1860. O *flirt* – palavra que aparece no início do século XIX para designar amores mais ou menos castos – era feito nas ruas principais de cada cidade. Ele tinha um verdadeiro ritual: bengalas à mão, monóculos, para dar um ar de seriedade, os jovens leões – como eram chamados os belos nordestinos ricos que vinham estudar no Rio de Janeiro – andavam aos pares. Postados nas calçadas – conta-nos José de Alencar, em 1855 – procuravam embaraçar

> [...] o trânsito das moças passantes, e aí levam palestrando, sabe Deus sobre o quê! Quando o rancho feminil se aproxima, eles se afastam para o meio da rua, e deixam passar as belezas da terra, os anjos do céu, as estrelas errantes, as flores animadas, e o cavalheiro que conduz as senhoras se descobre, com um sorriso nos lábios e a gratidão no coração. O agradecimento simbólico é imediatamente correspondido pelos dignos e amáveis cavalheiros que acodem depois a seu posto, a espera que o novo rancho que aí vem lhes dê novamente o ambicionado incomodo, e a cena de apresentação das armas se reproduz, e o chefe do novo batalhão feminil passa, abatendo também as suas bandeiras.

A ópera – introduzida por D. Teresa Cristina, esposa de D. Pedro II – e os teatros, que se tinham multiplicado durante o Segundo Reinado, também estimulavam namoros a distância: um código de olhares por sobre os leques, o ruge-ruge de tafetás e sedas entre frisas e camarotes, pois as moças sentavam-se e levantavam-se para exibir suas *toilettes*, encomendadas especialmente para a ocasião, o rubor das faces, resposta a um olhar masculino mais prolongado, tudo isso fazendo parte do diálogo mudo entre apaixonados.

Os homens mais cobiçados eram então, os já mencionados "leões do Norte": ricos, filhos de senhores de engenhos, que correspondiam à passagem da aristocracia canavieira para a cidade, a transição do engenho, no interior para o sobrado, na capital. Os leões tinham – como reza a música – seu "tempo de estudar na cidade grande". Gilberto Freyre faz deles um retrato perfeito em *Sobrados e mucambos*. Eram homens superornamentados, cobertos de teteias, presas à corrente de ouro do relógio, de anéis por quase todos os dedos, de ouro no castão da bengala, de penteados e cortes elegantes de barbas – à Andó, por exemplo, em homenagem ao cantor italiano Flávio Andó – de perfume no cabelo, barba e lenço. Ele se diferenciava da mulher por certas ostentações de virilidade agressiva no traje, nas maneiras, no vozeirão. Os "leões do Norte" representavam a tirania da elegância.

Um cronista relata que:

> Entre aquela multidão alegre e risonha que dançava, segredava e murmurava, alguns vultos baixam cabisbaixos, tristes e taciturnos... ora encostados nos umbrais das portadas, ora enfileirados, atrás dos grupos dos dançantes... eram os leões desapontados. Formavam eles uma conspiração tácita e surda contra os representantes do Norte que, segundo a frase dos descontentes, monopolizavam os pares de todas as quadrilhas e não deixavam ninguém dançar. Tanto nos saraus como nas corridas do prado Fluminense, nas regatas de Botafogo como nos passeios em barca, nos jantares do Jardim Botânico, ou nas excursões a cavalo à Tijuca, esse domínio se firmava absoluto, fechado, completo – mesmo na displicência dos que tarde estacionavam no *Desmarais* e entre o cavaquear da política e das letras, colhiam das passantes da rua do Ouvidor algum olhar furtivo, algum sorriso adejante – Maciel Monteiro, Sinimbu, Tosta, Rêgo Barros, Ferraz, Zacarias, Pais Barreto, Boa-Vista, Carvalho Moreira, Wanderley...

Em 1861, quando os modismos franceses ficaram mais evidentes, Pinheiro Guimarães assim os retratou:

> Bebo *champanhe* com as meninas belas.
> Com as donzelas gosto de dançar
> Frequento o clube, soirées não deixo
> Entro de queixo em qualquer jantar
> Ando na moda de chapéu virado
> Fraque cortado pelo *Raunier*
> Fumo trabucos – que não são baratos
> E de sapatos, calço *Milliet*
> Tenho um cavalo que comprei do Cabo
> De curto rabo, pescoço fino
> Nos dois teatros tenho assinatura
> Pras formosuras, meu binóculo inclino.

Nas tais festividades familiares, mesmo sob o olhar rigoroso de mães, pais e tias solteironas, os jovens conseguiam enganar os *chaperon* – nome que designava a pessoa escolhida para vigiar ou acompanhar as jovens – enviando ao escolhido ou escolhida um sinal de seu interesse. Francisco Otaviano, futuro senador, advogado e poeta, escrevendo a seu amigo José Carlos de Almeida Areias, futuro barão Visconde de Ourém, envia-lhe "um cravo de Henriqueta, colhido em um baile". A moça em questão será a futura baronesa de Ourém, e o amigo lhe paga na mesma moeda: "Este lenço estava na mão dela e deu-me para te levar para dormires com ele".

As mulheres são mencionadas na correspondência masculina por iniciais. Um exemplo, para o leitor:

"M. V. estava profundamente bela e belamente cruel". E a seguir o missivista informa que a bela o deixara "a cismar e dormir com os olhos abertos". Sim, leitor, no século XIX, os homens não escondiam os sentimentos. Sonhavam de olhos abertos, suspiravam e faziam tudo o que tinham direito para manifestar seus sentimentos. Francisco Otaviano, emocionado ao ouvir cantar a soprano Cândiani, tendo no balcão a presença de uma pretendente, a Chiquinha, de quem não tirava os olhos, registra sem pudor: "[...]eu tive câimbras, tive dores de cabeça, quase tive faniquitos. Estava mesmo que não sabia de mim". E não se acanhavam em demonstrar, em correspondência, seus íntimos desejos: "E a Chiquinha, estava toda de branco em um camarote [...] falemos da Chiquinha. Antes de tudo concordemos que eu já não a amo, ou por outra, que eu já não suponho amá-la, porque o que eu lhe tinha era uma suposição de amor". Quatro dias depois encontra de novo a Chiquinha no teatro. Era a mesma oscilação entre a arte e o namoro, a troca de olhares seguindo como o meio de comunicação dos amantes: "a Cândiani fez a Elvira mais amorosa que se pode conceber [...]. Esteve a Chiquinha no mês o camarote toda vestida de preto. Ontem muito me olhou, porém com a infelicidade de nausear-me porque no mais lancinante do *Lasciata-me morir* esteve a rir com a satisfação *della stupiditta*".

Dúvidas amorosas sucedem-se, na troca de cartas entre amigos:

> Há aqui uma menina a quem quando eu era menino requestei e muito. Já então meu exaltamento começava a desenvolver-se, tanto que a menina tomou-me por maluco e não se importou comigo. Hoje, o menino ficou homem, a menina moça mais formosa do Rio e a maluquice – febre. É assim. Não posso compreender o que sinto, o que em mim se passa, porém eu penso na Chiquinha, penso na Maria Henriqueta, penso em outra Mariquinhas, e penso em todas as raparigas bonitas e também feias.

E de fato, as mulheres desfilam nas cartas de juventude: "chegamos da casa de D. Ana. Lá esteve Mariquinhas Sá e cantou *elbi alla giogia il ciore*. [...] A M. Sá estava interessante: de cachos, grande roupão, mantelete, lencinho de cambraia em torno do pescoço. [...] A Nhanhã... é tema para outra ocasião... cantou uma modinha do Trovador...".

E reclama do abandono a que foi relegado por uma delas:

> [...] que largo oceano de infâmias num caráter de uma mulher! Ei-la. Já vai, creio neste vapor de quinze, sem ao menos deixar uma palavra, um sinal, uma flor, uma prova – não direi de amor – mas de interesse ao menos – a quem se tem humilhado, tanto se tem tornado infeliz por ela! E não só nega isto, como ainda negou-me um pedido mesquinho – de 'a ver na janela esta tarde!' E agora, onde estão os meus sonhos? [...] Que a amei com toda a pureza de um primeiro culto é o que sabe quem como tu me vias nas longas horas da noite e me ouvias nela pensando e gemendo, que a amo ainda com mais força é o que podes ajuizar...

Ah! O mísero a passar por baixo de janelas, a seguir a namorada – "só a deixei quando se fechou o portão de sua casa" – a buscá-la em toda parte – "e ainda ontem procurei vê-la de dia e de noite e não só às sete e meia da noite e pude ver ao piano!

E hoje quando menos tímido, menos duvidoso, lhe mando no despedir, na véspera de sua partida, pedir uma palavra, uma esperança, sequer, tive em resposta que não a perseguisse! Que não a perseguisse! É o destino".

Mais ou menos em todo o Brasil oitocentista, os cenários para os ritos amorosos expandiam-se. Em São Paulo, entre 1809 e 1810, o mineralogista inglês John Mawe encontrara damas amantes da dança e da música, vivazes e graciosas, sabendo manter uma conversação. Era ato de polidez ao serem apresentadas a um forasteiro, tirarem uma das flores que lhes guarnecia o cabelo e oferecerem ao cavalheiro a quem cabia, no correr da visita, escolher no jardim ou no balcão outra flor com que mimoseasse a dama que acabava de conhecer. Em março de 1813, o sueco Gustavo Beyer ficaria impressionado com a cortesia paulistana: fórmulas de boa educação exigiam demonstrações afetuosas ao entrar alguém em casa. Oferecimentos e obséquios multiplicavam-se a cada instante. Rituais de namoro tinham início em passeios a cavalo, piqueniques, ou nos bailes que se seguiam à formatura geral das tropas que iam servir no Rio Grande do Sul e cujos membros provocavam, com seus uniformes e manobras, os maiores elogios. Eram comuns as recepções com representações particulares de teatro, com jovens ajudantes de ordens e damas a encenar os papéis importantes. Não faltavam recepções oferecidas pelos capitães generais. O ponto alto da temporada era a grande festa anual do Imperador do Divino, celebrada com a presença de cavalheiros em uniformes de gala e damas ricamente vestidas trazendo, segundo Beyer, flores em vez das mantilhas habituais.

O assunto nas conversas que entretinham os casais? A guerra da França e o ódio a Napoleão. Frequentes eram as serenatas "em honra das damas depois de recolhidas aos seus aposentos". Kidder, entre 1837 e 1840, observa que o interior das igrejas paulistanas servia de palco a peças musicais profanas e nessa cidade, as damas não se escondiam. Refrescavam-se, segundo ele, de manhã e à noite nas sacadas das casas de dois andares, acompanhando o movimento das ruas. Viajantes e naturalistas encontravam-se com famílias inteiras em suas viagens pelo interior, como fez Kidder na fazenda Jaraguá. A Pauliceia não mudara muito entre 1840 e 1850. Almeida Nogueira descreve-a em 1845, lembrando as esplêndidas festas do Divino, animadas por cavalhadas, na qual tomaram parte os estudantes gaúchos, alegres com a pacificação da Província, depois da Guerra dos Farrapos.

Nos bailes promovidos pelo diretório da Faculdade de Direito, o 11 de Agosto, depois de consumidas "as bandejas dos doces das salas e o champanha do botequim", poetas que alambicavam versos, músicos que compunham modinhas, cantadores de entoada voz, violonistas e o grupo notívago, segundo o poeta Álvares de Azevedo, caminhavam "sob as gelosias quietas cantando o nome da mulher amada", e, à luz mortiça de lampiões de azeite ou ao suave clarão da lua, acordavam em suspiros, "as belas filhas do país do Sul".

Embora paulista de nascimento, Álvares de Azevedo, sentia saudade da corte onde crescera e fizera os primeiros estudos. Ele se refere, continuamente, ao *spleen* e ao bocejar contínuo, resultantes de "bailes de meia-tigela" nos clubes Concórdia Paulistana, Filarmônica e Assembleia Paulistana. O poeta ficava irritado com a presença de meninas "de calças", ou seja, adolescentes de 13 a 14 anos, "que vão ao baile em idade de servirem só para comer doces e baralhar com as contradanças". Faltava, no seu entender, aos tais bailes de província, os modismos franceses e o *chic* da capital. Moças davam flores aos rapazes que bem discursassem em festas, "era então o que se chamava *un guerdon*...", explica o poeta. Importante, no desenrolar dos rituais de namoro eram as chamadas brigas ou "turras" com as moças locais. Estudantes que tinham experimentado a vida de corte, como Álvares de Azevedo, preferiam as moças "de fora", provavelmente por significarem uma novidade ou sinônimo de avanço. Em São Paulo, o poeta só dançava com cariocas. Havia, também, no universo estudantil, as consideradas egérias – metáfora que designava as mulheres inspiradoras.

Figura emblemática dessa vida estudantil a inspirar amores entre paulistanos foi a célebre Olímpia, cheia de fascinações para os moços inteligentes, cantada nas memórias de época como uma figura angelical, bem dentro das tradições românticas. Francisco Otaviano consagrava-lhe os sentimentos contraditórios de uma alma ao mesmo tempo terna e inquieta. E assim definia sua egéria: "Olímpia, tipo especial, organização excêntrica, gênio de poeta em corpo delicado de que só podem dar ideia as formas vaporosas dos cantos de Ossiam ou as vozes fantásticas dos contos de Hoffman". Mas não era a mulher dos seus sonhos, o belo ideal de sua imaginação, não misturava como ele queria "ao angelismo que resolve nossas aspirações celestes, formas terrestres que falam aos nossos frenesis. Respeito-a. Idolatro-a como idolatraria um painel de algum grande mestre, como idolatro a uma irmã. Ou antes a Olímpia não é para mim uma mulher é só a primeira parte de meu poema – é um anjo".

E por esse anjo, puxa a espada em um baile cheio de altercações e incidentes. Leiamos este saboroso trecho de uma carta de 1845, ao futuro visconde de Ourém:

> O Duarte Novais, promotor público, desafiou o João Maria Chichorro, dizendo que lhe havia de encher a cara de pedras, o Brusquinho desafiou o Batistinha, o João Maria Gavião descompôs o Melo Franco. Finalmente tive uma turra com o Candinho Bueno. Estava ele altercando com a Olímpia sobre a data da inscrição de pares. Cheguei-me e perguntei-lhe o que tinha. Ela me disse que o Cândido queria dançar, sendo que o Pinto a tinha convidado para aquela quadrilha. Eu disse-lhe que então escolhesse livremente com quem queria dançar. Disse ela que com o Pinto, virei-me para o Cândido e pedi-lhe que pusesse termo à sua exigência, visto que a senhora tinha decidido. Disse-me que não era comigo que falava. – Pois meu senhor – lhe respondi – quem alterca com Senhoras deve estar pronto para responder a um homem. Evitou-me e terminou a pendência.

Amores em engenhos e sobrados do Nordeste

No Nordeste, por sua vez, o calendário amoroso tinha o ponto alto na festa da Botada da cana: com procissão, fogos, missa. Essas festas campestres, conta Wanderley Pinho, eram duplamente interessantes porque não lhes faltava nada, ou quase nada, o que havia em bailes e saraus da cidade – da boa música à dança e ao luxo do vestuário das damas – somadas ao bucólico da paisagem. Pela manhã ouviam-se cantar as rodas dos carros, trazendo os lavradores da região. Chegava o padre. Repicava o sino na capela e, após a missa, havia a benção de todo o engenho, até os canaviais eram aspergidos. Tais festas de igreja, com novenas e fogos, davam ocasião para encontros e reuniões, raros na cidade. O viajante inglês Henri Koster lembra que os jovens se encontravam também em passeios a cavalo, palestras, em casas conhecidas, onde, à noite, havia dança e jogos de sociedade. Nas igrejas vozes femininas eram secundadas por instrumentos de sopro, violas e piano tocado por moços de boas famílias. Tal como em São Paulo, no Recife tocava-se por vezes "músicas de marcha e contradanças", para escândalo dos estrangeiros, no mesmo do templo. Durante as festas de fim de ano, moças e rapazes ficavam dispersos entre Poço de Panela, Monteiro, Caxangá, Benfica, Ponte de Uchoa e mesmo Olinda.

No olhar crítico de nosso conhecido padre Perereca, as meninas, chegado esse tempo, não cuidavam senão de vestidos em moldes modernos, mangas largas – as bujarronas – fitas, xales e lencinhos. Os banhos tinham de ser perfumados, com o conteúdo de frasquinhos, para atrair pretendentes. Os rapazes, por sua vez, cortavam os cabelos "à sagui" ou à escocesa, apertavam-se em jaquetas e casacas. E tudo isso para quê? Eis a explicação:

> [...] míseros cavalos de aluguel ou emprestados vão chorando as crudelíssimas chicotadas e esporadas que têm que gramar, pois um gamenho que vai montado quer que o pobre cavalo também namore [...]. Sujeito há que, em uma tarde, vai cinco a seis vezes do Recife ao Monteiro, por exemplo, só para passar pela porta de sua deusa, que lá está grudada na janela.

Na cidade, o "Clube Pernambucano" animava as noites e não eram incomuns as sessões no teatro Santa Isabel, onde as "musas" se desafiavam e poetas, como Tobias Barreto, exaltavam as divas de preferência. Colunas de jornais informavam sobre namoros e as noites de lua iluminavam serenatas, bailes de formaturas, *soirées*, concursos, namoros e *flirts*. A arrogância da juventude ia vencendo antigos hábitos e o ruído, a vivacidade, as vibrações agitavam os salões recifenses.

Na Bahia, Maximiliano, príncipe da Áustria, vira a gente fina da antiga capital do Brasil circulando: os homens de roupas escuras, ou em cadeirinhas ou ao trote de mulas, e as damas pálidas, nas horas do pôr do sol, soltos os negros cabelos, debruçadas nas sacadas ou reclinadas em cadeiras de balanço, nas varandas floridas, à espera de elegantes cavalheiros. Clubes de dança e música reuniam a fina sociedade da capital baiana em festas de grande concorrência. A "Recreativa" e a "Phileuterpe" ofereciam bailes famosos.

Nunca é demais lembrar ao leitor a situação de outras localidades do Nordeste: a sociedade fundamentada no patriarcalismo separava homem e mulher, ricos e pobres, sublinha a historiadora Miridan Knox. Entre as mulheres, podia-se ser "senhora ou dona", a casada. Ou "pipira ou cunhã", a concubinada ou amasiada. Ser filha de fazendeiro, bem alva, herdeira de escravos, gados e terras era o ideal de mulher do sertão. Em região de mestiçagem, avós, preocupadas com o branqueamento da família, perguntam às netas em namoro firme: "Minha filha, ele é branco?". Tão logo a menina fazia corpo de mulher, os pais começavam a preocupar-se com casamento. Casar com "moço de boa família e algum recurso" era o plano. Piqueniques organizados sob árvores frondosas serviam para atrair pretendentes entre fazendeiros. Nessas ocasiões, no Piauí, por exemplo, as moças trajavam-se com vestidos especiais de saias rodadas de cassa, organza e seda estampada e grandes chapéus de palha, às vezes importados de Florença, enquanto longos cabelos até a cintura eram atados com laços de veludo e gorgorão também importados. Festas e piqueniques eram comuns em julho, nas férias de fim de ano, quando irmãos traziam amigos e colegas, estudantes de cursos de Direito, do Recife, e de Medicina, da Bahia. E então, o encontro diário, por dias a fio, bailes nos fins de semana, os passeios a cavalo em belas montarias, banhos de rios e açudes propiciavam os primeiros passos do namoro.

A piauiense Amélia de Freitas relatava o início do namoro com o jurisconsulto Clóvis Beviláqua, em um desses banhos de rio. Clóvis, amigo dos seus irmãos, João Alfredo, futuro bacharel em Direito, e de Otávio, futuro médico "das doenças de africanos" – todos estudantes no Recife – acabou salvando-a de um quase afogamento. Amélia casou-se com Clóvis em 5 de maio de 1883. Mas o namoro fora cercado de regras.

A filha mais velha devia casar-se primeiro, como contou a própria Amélia. Além disso, o casal pouco se encontrava, evitando os contatos sexuais antes das núpcias, em uma época em que a virgindade da moça era vista como condição básica para o matrimônio. A noção de que a conquista e o galanteio tinham de partir do rapaz, a certeza de que o marido nem sempre seria o rapaz mais desejado, e sim o possível em um mercado matrimonial relativamente restrito pelos pais, impunham à mulher a condição de aceitar com resignação o par imposto pela família.

O mesmo hábito do beliscão, herdado dos portugueses, sobrevivia no universo amoroso do sertão nordestino, como atestam versos cantados de autores populares, como Antônio Francisco dos Santos, conhecido como o Cão de Dentro, ao fim do século XIX:

> [...]
> dê um beijo no pescoço,
> de um beliscão na pá,
> de um abraço arrochado,
> que faça as junta istralá,
> quando o dia amanhece,
> tem tudo o que precisá,
> tudo o que pedi a ele,
> ele não diz que não dá.

Livros de genealogia mostram o entrelaçamento de sete famílias piauienses, emaranhadas em um cruzamento consanguíneo. Muitos casamentos impostos ocasionaram problemas mentais nos descendentes. Na família dos barões de Goicana, de Pernambuco, também a endogamia foi praticada à larga, não faltando descendentes epiléticos. Moças que se casaram sem consentimento ou benção foram excluídas das redes de sociabilidade familiar e isso era considerado grave afronta ao grupo. Moças de elite eram casadas debaixo de cuidados o mais cedo possível, pois, se passasse de 25 anos, seria considerada "moça velha", "moça que tinha dado o tiro na macaca", ou moça que chegara ao "caritó".

Casamento considerado "de bom gosto" era acompanhado de longa festança que durava vários dias. Mandava-se vender algumas vacas para a obtenção do dinheiro para a celebração, a casa era caiada e se faziam alguns reparos para abrigar parentes que viriam de longe. Os músicos eram contratados para o baile e havia senhores muito ricos, como Simplício Dias da Silva, que contava com uma banda de músicos escravos. Era, então, montada uma estrutura para a realização da boda. Comadres ajudavam no aviamento das roupas, dos chapéus e na compra dos tecidos. A festa era motivo de conversa, de troca de ideias, nas tardes em que as senhoras sentavam para bordar em conjunto a roupa da noiva. Esbanjava-se comida, mesmo sendo o sertão pobre e excluído da economia de exportação. Multiplicavam-se quitutes em uma festa em que a ostentação devia emudecer os rivais. O prestígio de uma casa era revelado pela variedade de carnes de "criação" sobre a mesa – leitoa, bacuri, gado, galinhas-d'angola, perus, capão, marrecas. Os parentes ajudavam cevando leitões que engrossariam a comezaina. Casamentos realizavam-se em maio, junho e julho, meses mais frescos, de fins d'água e de muita fruta para as compotas e os doces.

Casamento de mulher pobre e de escrava não envolvia dote, nem acerto de família, mas era um valor: "O casá é bom / Coisa mió não há / Uma casa, dois fiinho / Boa terra pra prantá", reza o dito popular. Pagodes, festanças do gado, festividades religiosas eram espaços anuais quase únicos de encontros e casamentos. Segundo a tradição, matuto só casava quando tinha uma roupa domingueira, um cavalo para o começo da vida e uma modesta casa de palha. Pedir a mão da moça antes de ter essas coisas seria receber um não, na certa. Mesmo porque matuto não gosta de morar com outra família do cunhado ou da sogra. A mulher muito bonita despertava desconfiança, pois podia incentivar desejo de outros homens e consequente traição. A quadrinha sertaneja aconselhava:

> Bezerro de vaca preta
> onça-pintada não come
> quem casa com mulher feia
> não tem medo de outro home.

A tradição oral, por sua vez, serve para observar as representações sobre casamento nesses grupos. Casar filhas era sinônimo de dar "carga para os burros". Casar filho, "dar burro para carga".

O outro risco, nesses grupos, era o de "cair no mundo": "Umas casaram, foram morar longe, outras caíram no mundo", conta Sinhá-Moça sobre as escravas forras e trabalhadoras livres de seu engenho do Oiteiro. E não faltavam iaiás que castigavam as jovens, admoestando "Apanha, negrinha, para teres 'tremenha de gente' e mais tarde não caíres no mundo!"

Havia um alto nível de violência nas relações conjugais no sertão. Não só violência física, na forma de surras e açoites, mas a violência do abandono, do desprezo, do malquerer. Os fatores econômicos e políticos que estavam envolvidos na escolha matrimonial deixavam pouco espaço para que a afinidade sexual ou o afeto tivessem peso relevante nessa decisão. Além disso, mulher casada passava a se vestir de preto, não se perfumava mais, não mais amarrava seus cabelos com laços ou fitas, não comprava vestidos novos. Sua função era ser "mulher casada" para ser vista só por seu marido. Como esposa, seu valor perante a sociedade estava diretamente ligado à "honestidade" expressa em seu recato, pelo exercício de suas funções no lar e pelos numerosos filhos que daria ao marido. Muitas mulheres de 30 anos, presas ao ambiente doméstico, sem mais poderem passear – "porque lugar de mulher honesta é no lar" –, perdiam rapidamente os traços da beleza, deixando-se ficar obesas e descuidadas, como vários viajantes assinalaram. Mulheres abandonadas por maridos que buscaram companheiras mais jovens sempre houve em todo o mundo, mas fatores específicos do Nordeste, como o desequilíbrio demográfico nas regiões interioranas, ocasionaram um mercado matrimonial desvantajoso para um número muito grande de mulheres cujos maridos deixavam o sertão para ir trabalhar nas cidades litorâneas. Homens de prestígio e de boa situação social sempre tiveram a chance de constituir mais de uma família.

As mulheres jovens, sem bens e que não haviam conseguido casamento em uma terra de estreito mercado matrimonial, encontravam no homem mais velho, mesmo casado, o amparo financeiro ou social de que precisavam. Mesmo sendo "a segunda ou terceira esposa do senhor juiz", o poder e o prestígio dele ajudavam-na a sobreviver. Ser amásia ou *cunhã* de um homem importante implicava galgar degraus, ganhar *status* econômico que não existiria de outra maneira. É certo que se exigia dela ser conhecedora "do seu lugar", com comportamentos adequados e comedidos, mas, ainda assim, a *pipira* gozava de respeito.

Em seu livro de viagem pelas províncias do norte brasileiro entre 1836 e 1841, o botânico inglês George Gardner especula que a causa principal dessas relações extraconjugais estivesse na "moralidade baixa" dos moradores do sertão. Devemos levar em conta que ele estava se baseando em ideais morais europeus. A escravidão e as relações sociais nos grupos patriarcais no Brasil moldaram outra realidade. Formou-se, assim, uma ética que legitimava os sentimentos e a sexualidade vividos em famílias não oficiais. Apesar da variada vida social que vamos encontrar do Nordeste ao Sul, a fase em que o par devia estabelecer os primeiros laços afetivos foi dada como inexistente no Brasil. Acreditava-se – o que não estava longe da verdade – que familiares ou tutores conservavam em suas mãos as resoluções cruciais sobre a vida de qualquer jovem mulher. Sob esse regime, era difícil compreender, como declara um norte-americano, "como os cavalheiros adquirem suficiente intimidade com as moças para formar as bases do casamento". Não havendo liberdade de eleição do futuro esposo, também o namoro parecia dispensável. Uns percebiam essa lacuna como produto de restrições a que estavam sujeitas às mulheres em geral, e as solteiras, mais do que as casadas.

Há, por outro lado, evidências de um conjunto de práticas cujas raízes já se encontravam na sociedade portuguesa do século XVIII e que aponta para formas de namoro feito de jogos furtivos com lenços, leques e chapéus. Namoro calado, mas cheio de sinais. Foi no uso dessa linguagem amorosa que jovens pernambucanos foram comparados a hábeis "amantes turcos", levando a viajante inglesa Maria Graham a observar: "Frequentemente um namoro é mantido dessa maneira e termina em casamento sem que as partes tenham ouvido as respectivas vozes. Contudo, o hábito comum é combinarem os pais as bodas dos filhos sem levar em conta senão a conveniência financeira".

Na garupa! Seduzidas e raptadas

Muitas vezes o namoro não aprovado pelos pais encorajou o rapto da moça pelo pretendente. Os jornais brasileiros do meado do século XIX – quem conta é Gilberto Freyre – estão cheios de notícias sobre o assunto. Eram moças a quem os pais não consentiam o casamento e afirmavam seu direito de amar, independentemente das situações de raça, dinheiro ou credo. Segundo ele, essas fugas de novela marcam o declínio da família patriarcal e o início da família romântica. Nela, a mulher começava a fazer valer seu desejo de sexo e de querer bem.

As fugas viravam notícia de jornal, como salienta um redator do *Diário de Pernambuco* em artigo:

> De tempos a esta parte têm se tornado frequentes entre nós os casamentos pelo rapto e acompanhados de tanta imoralidade que espantam e fazem tremer aqueles que olham para a família como o fundamento da sociedade. Moças e até moços têm havido que, sendo menores, são raptados das casas de seus pais e daí a pouco estão casados sem a intervenção do consentimento paterno.

O mesmo jornal noticiava em 28 de agosto de 1854:

> Mais um rapto teve lugar na madrugada de 20 do corrente. Dizem-nos que ao sair da missa do Livramento foi uma moça violentamente raptada do braço do seu pai, sendo o pretendente acompanhado de alguns auxiliares para o bom êxito de sua diligência como sucedeu [...] a sorte das famílias torna-se cada vez mais precária.

Em Niterói, uma jovem fora levada de casa. Na Bahia, o raptor era religioso: frei Teodoro da Divina Providência.

O rapto era consentido pela moça sob promessa de casamento da parte do raptor. Muito comum era ambos fugirem à noite, a cavalo; ela montada na garupa, de banda, a cabeça amarrada com um lenço, na certeza da futura aliança. O noivo poderia não ter relações sexuais com ela, depositando-a, a seguir, na casa de uma pessoa importante ou na do juiz da localidade vizinha ou da mesma cidade, onde já se combinara asilo. A moça mandava avisar a família: só sairia de lá casada. Os pais não tinham alternativas. Faziam o casamento sem ser "de gosto", no dia seguinte; sem festas, sem proclamas. A honra da moça e da família seriam prejudicadas se não houvesse o casamento. Essas soluções foram favorecidas pela intrusão do "juiz de paz" em zona, sublinha Freyre, outrora dominada pela justiça do patriarca da casa-grande. Intrusão, portanto, na justiça do senhor de terras e do grande fazendeiro.

Rapto ou sedução, como os parentes julgavam na época, trazia contrariedades quando o noivo fugia. O pai interpelava o sedutor e o obrigava a casar. A moça raptada que não casou virava "mulher perdida". E o rapaz que raptasse alguém e não casasse estava sujeito às sanções da sociedade: seria considerado indigno, "roubador da honra", era expulso da região ou podia ainda ser assassinado ou "capado". A vingança era executada por parentes da ofendida e eram comuns as vinditas encomendadas a matadores profissionais. O número de fugas de jovens enamorados foi grande no Piauí, conta Miridan Knox, confirmando a intuição de Freyre: causos e anedotas procuravam dar conta de raptos que ocorriam como uma reação aos casamentos impostos pelos pais. O escolhido pela noiva era sempre alguém de fora da família ou da oligarquia. E não um tio velho ou um primo sem atrativos, tantas vezes empurrados para cima das sinhazinhas. Em nossos sertões tínhamos os mesmos problemas de Julie!

A possibilidade teórica de escolha mais livre do cônjuge apareceu em 1813, quando se reduziu a maioridade de 25 para 21 anos. O progressivo aumento da idade mínima para casar – de 12 anos para mulheres e 14 para homens para 14 e 16, respectivamente, em 1890, e 16 e 18 anos em 1916 – passou a oferecer melhores condições para os jovens contestarem casamentos forçados. A fuga e o rapto podiam, sim, significar ideias de liberdade, mas também podiam desobrigar uma festa cara, pois havia pais que não conseguiam seguir a regra de gastar o que tinham e o que não tinham nas bodas!

O triste dos casamentos arranjados é que raramente davam alegria às mulheres. Ao passar pelo interior do Ceará, em 1838, o viajante Gardner relatava que poucas vezes homens da classe social mais elevada viviam com as esposas. Poucos anos depois do casamento, separavam-se delas, despediam-se de casa e as substituíam por mulheres moças que estavam dispostas a suprir-lhes o lugar sem se prenderem pelos vínculos do matrimônio. "Assim, sustentam duas casas. Entre os que vivem nessa situação, posso mencionar o juiz de direito, o juiz dos órfãos e a maior parte dos comerciantes."

Aparência e sedução

Até o momento de ir para o altar, jovens tentavam fazer contato e impressionar pelo aspecto. E como? Com base em relatos sobre o cotidiano nos trópicos, ficamos sabendo que a rotina dos diferentes grupos sociais foi se alterando lentamente. Produtos importados tratavam de melhorar a aparência de homens e mulheres: "cheiros, água de *Cologne*, diversas essências e vinagres para toucador, luvas, suspensórios, sabão, leques de toda a sorte, escovas e pentes" entre outros milhares de produtos anunciados nos números da *Gazeta*, prometiam recursos para tornar ambos os sexos mais atraentes. O uso de cabeleira postiça, já em desuso na Europa desde a Revolução Francesa, foi adotado tardiamente para, segundo um historiador, esconder o cabelo pixaim. A Água dos Amantes, nova loção para a pele, prometia embranquecer quem a usasse, revelando que boa aparência e cor da pele já se sobrepunham. Um mundo de serviços e produtos, antes desconhecidos, mostra que a exterioridade começava a se relacionar diretamente com a conquista amorosa. Não se espantou o austríaco Schlichthorst, quando de sua ida ao barbeiro, com o longo cerimonial a que fora submetido?

> Depois de empoar-me o rosto para amaciar a pele, o fígaro penteia meus cabelos e gasta muito tempo quanto pomada para dar-lhe uma forma elegante. E ainda não acabou! Oferece-se para arrancar-me este ou aquele dente, o que cortezmente não aceito. Então lava-me o rosto e fricciona-me a nuca com a mesma água de flor, apresenta-me ao espelho e diz com profunda mesura: – "Vossa Excelência está preparado para fazer sua reverência à dama de seu coração".

Palavras como *maître coiffeur* – cabelereiro – ou *maître tailleur* – costureiro –, professores de dança e de desenho, passam a frequentar o vocabulário. Dos homens elegantes, diziam-se que "iam à inglesa", portando casacas, coletes e calções. Os malvestidos eram os "jarreta". Os decotes tinham-se aprofundado e seguiam a moda Império, que ditava o envolvimento das curvas femininas nas pregas dos vestidos. Havia uma obsessão entre ambos os sexos pela lingerie: branca, perfumada, abundante, vinda direto de Paris, ou comprada na capital, na loja de Madame Coulon ou Madame Creten. E as novidades da moda parisiense conviviam nas ruas com as saias rodadas e coloridas, como as pintadas por Carlos Julião, na centúria anterior, tudo coberto pela sombria mantilha escura, atrás da qual as mulheres escondiam o rosto, mas tornavam os olhares mais incandescentes, segundo os viajantes estrangeiros.

Quanto a tais amores de mantilha, conta-nos um observador estrangeiro:

> O antigo traje nacional das mulheres brasileiras desapareceu. Só aquelas das baixas camadas do povo ainda se servem da mantilha ou do grande xale preto, que levam sobre a cabeça, com a ponta rendada tapando meio rosto, o que serve para realçar os lindos olhos à custa do resto do corpo. Vê-se de vez em quando uma esbelta mulata que sabe usar a mantilha com graça. Fora disso, somente negras e velhas escondem assim seus murchos encantos. Nas Províncias, é diferente. Nenhuma mulher sai à rua sem cobrir-se com o véu. A imaginação sente-se singularmente excitada quando a gente vê essas figuras semelhantes às freiras, envoltas totalmente num manto preto, das quais mal se percebem o pezinho delicado e elegantemente calçado, um braço torneado e furtivo, carregado de braceletes e um par de olhos, cujo vivo fulgor as rendas não conseguem cobrir, movendo-se com leveza e graça sob os trajes pesados.

Era a velha fórmula: o que mais se esconde, mais se quer ver.

Observamos aí todo o peso do orientalismo, em moda na Europa; a presença do romance ou da pintura, introduzindo a figura da sedutora odalisca. O fascínio de um olhar camuflado ou do pezinho da misteriosa criatura funcionava como uma isca para o desejo. Mulheres cobertas por véus aguçavam a curiosidade e o apetite masculino, apetite, contudo, sempre vincado pela preocupação com a situação econômica e de classe. Tais beldades, segundo o mesmo narrador, envolvidas em tecidos que flutuavam em torno de seus cachos, adornadas com

Nesse *Estudo de Mulher*, todo o ideal feminino: ancas largas, traseiro bem fornido, pés pequenos e cabelos negros.

laçarotes de cetim, trajando meias de seda, corpetes bordados, enfim, todo o luxo ornamental, se compraziam em elaborados e "variadíssimos jogos", em que o leque era o instrumento de comunicação. Na imaginação do autor, o vaivém do leque batia no compasso da atitude de abandono dessas ninfas recostadas à maneira oriental, com os vestidos de cassa, pouco cobrindo "ombros carnudos". Enfim, o leque convidava-o a se aproximar. De todas? Não. Mulheres cuja pobreza as obrigava a usar lençóis, no lugar de mantilhas de renda, não inspiravam as mesmas considerações poéticas.

A aparência, segundo Gilberto Freyre, dizia muito sobre homens e mulheres no sistema patriarcal em que se vivia. O homem tenta fazer da mulher uma criatura tão diferente dele quanto possível. Ele, o sexo forte, ela o fraco; ele o sexo nobre, ela, o belo. O culto pela mulher frágil, que se reflete nessa etiqueta e na literatura e também no erotismo de músicas açucaradas, de pinturas românticas; esse culto pela mulher é, segundo ele, um culto narcisista de homem patriarcal, de sexo dominante que se serve do oprimido – dos pés, das mãos, das tranças, do pescoço, das ancas, das coxas, dos seios – como de alguma coisa quente e doce que lhe amacie, excite e aumente a voluptuosidade e o gozo. Nele, o homem aprecia a fragilidade feminina para sentir-se mais forte, mais dominador.

Todo o jogo de aparências colaborava para acentuar a diferença: a mulher tinha de ser dona de pés minúsculos. Seu cabelo deveria ser longo e abundante preso em penteados elaboradíssimos para fazer frente a bigodes e barbas igualmente hirsutos. Homem sem barba era maricas! A cintura feminina era esmagada ou triturada por poderosos espartilhos, acentuando os seios aprisionados nos decotes – o peito de pomba – e o traseiro, aumentado graças às anquinhas. Uma tal armadura era responsável, segundo os médicos mais esclarecidos, por problemas respiratórios e hemoptises, ajudando a desenhar a figura da heroína romântica, "a pálida virgem dos sonhos do poeta", doente do pulmão. A complicação das roupas tinha um efeito perverso: suscitava um erotismo difuso que se fixava no couro das botinas, no vislumbre de uma panturrilha, em um colo disfarçado sob rendas.

A acentuada diferença nos papéis matrimoniais não escapava aos mais observadores, como a professora francesa Adéle Toussaint-Samson.

> [...] quando o brasileiro volta da rua, reencontra no lar uma esposa submissa, que ele trata como criança mimada, trazendo-lhe vestidos, joias e enfeites de toda espécie; mas essa mulher não é por ele associada nem aos seus negócios, nem às suas preocupações, nem aos seus pensamentos. É uma boneca, que ele enfeita eventualmente e que, na realidade, não passa da primeira escrava da casa, embora o brasileiro do Rio de Janeiro nunca seja brutal e exerça seu despotismo de uma maneira quase branda.

Já em 1830, o pintor e desenhista Jean-Baptiste Debret nota um refinamento nas maneiras, lembrando que "[...] não era raro se verem as filhas de um simples funcionário distinguir-se pela dança, a música e algumas noções de francês, educação que as fazia brilhar nas festas e lhes dava a possibilidade de um casamento mais vantajoso". A abertura dos portos em 1808 fez que, de terras estrangeiras, viessem modas e enfeites. Não faltavam, contudo, espíritos conservadores, como o do funcionário público português Joaquim dos Santos Marrocos que, ao escrever ao pai sobre a mulher escolhida para casar, a descreve como uma esposa modesta e simples, sem hábitos mundanos que eram o atributo das elegantes: "[...] não é rigorista de modas; não sabe dançar nem tocar; não serve de ornato à janela com o leque e o lenço, não sabe tomar visitas à sala, nem discorrer sobre guerras". Ou seja, os modismos trazidos por europeus não influenciavam todos os grupos e, menos ainda, decidiam, entre outros tantos, critérios matrimoniais.

Pés e mãos: objetos de desejo

Se quase todos procuravam melhorar ou se enfeitar para casar, não faltavam na época critérios de beleza. Partes do corpo, sexualmente atrativas, designavam, entre tantas jovens casadoiras, as mais desejadas. Esses verdadeiros lugares de desejo, para não dizer de obsessão dos leões, gaviões ou gamenhos, atualmente não fazem o menor sucesso. Do corpo inteiramente coberto da mulher o que sobrava eram as extremidades. Mãos e pés eram os que mais atraíam olhares e atenções masculinas. Grandes romances do século XIX, como *A pata da gazela* ou *A mão e a luva*, revelam, em metáforas, o caráter erótico dessas partes do corpo. Mãos tinham de ser longas e possuidoras de dedos finos acabando em unhas arredondadas e transparentes. Vejamos José de Alencar descrevendo uma de suas personagens, a Emília: "Na contradança as pontas de seus dedos afilados, sempre calçados nas luvas, apenas roçavam a palma do cavalheiro: o mesmo era quando aceitava o braço de alguém". Não apenas os dedos eram alvo de interesse, mas seu toque ou os gestos daí derivados revelavam a pudicícia de uma mulher. O ideal é que estivessem, sempre, no limite do nojo ou da repugnância por qualquer contato físico.

Pequenos, os pés tinham de ser finos, terminando em ponta; a ponta, era a linha de mais alta tensão sensual. *Faire petit pied* era uma exigência nos salões franceses; as carnes e os ossos dobrados e amoldados às dimensões do sapato deviam revelar a pertença a um determinado grupo social, grupo no interior do qual as mulheres pouco saíam, pouco caminhavam e, portanto, pouco tinham em comum com escravas ou trabalhadoras do campo ou da cidade, donas de pés grandes e largos. Os pés pequenos, finos e de boa curvatura, modelados pela vida de ócio, eram emblema de "uma raça", expressão anatômica do sangue puro, sem mancha de raça infecta, como se dizia no século XVIII. Circunscrita, cuidadosamente embrulhada no tecido do sapato, essa região significou, muitas vezes, o primeiro passo na conquista amorosa. Enquanto o príncipe do conto de fadas europeu curvava-se ao sapatinho de cristal da Borralheira, entre nós os namoros começavam, como já vimos, por uma "pisadela", forma de pressionar ou de deixar marcas em lugar tão ambicionado pelos homens. Tirar gentilmente o chinelo ou descalçar a *mule* era o início de um ritual no qual o sedutor podia ter uma vista do longo percurso a conquistar. Conquista que tinha seu ponto alto na "bolina dos pés", afagos que se trocavam nessa zona altamente sensível.

Paixões originais, excêntricas e conturbadas nasceram em torno dessa extremidade, inspirando até a crônica da época. Em suas *Memórias da Rua do Ouvidor*, Joaquim Manuel de Macedo relembra a do ruivo comerciante inglês, Mister Williams, pela provocante costureira francesa, Mademoiselle Lucy, no início do século XIX. O herói da história é, contudo, o pé. Depois de alguns arrufos capazes de apimentar o romance, Alencar nos informa:

> O inglês estava furioso; mas apesar da fúria, na lembrança lhe ficara o pé de Mlle. Lucy. Não era pé verdadeiramente francês, era-o antes de espanhola, ou melhor, de brasileira: pé delgado, pequenino e de suaves proporções. Realmente Williams não tinha sapatinhos para aquele pé mimoso na sua loja de calçado inglês. E a convicção de que não havia *miss*, nem *lady*, que não havia, enfim, inglesa que tivesse pé como aquele de Mlle. Lucy mostrara, exarcebava a cólera de Williams.

Mas o lindo pé da costureira francesa ficara na memória, e encantadora e infelizmente representado nu, branco, delgado, pequenino e delicado na imaginação do pudico e severo inglês...

Os homens adoravam os pés de suas amadas. Luís Guimarães Júnior, poeta, cantava os da sua:

> Meigos pés pequeninos e delicados
> Como um duplo lilás – e se os beija-flores
> Vos descobrissem entre as outras flores
> Que seria de vós, pés adorados
> Como dois gêmeos silfos animados
> Vi-vos ontem pairar entre os fulgores...
> Do baile ariscos, brancos, tentadores

O culto ao pé, que hoje pode parecer sem pé nem cabeça, era uma devoção poética e amorosa naqueles tempos. Álvares de Azevedo descia de sapateiro a sapato: "Meu desejo era ser o sapatinho que o teu mimoso pé no baile encerra". José de Alencar, em *A pata da gazela*, de 1855, devaneava embevecido depois de ver em um baile certa dama que dançava

> [...] roçando apenas a terra com a ponta de um pezinho mimoso, calçado com o mais feiticeiro sapatinho de cetim branco; um bonito pé é o verdadeiro condão de uma bela mulher! Nem me falem em mãos, em olhos, em cabelos, à vista de um lindo pezinho que brinca sob a orla de um elegante vestido, que coqueteia voluptuosamente, ora escondendo-se, ora mostrando-se a furto. Se eu me quisesse estender sobre a superioridade de um pé, ia longe; não haveria papel que me bastasse.

Junto com o fascínio dos dedos alongados e dos pés pequenos, o século XIX introduzirá outro: o do beijo capaz de transfigurar, de metamorfosear. Beijo que Julie, a heroína do mencionado romance de Rousseau, concede a seu enamorado, inaugurando, na literatura, a ideia de que essa experiência pudesse traduzir um choque elétrico, um passo para o abismo. A surpresa desse beijo rápido, descozido, em desordem, mas cheio de efeitos, atravessa o Atlântico para molhar a pena de Machado de Assis. Ele também capaz de descrever o beijo-surpresa, beijo capaz de dar poder àquele que o concede, constituindo um dos fundamentos da sedução neste período. Em *Dom Casmurro*, há uma troca de beijos entre Capitu e

Bentinho, ainda adolescentes. Era o beijo substituindo a linguagem, quando as palavras diziam não e os lábios, sim. O primeiro beijo ainda era mais romântico do que a "bolina dos pés".

Casamentos arranjados, casamentos por interesse

Apesar dos espaços de encontros se terem multiplicado, embora jovens pudessem se conhecer, trocar emoções e mesmo "namorar" – palavra que não tinha, na época, o mesmo sentido que lhe emprestamos mais tarde –, os motivos do casamento continuavam a passar longe do coração. Embora o excessivo ciúme levasse ao crime, e o amor e a saudade fossem tema constante das canções, nas classes média e alta rígidos códigos barravam a espontaneidade dos gestos.

Uma personagem de José de Alencar retrata fotograficamente essa tradição. É Aurélia Camargo, mencionada na página 119. Lembro ao leitor que nesse romance a protagonista compra o marido. Esse, por sua vez, se deixa comprar porque havia dilapidado o pouco dinheiro da família, comprometendo o dote da irmã mais nova. Sem dote, ela não se casaria. Por ser rica, muito rica, herdeira de mil contos de réis, Aurélia impõe-se a um mundo que só se move nas malhas do dinheiro acumulado na mais burguesa das atividades – o comércio. Vemos, assim, como Alencar transfere a noção de pompa e aristocracia para os salões da burguesia enriquecida. E é ele a nos contar como se negociavam os casamentos: Seixas, futuro marido de Aurélia, é convidado a jantar em um domingo na casa de seu amigo e associado. Enquanto fumava um delicioso havana – como todo "leão" que se prezasse – Amaral senta-se ao seu lado e "sem preâmbulos, nem rodeios, à queima-roupa" – conta-nos Alencar – "ofereceu-lhe a filha com um dote de trinta contos de réis. Seixas imediatamente aceitou...". Alencar conclui sobre o assunto, "não ia além de um casamento de conveniência, cousa banal e frequente, que tinha não somente a tolerância, como a consagração da sociedade". Comprado uma primeira vez, Seixas o será, uma segunda, por Aurélia, a quem amava e a quem renunciara por causa dessa primeira proposta em tempos que sua amada ainda não era rica. Espezinhado, humilhado e jogado de um lado para o outro, Seixas paga com juros o fato de ter abandonado a mulher que amava por um dote para sua irmã. Depois do sofrimento de ambas as partes, a felicidade impera no fim.

O conflito que desenha o romance opõe, de um lado, Aurélia com sua riqueza e, de outro, os caçadores de dotes de plantão. Não estão em jogo qualidades pessoais subjetivas de qualquer dos lados. O que há são qualidades subjetivadas no dinheiro que medeia as relações sociais. Condenada a casar-se, Aurélia tem de fazer sua própria política matrimonial, explica o teórico da literatura Luís Filipe Ribeiro. Quanto aos casamentos arranjados, lembra o mesmo autor, eles são vagamente descritos e, em nenhum momento, sua imagem é erotizada. Um casamento preparado e refletido é tudo menos paixão e sentimento. O corpo material não entra nesse tipo de raciocínio e muito difusamente surge a ideia de uma felicidade capaz de inundar-lhe o ser. Com honrosas exceções em alguns grupos da elite, a mentalidade das relações familiares e sociais era profundamente marcada pelo ambiente rural que predominava até então. Uma rede de solidariedades, deveres e obrigações mútuas a consolidava. O consentimento dos mais velhos continuava abençoando as uniões e cabia ao pai decidir e determinar o futuro dos filhos sem lhes consultar, "de sorte que" – explica o escritor Alcântara Machado – "casamentos se fazem às vezes sem que os nubentes se tenham jamais visto", sendo comum a união de parentes para preservar fortuna e linhagem. Na documentação desse período, mais e mais o historiador encontra elementos que atestam a ausência de amor como origem dos casamentos e mais e mais encontra indícios de que a escolha dos pais era ditada pelo temor de que uma nora escolhida fora do grupo viesse a desestruturar os bens de uma família. Ou sua honra. A reputação de uma esposa "pura" era de fundamental importância nos jogos de poder.

Matrimônio: um contrato social

Por falar em matrimônios, entre as elites brancas, eles eram, sobretudo, atos sociais de grande importância. Em São Paulo, por exemplo, comerciantes portugueses passam a ter acesso às famílias tradicionais, permitindo a rápida integração de "alfacinhas" à área de influência política ou econômica dos sogros. Testamentos revelam tensões entre pais que viam seus filhos contrariá-los ao casar por amor. Veem-se, também, instantâneos de noras e genros premiados por tratar

A rosa despedaçada, a jovem vestida com anquinhas e esmagada pela espartilho, o rapaz que olha, sonhador, a fumaça do charuto: cenas de um desentendimento. Ele controlado. Ela em lágrimas.

bem os sogros, possuidores de dinheiro. Longe de fazer diminuir tal hábito ou em vez de promover o enfraquecimento das relações familiares, a vida urbana reforçou-as. Era mais fácil encontrar-se ou trocar visitas na cidade. Quando de sua viagem ao Nordeste nas primeiras décadas do século XIX, o inglês Henry Koster observou, também, as mesmas características vistas em São Paulo. Ou seja, enorme cuidado na manutenção de grupos do mesmo nível econômico e social.

E o quadro mudava, contudo, entre os humildes? Carinho e amor são aspectos relevantes nos casamentos de pobres e libertos. Talvez, por isso, essas uniões não se desfizessem com facilidade. Os padrões de moralidade eram mais flexíveis e havia pouco a se dividir ou oferecer em uma vida simples. Estudos feitos sobre o recenseamento populacional de São Paulo, em 1836, revelam que os dados sobre a população casada não deixam sombra de dúvida: as uniões legítimas comumente ocorriam entre pessoas do mesmo grupo social. Brancos, pardos e negros casavam mais entre si e, do mesmo modo, livres, escravos e libertos. Grande parte da população vivia em concubinato, da mesma forma que já observamos no período colonial.

Entre pequenos comerciantes, artífices e trabalhadores livres, as formas de coabitação e de formação de famílias obedeciam às exigências da divisão de trabalho e da preservação de grupos mais poderosos. Essa última razão fica clara no caso dos escravos. Havia famílias ricas que obrigavam as criadas do serviço doméstico a casar-se com seus homens de confiança, para dar continuidade aos serviços domésticos. Outras impediam casamentos para evitar que outros laços diminuíssem o valor de venda dos escravos ou sua produtividade e sujeição. Viajantes ou imigrantes estrangeiros procuravam, por sua vez, parceiros em sua própria comunidade. E isso ficou mais fácil com a liberdade de culto subvencionada aos protestantes, que podem, então, construir seus próprios templos a partir de 1824.

Também em São Paulo, o amor como estímulo para o casamento parece ter ocupado lugar de menor importância, aparecendo como consequência da vida cotidiana. Nos testamentos paulistas são mais comuns as referências à estima, à dedicação e à gratidão do que realmente amor, como o definimos em nossos dias. Entre ricos, a condição a que estava sujeita a mulher, com estreitas oportunidades de vida social, dificultava maior participação na escolha do par. Os raros contatos que precediam a cerimônia não ajudavam.

Em 1887, o viajante germânico Maurício Lamberg enfatizava o exagerado puritanismo da brasileira, como ele nunca vira em outro lugar. Um puritanismo ostentado como medalha de bom comportamento, sobretudo às vésperas do casório. E explicava:

> Por exemplo, a nenhuma moça é permitido caminhar na rua sem ir acompanhada por um parente muito próximo. Não a pode acompanhar o próprio noivo, que, aliás, nos países anglo-saxônicos, o noivado dura às vezes anos, estabelecendo-se entre o rapaz e a rapariga relações que têm por base um amor ideal, aqui, pelo contrário, o noivado é a bem dizer curto, e o amor que chega por vezes às raias da loucura, parece vir mais do sangue do que da alma. Isto observa-se, aliás, na raça latina, em geral, cujo temperamento é diverso do nosso; e para isso influi, e não pouco, o clima, particularmente no Brasil.

Acreditava-se, desde há muito, que o calor das regiões tropicais aumentava a precocidade ou o desejo sexual. Lamberg lembrava, ainda, que amor e suas manifestações eram coisa de gente pobre ou se referiam às ligações ilegítimas. Pois só entre "baixas classes" não havia, segundo ele, cobiça, inveja ou ambição na escolha do par.

Os noivados, curtos e que nem sempre sucediam ao namoro, eram acompanhados de pouquíssimas entrevistas. Vejamos o que sobre isso nos contam as memórias do conselheiro Albino José Barbosa de Oliveira. O quadro seria impensável nos dias de hoje. Em primeiro lugar, impressiona como o jovem recebe a notícia. Noivo de uma moça que nunca vira, de um dia para o outro, graças a uma proposta da marquesa de Valença, proposta aceita por seu pai e pela sobrinha da dita marquesa – a futura noiva –, Oliveira compromete-se no que considera uma união aceitável:

> Estava eu muito doente de cama quando essa carta foi recebida, e foi minha irmã quem a leu. Eu pus-me a chorar, porque apesar de desejar e precisar muito me casar, e de parecer este casamento muito aceitável, lamentava a perda da minha liberdade e o peso que ia tomar sobre mim. Com efeito, entre meio-dia e uma hora, saí acompanhado pelo Souza Queiroz à casa de tio Luiz Antônio, onde morava minha noiva e onde estava hospedado o marquês de Valença, então Conde, com toda a sua família. Apareceu-me logo a minha noiva acompanhada pela Senhora Marquesa de Valença, com vestido de manga curta. Estendi-lhe a mão, apertei-lha e beijei-lha [...]. A minha noiva agradou-me e suas maneiras acanhadas

O ideal da família urbana e burguesa, cheia de filhos, sublinhava a diferença entre os papéis de homens e mulheres: ele, provedor e autoritário. Ela, econômica e dócil. Amor? Não... mas uma sólida amizade.

eram muito próprias da educação que tinha recebido e de sua posição. Achei-a somente mais alta do que esperava a vista das informações. Pediu-me o Marquês que aparecesse todos os dias antes do jantar e de noite para fazer a corte a minha noiva, enquanto não se marcava o dia para a celebração do sacramento que não devia tardar...

Após cinco vistas consecutivas na mesma semana, celebrou-se o casamento. Nesses raros momentos, confessa o conselheiro, ele procurara conversar e ser amável com a futura esposa, sem que tivesse a chance de estarem a sós. Em cada encontro, testemunhas se encarregavam de brecar toda e qualquer intimidade. A vigília sobre os noivos deveria determinar a posição social da noiva, a qual tinha de se portar diferentemente de suas contemporâneas, pertencentes às camadas subalternas, para quem brincadeiras amorosas e mesmo sexo eram tolerados antes do casamento. As bodas foram realizadas na casa da noiva, como era de costume, aos olhos de poucos convidados. Depois é que oficialmente se deu parte do casamento "a meia cidade de São Paulo e foram muito visitados". O luxo e a ostentação da festa íntima em torno das núpcias confirmam a importância de valores então levados em conta. Vamos ouvir o noivo em carta a seu pai:

> No dia 10 do corrente, casei-me com a sra. D. Isabel Augusta de Souza Queiroz com plena e geral satisfação. As 6 ¾ da tarde tinha acabado a cerimônia. Assistiram apenas os parentes de minha mulher, todos em grande gala e o Perdigão Filho, por também ser sobrinho do Conde. O Conde estava com a sua Gran Cruz Dignitária fardão, etc. As senhoras ornadas de pérolas e brilhantes. A minha noiva vinha radiante de brilhantes: o meu retrato pendia-lhe ao colo de um rico colar de brilhantes, que fora de sua mãe; o cabelo era apanhado por uma rica flor de brilhantes, o véu por outra, ainda mais rica, além de brincos, anéis etc., tudo de brilhantes: as pulseiras eram pérolas com feixes de brilhantes. Tudo isto aqui está debaixo dos meus olhos, arranjado e guardado em sua competente caixa. Quando a sua filha Isabel apareceu, dirigi-me a ela e quando ia apertar-lhe a mão, na forma de costume, deu-me ela um rico solitário, cujo valor não sei, porém de certo vale mais de 600$000 réis: este trago-o no dedo até hoje e era de uso de seu pai. O bispo deu a licença mais ampla que é possível até para recebermos as bençãos da Quaresma, e tudo grátis e pediu desculpas, ou antes, mostrou-se muito sentido por não ter podido vir em pessoa fazer o ato, pois além de 81 anos está muito doente.

O uso de medalhões com retratos ou mechas de cabelos do ser amado era comum.

Registros de cerimônias de noivados e casamento são poucos. Aqui e ali, recolhe-se uma informação. O médico Manuel Peixoto de Lacerda Werneck, filho do barão de Paty do Alferes, para impressionar a noiva, menina viajada e poliglota, deu-lhe, no dia do noivado, um ramo de flores em meio ao qual pusera um anel de brilhantes. Do relato da viajante francesa Virginie Leontine B. fica-se sabendo que os cortejos saíam de casa e com aparato dirigiam-se à igreja mais próxima. Os convidados, entre gente graúda, eram muitos. As roupas, segundo ela, ofuscantes de bordados, enfeites, cruzes e diamantes que adornavam os colos. As senhoras, em trajes de baile muito elegantes – baile que deveria ocorrer depois da benção nupcial – enchiam a nave. Não faltavam detalhes sofisticados: "Em certo momento quando o órgão soou as mais doces harmonias, o incenso se elevou do altar em nuvens aromáticas, do alto de uma galeria começou a cair uma chuva de pétalas de rosas sobre os esposos. Que ideia mais graciosa e tocante!" anotou a francesa em 1857. No dia do casamento da princesa Francisca com o príncipe de Joinville, um espectador anotou que todas as damas estavam vestidas à brasileira, com mantôs amarelos e verdes. "A princesa Francisca era a única vestida como mocinha francesa, toda de branco, sem mantô, com o véu branco e flor de laranjeira nos cabelos". Havia pouca gente e as damas choravam de tempos em tempos. Depois da leitura da ata – ou seja, do contrato nupcial –, o barão de Langsdorff disse "a fórmula do casamento": "Eu vos declaro unidos pelo matrimônio", e passou-se à capelinha onde foi rezada uma missa.

Em certas regiões onde os costumes patriarcais eram fortes, conta Freyre, nos dias de casamento foi costume escancarar-se a alcova ou quarto dos noivos às vistas e até a visita do público, que podia admirar de perto o primor das sedas, das rendas, dos bordados das colchas, sentir o macio dos colchões, prever as doçuras nupciais que sobre eles teriam lugar depois das cerimônias e festas. Os padrinhos tornavam-se parentes dos pais dos noivos e a eles, os afilhados (ela e ele) deviam tomar a benção como tomavam aos pais, aos avós e aos tios. Deles esperava-se proteção no caso de faltarem os pais.

Julie nos trópicos

Outra história interessante sobre casamentos arranjados tem como personagem Luísa Margarida Portugal de Barros, futura condessa de Barral. Prometida ainda criança, estava destinada desde 12 anos, a Miguel Calmon du

Pin e Almeida, o futuro marquês de Abrantes. O episódio remete à história da heroína da novela de Rousseau, que tanto sucesso fez na Europa. Mas apresenta um final bem diferente, como veremos.

Há mais de uma carta do pai de Luísa, Pedra Branca, confirmando uma escritura de esponsais entre a menina moça e o já conhecido parlamentar, senador e ministro de Estado. Em uma delas, justificando-se, o pai explica: "convém, para a demora, acabar a educação e esperar, como está convencionado, aquele a quem ela deve unir-se". Ele escreve de Paris, em 28 de setembro de 1828. Todo babão com os mimos da filha, punha água na boca do noivo:

> Iaiá preenche o fim a que a propus, e é ganhar em conhecimento, em talentos, sem diminuir sua simplicidade, é mulher no corpo, na idade, no siso etc... é menina nos costumes. Sai da sala de tocar, dançar, conversar com senhoras e homens e vai brincar com a *poupée*; quando lhe falamos em negócio de casamento, ri ou corre e diz, deixem-me brincar enquanto é tempo disso.

Em fevereiro de 1829, Iaiá contava 13 anos, enquanto seu pai reescrevia a Calmon, dizendo-lhe que mostrasse as cartas trocadas para os que duvidassem do casamento: "a fim de que vejam que é negócio antigo, decidido, e não um jogo em que se muda de parceiro, quando a partida não vai a contento do outro". A educação da menina, a estada de seu pai na Europa e a política, prendendo Calmon no Brasil, adiaram o enlace. Mas, afinal, chegou o tempo. Era 1835 e Luísa parecia querer escolher por si mesma. Em carta de Boulogne de 1836 contava envaidecida:

> No inverno passado fui pedida em casamento por um belo rapaz que apaixonou-se por mim; para dizer-te a verdade (pois queres confidências) ele me agradava muito, mas o recusei. Era muito embaraçoso, aceitar na minha posição (afinal, estava noiva), mas me saí corretamente. Ele é francês e tem os mais belos olhos do mundo. Talvez eu tenha feito uma bobagem, mas tanto faz. Ele me garantiu que voltaria, assim que papai chegasse a Boulogne, para pedir novamente minha mão. Veremos. Você não o conhece e eu também não te direi seu nome.

Como Julie, sentindo-se presa ao compromisso que o pai assumira, ela recusa com pesar aquele pedido, esperando, contudo, a segunda investida prometida pelo "belo jovem" que a encantara com os mais bonitos olhos do mundo. Ele era um dos vários pretendentes que disputavam sua mão na França. A 10 de março de 1837 ao escrever a um amigo, o marquês de Resende conta que, ao buscar a filha para vir casá-la com o prometido noivo Calmon, ela recuara. Sua resistência tinha razão de ser: "Desde a meninice criada na França, seus hábitos, suas relações e as afeições são da pátria da educação, e que do Brasil fracassam as memórias". Ela não fala em amor, mas as razões não são outras. O pai não se conformava. E, desolado, escrevia ao recusado:

 [...] sofri muito e sofro ainda, mas o pai é guarda e conselheiro da filha, deve arredar-lhe os tropeços e não a constranger para o ato de que depende todo o porvir dela. Vários pretendentes se apresentaram e dentre eles o preferido foi o visconde Eugênio de Barral, nome que lhe foi dado por seu padrinho, o príncipe Eugênio e a imperatriz Josefina; ele é sobrinho do marquês de Beauharnais... tudo fala a seu favor, mas o sr. Barral não é brasileiro.

Triste e vexado Pedra Branca, vexado e triste Calmon, vitoriosos Luísa e seu Visconde! Só dois anos depois partiria Luísa para seus engenhos na Bahia. Em mais uma carta, ela confessa: *"je l'aime bien et il est três bon garçon"* (eu gosto muito dele, e ele é muito bom rapaz).

Ao contrário da personagem de Rousseau e do que costumava acontecer na vida real por aqui, Luísa não seguiu os desejos do pai. Casamentos obedeciam a regras estipuladas pela camada social da família, sem qualquer interferência das noivas. Casos como o da Barral foram, ao que tudo indica, exceções. A racionalidade das escolhas não era sequer disfarçada. Era mesmo explicitada como se vê na carta enviada por nosso já conhecido Joaquim Marrocos, em novembro de 1814, a seu pai:

Com efeito pus em prática a minha resolução e me casei com uma brasileira, por nome Ana Maria de S. Tiago de Souza, de idade de 22 anos, filha de José de Souza Mursa e de Francisca das Chagas de Santa Teresa; a mãe é brasileira mas o pai é natural de Vila de Mursa, na Província de Trás os Montes, gente muito limpa, honesta, abastada. Este homem vive atualmente de suas posses que juntou há muitos anos, em negócio para Lisboa e outros portos do Brasil; é conhecido e respeitado dos grandes personagens desta Cidade e é o único com quem contrai amizade e a quem era sumamente obrigado por me valer nas ocasiões de minhas moléstias com o serviço de seus escravos, e com o préstimo de toda a sua casa. Os parentes dele são de Portugal; sua mulher tem boa descendência, por seu avô tenente-coronel e seu bisavô, mestre de campo; tem por linha transversal igual parentela com o primeiro médico do Hospital Real desta corte [...] vou concluir que Deus me fez o benefício de neste ponto me restituir o meu sossego; pois vivo em paz, em abundância, e com aquelas comodidades de que tanto precisava, com uma casa bem arranjada de tudo, e com escravos e outras conveniências, sem a menor despesa minha.

No caso dos casamentos dos frequentadores da corte, as negociações entre as famílias exigiam intermediários e contratos estipulando condições de moradia e divisão de propriedade. A prática de comprometer a quem consideravam crianças, como Luísa Portugal de Barros, foi lamentada por estrangeiros. Além da ênfase na procriação, iniciada assim que a maturidade física permitia, o monopólio dos pais sobre os jovens se manifestava na urgência de fazer proveitosas alianças, tanto econômicas quanto políticas. Muito se viu de vizinhos ou parentes próximos, possuidores de terras vizinhas, casando filhos. Não faltaram casos de tios, que mais pareciam avôs, casando com sobrinhas. Embora não tenhamos tido um Rousseau, foram muitas as nossas Julies. Nos municípios rurais, o número reduzido da população restringia escolhas. Sobrava a parentela: cabia aos primos iniciar relacionamentos românticos, independentemente do interesse que pudessem significar para a família. Não faltavam ditados a prevenir contra tais riscos: "Os pombos e os primos são os que sujam a casa".

Caía-se aí em outro problema que já vimos no Nordeste: a consanguinidade. Tais matrimônios eram tão comuns, ainda no século XIX – prolongando um costume que existia na colônia –, que os arquivos eclesiásticos fervilham de despensas concedidas por bispos para unir primos e tios e sobrinhas. À revelia dos desejos da filha, os arranjos formulados pelos pais eram, por vezes, facilitados pela promessa "de diamantes, das rendas e das carruagens"; como em um conto de fadas! Outra conveniência, segundo um viajante, era o fato de que não seria exigido da jovem esposa dar total afeto ao futuro companheiro, justamente como acontecera com seus avós. Ou com Julie. Assim casada, fechava-se o círculo do matrimônio por conveniência e, conta-nos o missionário Kidder, "o marido passava a exibir na Ópera a amável esposa que comprara". Satisfeitas as exigências matrimoniais, ela era encerrada em uma torre onde os limites da educação impostos às mulheres e a indiferença afetiva, isolavam-na. Não era essa uma exclusividade do Brasil. A historiadora Tânia Quintaneiro, que estudou o problema em uma perspectiva comparatista, encontrou a mesma situação para a Inglaterra vitoriana.

De vez em quando, aparecia o par que quebrava a regra. Luísa e seu belo francês. Ou Maria Graham a rejubilar-se da realização de um determinado casamento na corte. Fazendo votos para que tais fatos se repetissem, ela acrescentava que entre nós, "o verdadeiro amor não tem autorização para correr livremente". De seu ponto de vista, a Independência seria o marco que viria distinguir os costumes brasileiros dos portugueses, sempre tidos como conservadores. Reproduzo para o leitor um texto datado de 26 de setembro de 1826, onde se veem muitos dos costumes que cercavam a celebração:

> Um casamento na alta sociedade ocupa muitos dos faladores do Rio. Um fidalgo, oficial, que se distinguiu sob o comando de Beresford, D. Francisco, cujo outro nome me esqueci, teve a felicidade de obter a mão de uma das mais lindas netas da baronesa de Campos, Maria Loreto, cuja extraordinária semelhança com a nossa princesa Carlota de Gales é tal, que estou certa que nenhum inglês pode vê-la sem se impressionar com isso. Não é permitido aqui a nenhum solteiro comparecer a um casamento; a cerimônia se realiza na presença dos parentes mais próximos, desde que casados, de ambos os lados. A mãe da noiva comunica em seguida o fato à corte, se ela pertence a uma categoria que exija isto; depois do que, as senhoras visitam-na e começam a cumprimentar os outros membros da família. Dizem que este caso presente foi daqueles em que o senhor todo-poderoso nestas coisas, isto é, Cupido, teve maior papel do que geralmente se lhe permite no Brasil, mesmo depois da Independência. Realmente não é comum ver um par, de fato, tão belo. Estou contente com isso. Certamente que a livre escolha em um assunto tão importante é tão desejável quanto qualquer outro [...] na verdade, talvez não tenha havido agora refinamento bastante para florescer o delicado e metafísico amor da Europa, que por ser mais racional e mais nobre que todos os outros, é menos facilmente desviado para outros canais. Grandison e Clarissa não poderiam ser escritos aqui; mas penso que em breve tempo devemos procurar a prudente e polida moral de Belinda.

De príncipes e sapos ou da arte de engoli-los...

Charles Grandison, Clarissa e Belinda eram personagens de novelas inglesas que por aqui circulavam, introduzindo o "amor moderno" de que vai falar José de Alencar por meio de seus personagens. Contra esse imaginário amoroso perpetuavam-se, contudo, velhas regras. Daguerreótipos e antigas fotografias confirmam a fria exterioridade e pudor nas relações. Homens e mulheres jamais estão próximos. Não há sinal de intimidade. O decoro exigia a separação dos corpos. A discrição era a norma. A felicidade conjugal não decorria do relacionamento entre marido e mulher, insistem historiadores, mas do atendimento de necessidades práticas das quais o casal era um simples instrumento.

Se a jovem é rica – conta-nos Daniel Kidder – "está desde logo preparada para a vida e o pai apresenta-lhe alguns de seus amigos, com a consoladora observação; minha filha, este é teu futuro esposo". O risco de um amor fora do matrimônio levou um viajante a prever: "Se os homens e mulheres casam-se com quem não amam, eles amarão aqueles com quem não se casam". O matrimônio entre moças e velhos confirma a tese. E não eram poucos a unir mocinhas com homens quase senis. Muitas dessas uniões faziam pensar em um grupo constituído por avô, filha e netos, quando eram marido, mulher e rebentos. Indignados, os estrangeiros não se continham. Um deles, alarmado, registrou:

> Uma brasileira me foi indicada hoje que tem doze anos de idade e dois filhos que estavam fazendo traquinagens a seus pés. Ela casou-se aos dez anos com um rico negociante de sessenta e cinco, uma violeta primaveril presa numa crespa rajada de neve. Mas as damas aqui se casam extremamente jovens. Elas mal se ocuparam com seus bebês fictícios, quando têm os sorrisos e as lágrimas dos reais.

Delicioso é o quadro de um capitão da marinha americana que põe em seu colo uma menina de 13 anos para contar-lhe histórias. Vem, então, a saber que era esposa de um sexagenário e mãe de uma criança pequena. Outra gafe? A do estrangeiro que havia feito elogios à filha mais jovem de um senhor de certa idade, extraordinariamente bela, uma das mais lindas que havia visto na América. Depois de afirmar ser ela afortunada por ter um pai tão afeiçoado, ouviu em um tom nada gentil: "Pai? Eu sou seu marido, ela é minha esposa! Mas eu o perdoo pelo equívoco já que tenho filhos, para dizer a verdade quase para serem a mãe dela". Pano rápido.

Chocado também ficou o capelão inglês depois de uma conversa com o ouvidor da comarca de São João del Rey. Depois de reconhecer que não tinha mais muito tempo de vida e queixar-se da áspera vida de solteiro, o senhor anunciou singelamente que pretendia casar-se. "E de fato, registra o britânico, ele se comprometeu com uma moça de exatos 12 anos e casaram-se em pouco tempo". Embora no fim do século ainda se observasse a extrema juventude de certas noivas – em média de 12 a 16 anos –, sendo que "uma mulher de 20 anos é quase uma solteirona", a grande diferença de idade entre cônjuges brancos não escandalizava os brasileiros. Elizabet Agassiz no meado do século, falando como educadora, lamenta que as meninas fossem retiradas das escolas sem a necessária educação: "[...] na idade em que a inteligência começa a se desenvolver. A maioria das meninas enviadas à escola aí entra com idade de 7 ou 8 anos; aos 13 ou 14 são consideradas como tendo terminado seus estudos. O casamento as espreita e não tarda a tomá-las" Horrorizava, sim, os estrangeiros que reagiam criticamente a tais situações, muitas vezes até exagerando suas narrativas que, se não eram todas reais, eram representativas de uma situação de fato.

O preconceito racial de estrangeiros não raro se misturava com a aversão europeia pela "corte amorosa à brasileira". O fato de meninas, muito meninas, passarem da reclusão familiar às mãos dos maridos os fazia crer em um precoce interesse pelo sexo oposto, interesse, aliás, muito malvisto. Os viajantes criticavam a precocidade com que adquiriam modos e conhecimentos impróprios para sua idade:

> [...] antes de cumprir dez anos, uma menina conhece perfeitamente bem o valor dos homens como marido e o que é o flerte; gracejará com suas irmãs a respeito deste ou daquele rapaz e se dará conta muito bem que o seu próprio objetivo na vida é assegurar-se um homem. Quando estiver com catorze anos ela saberá tudo a respeito de coisas que se supõe que uma inglesa não saberá até que esteja casada.

A percepção desses estrangeiros é de que havia certa precocidade sexual nas moças do Novo Mundo.

Não era raro, como lembra a historiadora Tânia Quintaneiro, a menina branca das famílias de posses entrar como objeto de barganha entre seu pai e algum senhor, possivelmente bem estabelecido, idoso ou mesmo seu parente próximo, que desejava casar-se e ter filhos.

Não faltaram explicações associadas ao clima quente para o casamento precoce e a decadência física da mulher. Veja o leitor, por exemplo, a explicação de J. K. Tuckey para o que lhe parece ser a necessária poligamia tropical:

> Entre as mulheres do Brasil, bem como as de outros países da zona tórrida não há intervalo entre os períodos de perfeição e decadência; como os delicados frutos do solo, o poderoso calor do sol amadurece-as prematuramente e após um florescimento rápido, deixam-nas apodrecer; aos catorze anos tornam-se mães, aos dezesseis desabrochou toda a sua beleza, e aos vinte estão murchas como as rosas desfolhadas no outono. Assim a vida das três destas filhas do sol difere muito da de uma europeia; naquela, o período de perfeição precede muito o de perfeição mental, e nesta, uma perfeição acompanha a outra. Sem dúvida, estes princípios influenciam os legisladores do Oriente em sua permissão da poligamia; pois na zona tórrida, se o homem ficar circunscrito a uma mulher, precisará passar quase dois terços de seus dias unido a uma múmia repugnante e inútil para a sociedade, a não ser que a depravação da natureza humana, ligada à irritação das paixões insatisfeitas os conduzisse a livrar-se do empecilho por meios clandestinos. Esta limitação a uma única mulher, nas povoações europeias da Ásia e das Américas, é uma das principais causas de licenciosidade ilimitada dos homens e do espírito intrigante das mulheres. No Brasil, as relações sexuais licenciosas talvez igualem o que sabemos que predominou no período mais degenerado do Império Romano.

Outra explicação, dessa vez dada pelo conde de Suzanet, em 1825, era que as mulheres brasileiras gozavam de menos privilégios do que as do Oriente. Relegadas na maioria das vezes ao convívio com escravas, elas levariam uma vida inteiramente material. Casavam-se cedo, logo se transformando pelos primeiros partos, perdendo assim os poucos atrativos que podiam ter tido. Os maridos apressavam-se em substituí-las por escravas negras ou mulatas. "O casamento", ponderava:

> [...] é apenas um jogo de interesses. Causa espanto ver-se uma moça ainda jovem rodeada de oito ou dez crianças; uma ou duas, apenas, são dela, outras são do marido; os filhos naturais são em grande número e recebem a mesma educação dos legítimos. A imoralidade dos brasileiros é favorecida pela escravidão e o casamento é repelido pela maioria, como um laço incômodo e um encargo inútil. Disseram-me que há distritos inteiros em que só se encontram dois ou três lares constituídos. O resto dos habitantes vive em concubinato com mulheres brancas ou mulatas.

Entre os fatores culturais e econômicos responsáveis pela tendência de que as brasileiras se casassem mais cedo estariam: a maior sujeição feminina, a procriação como objetivo primordial do matrimônio, a subordinação de interesses pessoais aos familiares, a pouca educação e instrução, a inexistência de um mercado de trabalho livre e aberto à mão de obra feminina e, resumindo, a desimportância dos critérios afetivos para a escolha do cônjuge. Os viajantes raramente mencionam mulheres que tivessem permanecido solteiras a contragosto ou por opção, como se tal fenômeno não existisse, mas talvez apontem nos matrimônios entre brancas e mulatos a solução tropical quando faltavam noivos suficientes de origem europeia.

Quando Margarteh Dickins, casada com um oficial de Marinha dos Estados Unidos, vem ao Brasil no fim do século XIX, observa que as coisas estavam gradativamente mudando para melhor, no que se referia ao tratamento para mulheres.

> [...] estão se casando um pouco mais velhas, e assim têm a oportunidade de ter uma educação de todos os tipos, estão mais capazes de ser companheiras de seus maridos. É lhes concedida maior liberdade e consequentemente comportam-se melhor; suas liberdades vêm lentamente mas vêm chegando com segurança. Parecem inteligentes e muito desejosas de aprender as habilidades que lhes vão ensinando. Têm corpos bonitos e muitas são lindas de ver nas sacadas e nos jardins. Os homens são pequenos e morenos – às vezes muito escuros, pois parece não haver objeção ao sangue negro entre brasileiros.

Gilberto Freyre afirma que muitos dos raptos no Nordeste tinham por motivo a recusa de pais aceitarem por genros rapazes mulatos.

É bom lembrar que nesse período o casamento constitui para os pais e a família uma avaliação pública de sua posição e, também, um meio de melhorá-la. Era preciso, a qualquer preço, evitar más alianças. Entre as elites urbanas ou a pequena burguesia, o casamento, como demonstram os romances de José de Alencar, tornara-se o melhor caminho para a ascensão social. Longamente pensado, organizado e "arranjado", sua estratégia incluía, até, a organização das apresentações. Entre os quadros mais modestos da burocracia, como já vimos o exemplo do funcionário público Marrocos, a união serve para dar estabilidade e *status* e também para fundar ou ampliar negócios. Nas áreas rurais, observavam-se os mesmos usos na intenção de reunir terras, escravos e animais, em um só patrimônio, o mais opulento possível. Na parte inferior da pirâmide social, não havia esse tipo de estratégia. Os jovens escolhiam livremente seus parceiros. Se a homogamia parecia ser a regra, é provável que as migrações internas e a chegada de muitos imigrantes estrangeiros tenha começado a alterar esse quadro.

Amores vindos de longe

Se, teoricamente, evitavam-se os noivos mulatos ou mestiços, como ficava o amor com estrangeiros? Algumas vezes, eles eram cobiçados como genros. Em meados do século, um deles percebeu que a família de um general o cercava de atenções, assim como que a filha do casal, que a pedido do visitante tocava piano, lhe dirigia "canções de amor com indiretas claras". Não teve dúvidas... Bateu em retirada na primeira oportunidade. Outro contou que durante uma visita a uma fazenda na Serra do Mar, seu companheiro atraiu a atenção da graciosa sobrinha do casal de proprietários, Vitorina. De acordo com a lógica do visitante, a perspectiva de receber boa herança fizera com que a jovem se decidisse a "procurar algum parceiro agradável para dividi-la com ela". Como não tinha oportunidade de fazer ela mesma a proposta, a moça comunicava suas preferências por meio de sua criada negra, a qual transmitia o recado "arreganhando seus dentes brancos" e fazendo sinais incompreensíveis para o forasteiro. Tratava-se de uma sugestão para que o jovem visitante se casasse com Vitorina. É possível que tais negociações em busca de um marido para a sinhá nem sequer fosse do conhecimento de jovem tímida. Após entender o significado da mímica, o capelão inglês Robert Walsh ficou chocado, mas seu amigo sabia que isso não era incomum.

> Dadas às situações de reclusão em que vivem e tendo poucas oportunidades de escolher um parceiro que elas pensam que pode fazê-las feliz, quando surge alguma oportunidade, não a deixam passar e estão prontas para aproveitá-las. Este desvio da etiqueta estabelecida pelos usos europeus não traz qualquer imputação de falta de finura da parte das damas. Vitorina era tão recatada quanto graciosa e parecia retraída, acanhada e absolutamente pouco disposta a atrair a admiração de qualquer pessoa que não fosse a dele, ou a de quem tivesse escolhido.

E entre os imigrantes europeus, recém-chegados ao Brasil, como ficavam os assuntos do coração? O mercenário alemão Josep Hormeyer não escondia a praticidade de seu critério para escolher sua "cara-metade":

> Para um imigrante é difícil conseguir uma boa esposa no Brasil. Uma de cor ele não quer. Uma branca é difícil conseguir e, se a consegue, ela o auxiliará tão pouco nos trabalhos de campo, pois isto é contra os costumes do país. E só poderia obter a sua brasileira, quando pudesse falar com ela, isto é depois de ter aprendido o português [...] mas precisamente nos primeiros tempos é quando a mulher faz falta ao colono, precisamente quando constrói a primeira cabana, mais sensivelmente sente a ausência do ser feminino, indispensável na fundação de um lar doméstico; quando o pobre rapaz volta cansado e só então cozinha a sua comida ou quando ele próprio tem que descer ao riacho para lavar a roupa em geral muitas vezes prefere casar-se com a avó do diabo a continuar solteiro...

As jovens brancas e pobres que aqui chegavam, embarcadas por vontade dos pais ou do marido para tentar a vida nas fazendas de café, eram tão assediadas pelos "senhores" quanto as escravas. Os fazendeiros também procuravam interferir nos arranjos domésticos dos colonos, tentando promover ou atrapalhar casamentos, tratando-os, muitas vezes, como servos em vez de trabalhadores livres. Não faltou o uso de força física ou suborno a parentes para cortejar as "italianinhas", ou as alemãs, como escreveu Érico Veríssimo em *O tempo e o vento*. Um sobrinho do presidente Campos Salles tentou seduzir a filha de um dos colonos retratados prometendo-lhes permissão "para colher café no lugar mais fértil da fazenda". O assédio sexual acabou em morte e não foi o único caso.

Entre os imigrantes do sul da Alemanha, chegados ao Império a partir de 1824 – data de fundação de São Leopoldo – estabeleceu-se um modelo de convivência que resultou em uma série de associações: escolas, igrejas, sociedades de ginástica, clubes de caça e tiro. No aniversário do imperador, reuniam-se em casas de notáveis da comunidade para festejar com música e palestras. Em Santa Catarina, entre descendentes de portugueses, a dança e o canto da Ratoeira unia em uma roda homens e mulheres. Era brincada geralmente nos feriados, aos domingos à tarde, nas festas, nas reuniões de famílias e expressava sentimentos como amor, saudade, amizade, tristeza, raiva por meio de cantorias e quadras.

Entre imigrantes, um namoro, um noivado e uma gravidez podiam mesmo começar a bordo, a caminho do Novo Mundo. Lembra-se o leitor de Leonardo

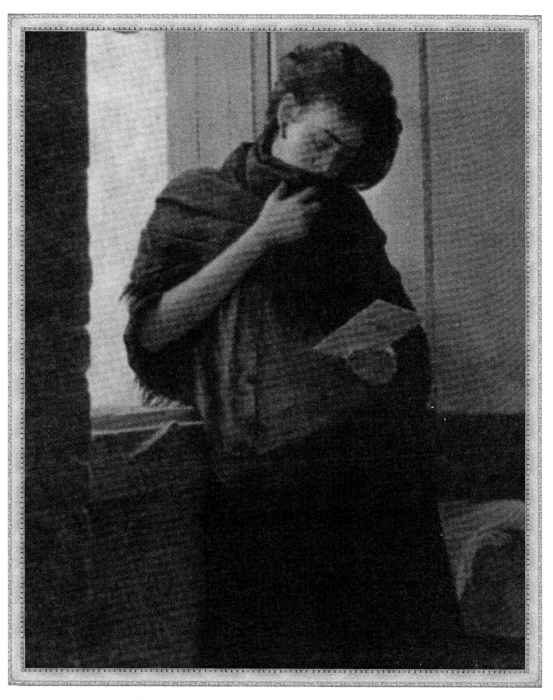

O título do quadro de Almeida Júnior, *Saudade*, o pequeno retângulo de papel e as lágrimas dizem tudo: amor e distância não combinam.

Pataca e Maria da Hortaliça, das *Memórias de um sargento de milícias*? As longas travessias, o confinamento e o calor acabavam por facilitar os contatos. As numerosas viagens que traziam estrangeiros para o Brasil, criavam todo o tipo de oportunidade. Encerrados nos paquetes, homens e mulheres encontravam-se, mediam-se, apaixonavam-se e seguiam seus caminhos, uma vez chegados ao porto de desembarque. Eis como Adele Toussaint-Samson, viajante francesa, descreve o desenrolar desses encontros:

> É quando se chega àquela região chamada pelos marinheiros de *brumas opacas*, situada quase sob a Linha do Equador, que a fisionomia de bordo toma um aspecto estranho. Imagine, leitor, um calor opressivo, pesado, enervante e excitante a uma só vez; ali, nem um sopro vem inflar as velas, a água do mar parece óleo; só se consegue dormir um pouco deixando as vigias abertas [...] as mulheres não usam mais do que penhoares de musselina; os homens, calças e paletós brancos; todos arrastam-se, estendem-se, quase não falam, os olhares tornam-se lânguidos, e as aventuras galantes estão na ordem do dia. "O lugar tenente foi encontrado na cabina da srta. A." "O grumete enlaçou a cintura da sra. W. no quarto do doutor". Trocam-se bilhetes amorosos e quase não há dia que não tenha seu pequeno escândalo ou seu ataque de nervos. Que querem? Não é culpa de ninguém, aparentemente. Aquela temperatura enervante enlouquece a tal ponto que, à noite, muitas vezes acreditei estar sob o poder do haxixe, tanto meu espírito oscilava entre a vigília e o sonho [...]. É aí que as velhas damas de coração jovem têm possibilidade de sucesso! Todos os homens o confessam: nas *brumas opacas*, as mulheres já não tem idade, e as que eram consideradas horríveis no começo da viagem tornam-se de súbito encantadoras, chovem as declarações, são muitas as rendições. Pobres maridos, que deixam suas mulheres partir sós, desconfiem das *brumas opacas*.

Além das tradicionais dificuldades para namorar ou noivar, não faltavam as dificuldades para casar na igreja. Por incrível que pareça, elas eram as mesmas, desde os tempos da colônia: morosidade de papéis e excesso nos custos. Quem se queixa é o jornalista português Thomas Lino d'Assumpção, em 1876:

> A reprodução desta carta faz-me lembrar uma armadilha que há sempre em exercício na câmara eclesiástica para apanhar o dinheiro dos que intentam casar-se. Entre outros vou narrar um fato que ali se dá com todos os portugueses que precisam arranjar os papéis necessários ao casamento. Para A..., depois de provar que é livre, é preciso que a noiva vá a câmara eclesiástica declarar que quer casar

com ele, como se A... depois de provar que é livre, não possa casar com quem quiser; mas como as senhoras brasileiras geralmente alegam um impedimento qualquer para não se exporem às vistas lúbricas dos sátiros da câmara eclesiástica, há sempre um que vai tomar a casa aquela declaração pela qual recebe duas libras. O português é obrigado a fazer – depois de justificado o seu estado livre – correr banhos em Portugal deixando de fiança 20$000 réis. Assim que o noivo larga os tais 20$000 réis pode logo casar. Ora, vamos supor que os banhos vão para o Rio com impedimento. O que farão os reverendos da Conceição? Descasam o homem? Ou os proclamas são uma formalidade necessária e então sustêm o casamento até que elas cheguem ou se é um pretexto para apanhar os tais 20$000 réis, ajuntem-nos aos emolumentos e escusem de apoquentar os que caem na asneira de subir à Conceição quando à falta do registro civil podem lançar mão da Igreja protestante, onde os sacerdotes são mais sérios... e mais baratos. Sobre a porta da câmara eclesiástica deve colocar-se como sobre os muros das quintas do Minho: Aqui á uma ratoeira!

Entre quatro paredes

O historiador pouco sabe de como se comportavam na cama, homens e mulheres. Tudo indica, porém, que a noite de núpcias fosse uma prova. Era o rude momento da iniciação feminina por um marido que só conhecia a sexualidade venal. Donde a prática da viagem de lua de mel, para poupar a família de um momento tão constrangedor. O quarto do casal, espaço onde se entrincheirava a sexualidade conjugal, devia ser um santuário; a cama, o altar onde se celebrava a reprodução. "Uma cama de casados" – registrava padre Lopes Gama – "era uma bizarma com tantos ramos entalhados, com tantos calungas, pássaros e anjos que era um pasmar"! Por cima dela, velava, triste, um crucifixo. Os corpos estavam sempre cobertos e há registros orais de camisolas e calçolas com furos na altura da vagina. A nudez completa só começa a ser praticada no início do século XX; antes estava associada ao sexo no bordel. Tudo era proibido. Fazia-se amor no escuro, sem que o homem se importasse com o prazer da mulher. Usava-se tanto a posição de missionário quanto à da mulher ajoelhada e de costas, recomendada para a procriação. Médicos aconselhavam aos homens o uso parcimonioso do esperma, de acordo com a idade. A brevidade das relações sexuais deve ter sido uma constante. Acreditava-se que ela favorecia as concepções, e qualquer dúvida sobre a matéria era esclarecida pelo livro *Felicidade do amor e himeneu*, do dr. Mayer, que dava conselhos sobre "a arte de procriar filhos bonitos, sadios e espirituosos e conselhos úteis nas relações sexuais". Mulheres queixando-se da falta de sexo? Nem pensar... Humor, só no reclame de colchões:

> Ora Bolas... Camas, colchões! O amor tem fogo, é o diabo. Atiça. Quem vê a espiga, logo a... cobiça. Se as moças soubessem e as velhas pudessem... Boas e sólidas camas... ditas com medalhão ao centro (50$ e 60$). Marquesas fortes para casadinhos de fresco (22$ e 21$)...Colchões com linho forte para casados (16$, 18$ e 20$) duram até acabarem, desde que em cima deles... por conta brincarem...

E como gozar? Na Europa, desenvolvera-se uma aritmética do coito, os homens contando e anotando em seus diários o número de vezes em que faziam sexo com suas esposas. Essa contabilidade – que pode ter chegado aqui como mais uma moda emprestada – tinha por objetivo manter a mulher ocupada com gestações e sem interesse por outros possíveis parceiros. Também, em certo espírito burguês, tal contabilidade ajudava a não desperdiçar sêmen. Era importante controlar a gestão do esperma, da mesma forma como se controlava a gestão do dinheiro.

O medo do fiasco era total. Não faltavam teóricos a quantificar a capacidade anual de intercursos entre homens e mulheres. E tudo misturando-se à valorização da vida espiritual que fazia do sexo, entre as mulheres, um verdadeiro sacrifício. A valorização extrema da virgindade feminina; a iniciação sexual pelo homem experiente; a responsabilidade imposta pela Medicina ao marido, fazendo dele o responsável pela iniciação sexual da esposa, mas de uma iniciação capaz ao mesmo tempo de evitar excessos; fazia parte do horizonte de ansiedade que os casais tinham de enfrentar. Do lado delas, o risco era de sofrer acusações de: histérica, estéril, estar na menopausa, ninfômana, lésbica! Não faltavam anátemas para controlar o perigo da mulher não pacificada por uma gravidez.

O culto da pureza que idealizava as mulheres, reforçava a distância entre os casais. Não se procurava ter prazer com a mãe dos próprios filhos. Considerava-se que a familiaridade excessiva entre os pares provocava desprezo. A nudez, como vimos, era evitada a todo custo, mesmo entre casados. Esposas nem podiam sair à rua com cabelos soltos. Um sistema de ritos codificava a vida feminina e dissimulava o corpo da mulher. Corpo que, diante dos homens, devia mostrar-se protegido por todo o tipo de nós, botões e laços. O resultado é que as mulheres se tornavam beatas ou pudicas azedas, cumpridoras de seus deveres e os homens, bastiões de um respeitoso egoísmo, abstendo-se de toda e qualquer demonstração em relação à sua esposa. A tradição religiosa acentuava a divisão de papéis. Para a Igreja, o marido tinha necessidades sexuais e a mulher se submetia ao papel de reprodutora. Ideais eram casais que se inspirassem em Maria e José, vivendo na maior castidade. Uma vez realizada a concepção, a continência mútua era desejável. É provável que as mulheres não tivessem nenhuma educação sexual, substituída pela exortação à castidade, à piedade e à autorrepressão. As mulheres, tão desejosas de passar de noivas a casadas e mães, submetiam-se a tais restrições.

No fim do século XIX, pequenas mudanças! Por força de práticas sociais, uma certa ideia de casamento que fosse além do rasteiro negócio começa a circular. Podemos observá-la em pequenos artigos, como o publicado no *Jornal do Commercio* em 1888. O título: *Os dez mandamentos da mulher.*

> 1) Amar a vosso marido sobre todas as coisas... 2) Não lhes jureis falso... 3) Preparai-lhe dias de festa... 4) Amai-o mais do que a vosso pai e mãe... [...] 9) Não desejeis mais do que um próximo e que esse seja teu marido...
>
> Aos homens:
> 1) Uma boa mulher, toma bem nota, quer ser tratada com juízo. Não abuses de seu coração flexível, pois objetos frágeis quebram-se facilmente. 2) Que as tuas ordens e teus desejos sejam brandos, pois o marido é senhor e não déspota. 3) Se alguém te zangar na rua não te vingues em tua mulher, não exijas tudo com a máxima exatidão; tu erras, por que não o fará a mulher? 4) Não namores outras mulheres, ama unicamente tua mulher, eis o teu dever. 5) Se a mulher te pedir dinheiro por precisar dele, não deves resmungar [...] 9) Ama sempre a tua mulher, não te deixes apossar do mal. 10) Caminha assim com ela de mãos dadas e serão felizes até a eternidade.

Não faltavam conselhos na imprensa. O mais repetido? A mulher deve ser uma boa dona de casa. Ela deve aplicar seus esforços no bom comando dos escravos empregados e na excelente educação dos filhos. Ela deve conhecer e praticar todos os pontos de bordado e, entre as elites, cantar e tocar piano. Ela deve ser reservada em seu comportamento, evitando tanto o riso demasiado quanto os bocejos de tédio. Qualquer mulher de moralidade suspeita deve ser evitada. Deve-se, também, resguardar a entrada de qualquer homem em um quarto de mulher, com exceção de padres e médicos que não são considerados homens. Sendo o casamento indissolúvel, deve-se evitar contato com divorciadas e separadas, consideradas maus exemplos. Reforça-se o medo das "perdidas": "Há coisas que uma vez perdida, nunca mais se recuperam: na mulher, a inocência e no homem, a confiança nela". A fidelidade feminina parecia ser a "grande" virtude exigida das mulheres, pois elas tendiam a ser traiçoeiras, como dizia quadrinha publicada no jornal *República*, de Santa Catarina, em 1892:

> Deus criou o homem e ficou satisfeito
> Então criou a mulher e sentiu-se remordido na sua santa consciência
> E então disse:
> A mulher será vaidosa, inconstante e pérfida
> Enganará o homem e o homem será infeliz
> Então criou o cão.

Quadrinhas e piadas em jornais preveniam sobre os perigos femininos. No contexto de repressão e de recalque não era de surpreender que a duplicidade feminina tenha-se tornado um grande tema literário. O século XIX parecia obcecado pela versatilidade dessa criatura complexa, capaz de reunir o melhor e o pior, exatamente como a Aurélia de Alencar, criatura que era anjo e demônio ao mesmo tempo. Mas era de pequenino que se torcia o pepino. Bem dizia, em 1885, D. Ana Ribeiro de Góis Bettencourt, ilustre colaboradora do *Almanaque de lembranças luso-brasileiro*, alarmada com as tendências românticas das novas gerações – principalmente meninas fugindo de casa com os namorados – que convinha aos pais evitar as más influências: o mau teatro. Os maus romances. As más leituras. Sobretudo os de José de Alencar com "certas cenas um pouco desnudadas" e "certos perfis de mulheres altivas e caprichosas [...] que podem seduzir a uma jovem inexperiente, levando-a a querer imitar esses tipos inconvenientes na vida real". Se todos os esforços da educação de uma jovem implicavam varrer a influência romântica, em prol dos bons costumes – da união dos sexos pura e santa como a religião. Se eles miravam exclusivamente o casamento consagrado pela sociedade e a Igreja, ele não era para todas. As moças de classe média viram-se diante de um mercado matrimonial restrito, em fins do século XIX, por causa da crise econômica e política; para as ricas herdeiras, contudo, havia sempre tantos pretendentes quanto as suas posses. Continuava vencendo o casamento por interesse.

Amores escravos e amores mestiços

Há poucas referências de cronistas estrangeiros aos casamentos entre escravos. Sabe-se hoje que eles eram correntes. O livro do casal Agassiz, educadores que capitanearam uma expedição ao Brasil entre 1865 e 1866, tece, por exemplo, alguns comentários de índole moral em torno de cerimônias que eles mais consideram "irreligiosas", tal a rispidez com que o padre tratava os nubentes. Segundo o relato,

> [...] se estas pobres criaturas refletissem, que estranha confusão não se faria em seu espírito! Ensinam-lhes que a união entre o homem e a mulher é um pecado, a menos que seja consagrada pelo santo sacramento do matrimônio. Vêm buscar este sacramento e ouvem um homem duro e mau resmungar palavras que eles não entendem, entremeadas de tolices e grosserias que eles entendem até demais. Aliás, com seus próprios filhos crescem crianças escravas de pele branca, que na prática, ensinam-lhes que o homem branco não respeita a lei que impõe aos negros.

Provavelmente inspirado nos negros que trabalhavam para a empresa inglesa da Mina de Morro Velho, em Minas Gerais, Richard Burton dizia que "[...] o escravo tem no Brasil, por lei não escrita, muitos direitos de homem livre [...] é legalmente casado e a castidade de sua esposa é defendida contra o senhor. Tem pouco receio de ser separado da família".

No século XIX, para efetivar seus casamentos os escravos continuavam precisando da anuência de seus senhores que, muitas vezes, decidiam levando em conta o número de filhos que nasceriam dessa união. Em propriedades grandes e médias havia a tendência em não separar os cônjuges, por venda ou herança. Nos plantéis pequenos, porém, os proprietários estavam mais sujeitos a contratempos econômicos, garantindo em menor escala o bem-estar conjugal dos escravos. Aos jovens, fortes candidatos a fugas, dizia um senhor da região de Campinas, no interior paulista: "É preciso casar este negro, dar-lhe um pedaço de terra para assentar a vida e tomar juízo".

A presença da escravidão e da mestiçagem trouxe muitos reflexos para as relações afetivas. No Brasil, a fidelidade do marido não apenas era considerada utópica, segundo os viajantes, mas até ridicularizada. E a manutenção de amantes – a julgar pela marquesa de Santos, exemplo vindo de cima – um verdadeiro segredo de polichinelo. Tal vida não se tornava, no dizer de um desses cronistas, "uma ignomínia para um homem, em vez disso era como a ordem natural das coisas". Eram comuns, particularmente no interior do Brasil, famílias constituídas por um homem branco cuja companheira – mais ou menos permanente, segundo o caso – era uma escrava ou uma mestiça. Somava-se a isso a desproporção entre homens – em maior número – e mulheres – poucas – estudada por demógrafos historiadores. As marcas do sofrimento ficaram na documentação e nas observações de uma viajante estrangeira. Conta-nos ela:

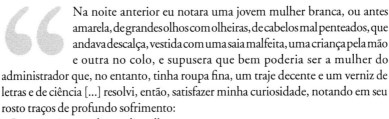

Na noite anterior eu notara uma jovem mulher branca, ou antes amarela, de grandes olhos com olheiras, de cabelos mal penteados, que andava descalça, vestida com uma saia malfeita, uma criança pela mão e outra no colo, e supusera que bem poderia ser a mulher do administrador que, no entanto, tinha roupa fina, um traje decente e um verniz de letras e de ciência [...] resolvi, então, satisfazer minha curiosidade, notando em seu rosto traços de profundo sofrimento:
– Pareces triste, senhora, disse-lhe.
– Sou bem infeliz, senhora, respondeu-me ela.
– Não é a mulher do administrador?
– Para minha desgraça.
– Como assim?
– Ele me trata indignamente. Aquelas mulatas, acrescentou ela, apontando-me uma, é que são as verdadeiras senhoras da fazenda. Por elas, meu marido me cobre de ultrajes.
– Por que suporta isso?
– Meu marido me força a receber essas criaturas até em minha cama; e é lá, debaixo dos meus olhos, que lhes dá suas carícias.
– É horrível!
– Quando me recuso a isso, ele me bate e suas amantes me insultam.
– Como continua com ele? Abandone-o.
Ela olhou-me com profundo espanto, replicando.
[...] – Isso é bom para as francesas que sabem ganhar seu pão; mas nós, a quem não se ensinou nada, somos obrigadas a ser como criadas de nossos maridos.

Na cultura popular, as modinhas ensinavam as mulheres a desconfiar de seus maridos. Veja-se esta coligida na Bahia em 1843:

Astuciosos
os homens são
Enganadores
Por condição
Os homens querem sempre enganar
Nós nos devemos
Acautelar
Juram constância
Até morrer
Mas enganar
É seu prazer
[...]
Quando dependem
São uns cordeiros
Logo se tornam
Lobos matreiros
[...]
Quando da noite
O sol raiar
Então firmeza
Lhes hão de achar
Já nem ao menos vergonha tem:
Quando isto ouvem
Riem-se bem.

O concubinato corrente entre homens brancos e mulheres afrodescendentes provocou uma reação: mulheres brancas deviam casar com homens brancos. Embora já houvesse muitas uniões entre brancas e mulatos, como descreveu Freyre para o Nordeste, nas capitais todo o cuidado era pouco. Tão pouco, que a *Folhinha Laemmertz* de 1871 admoestava: "com a Lei do Ventre Livre algumas moças que não querem ficar para tias, casam-se com negros". Ao fundo, a imagem de um casal misto, ela, uma pintura, ele, caricaturizado.

No litoral, procuravam-se genros nascidos no Velho Mundo. O "mendigo de mais alto nascimento era preferido aos mais ricos nativos". Mas nas províncias do interior não havia tanta fartura de brancos e, na conclusão do observador estrangeiro Burton, "o mulatismo tornou-se um mal necessário". Maria Graham repete as mesmas palavras: os portugueses "preferem dar suas filhas e fortuna ao mais humilde caixeiro de nascimento europeu do que aos mais ricos e meritórios brasileiros", leia-se, mestiços. Ela acreditava que "os portugueses europeus ficavam extremamente ansiosos para evitar o casamento com os naturais do Brasil", demonstrando, dessa forma, já estarem "convencidos das prodigiosas dificuldades, se não malefícios que fizeram a si próprios com a importação de africanos". Mas a solidão em que viviam muitos brancos, isolados em um deserto e não tendo qualquer restrição das opiniões da sociedade possibilitava, no entender da professora inglesa, que eles se "acomodassem" com as mulheres a seu alcance. Escapa-lhe o potencial afetivo de muitas dessas relações. Completava-se, assim, o binômio que induzia "muitos no país a prescindirem de uma esposa", nesse caso, de uma moça branca para casar legalmente. Desse "desregramento" nem os ingleses escapavam, observa um norte-americano, mencionando o caso de certo *Mister Fox*, comerciante solteiro que já sexagenário desfrutava, em sua casa, da companhia de uma senhora negra e viçosa, de pouco mais de 35 anos, que atendia à mesa, desincumbindo-se, também, de outras tarefas domésticas.

Nosso conhecido viajante Schlichthorst fazia à corte, a sua maneira, a uma mestiça que encontrara nas ruas do Rio de Janeiro. A aproximação entre o estrangeiro e a nativa é direta. Não há rodeios; há trocas. Comida por companhia. As clivagens de raça e classe ficam claramente visíveis, sobretudo, quando ele titubeia em beijar a mão da linda jovem cuja visão o deleitava. Orgulho e preconceito se misturam. Vejamos como ele relata essa experiência:

> A moça de aparência decente, estava desacompanhada. Ofereci-lhe o braço e levei-a para sua casa. Algumas escravas nos seguiam. A esse feliz acaso fiquei devendo minhas horas mais agradáveis no Rio de Janeiro. Beata Lucrécia da Conceição não era, em verdade de sangue puro como a Europa exige para sua pretensa fidalguia racial; mas era uma moça boa e simples, de dezessete anos, que vivia com decente liberdade em companhia de sua mãe, uma crioula gorda. A riqueza dessa gente modesta constava de uma casinha e de alguns negros que trabalhavam na alfândega. O capital crescia com um bando de moleques, de tempos em tempos, aumentado pela extraordinária fertilidade das negras ou, como dizia a velha – pela benção do céu. D. Luíza, mãe de D. Beata, era viúva. A filha, solteira, tinha um amigo tropeiro, que andava com sua tropa de mulas por Minas Gerais e vivia com ela quando vinha ao Rio de Janeiro. Uma encantadora menina nascera desta união.

O jovem estrangeiro deixa-se encantar pelo ambiente simples e acolhedor de uma casa onde podia chegar à hora que quisesse. De certa feita, resolve ir às compras para, o que considera, uma refeição modesta.

> Como sei que é dia de jejum e conheço o gosto das senhoras, compro caranguejos, palmitos, macarrão para a sopa, algumas sardinhas e batatas, cebolas, agrião para a salada e um pouco de alho às escondidas. Não me esqueço das passas, das amêndoas, dos abacaxis, das laranjas, das bananas e, para completar, a sobremesa, de ostras, de queijo e algumas garrafas de excelente vinho do Porto, que nenhuma senhora desdenha. Chego assim carregado com o negro à casa de D. Luíza e me convido para jantar. A boa mulher sente-se muito honrada com a minha visita e sua amável filha me recebe com toda a sua graça natural.

Mas logo sobrevêm considerações que misturam preconceito e prazer, sentimentos complexos que deviam viver não poucos dos que vinham fazer a América:

> Quase sou tentado a beijar a mão que me estende. Contra isso, porém, rebela-se o nobre sangue europeu, ao pensar que a tinge leve cor africana. Enquanto a velha vai em pessoa para a cozinha, a fim de dirigir o preparo da refeição, aprendo com a minha bela mestra, em poucas horas, mais português do que me ensinaria em seis semanas um rabugento professor. Se nesta convivência íntima, um sentimento melhor não vence o orgulho ridículo a que venho de me referir, fico indeciso, porque sei respeitar os direitos alheios, mesmo que sejam de um simples tropeiro de Minas. Após a refeição, as senhoras que se serviram de talheres em consideração à visita vão dormir. Acendo um cigarro, me embalo numa rede até o sono me fechar às pálpebras. Um sonho me conduz à Europa, na qual, quando acordado raras vezes penso, e me concede gozos a que devo renunciar no Brasil [...]. A noite cega depressa. Quando se acendem os lampiões ofereço o braço à dama mais moça e, seguidos por uma escrava preta, damos uma volta pelas ruas da cidade, que a essa hora têm a maior animação.

E o comentário: "D. Luíza que de bom grado teria vindo conosco fica em casa pela delicada modéstia de sentir sua diferença de cor. Sua filha com um quarto de sangue africano, à noite pode passar como branca de sangue puríssimo".

Apesar de consideradas indignas de casar de papel passado, laços de convívio diário com escravas acabavam por tornar-se tão respeitados como em qualquer país da Europa e elas assumiam, sem maiores obstáculos, a honrosa posição de esposas. No caso em que tais relações se prolongassem, adentrando a velhice do parceiro, este não se decidindo por providenciar um casamento com uma mulher branca, acabava por fazer de seus filhos mulatos os únicos herdeiros de seus bens. Durante uma visita a Bertioga, no litoral paulista, o reverendo Walsh defrontou-se com "uma negra", que, diz ele, "veio e sentou-se para olhar para nós. Ela era a companheira de nosso pequeno anfitrião e mãe de algumas crianças mulatas que possuíam toda a propriedade de seus pais".

Estudando a vida privada na Província de São Paulo, o historiador Robert Sleenes esmiuçou documentos em que essas afirmações ganham carne e sangue. Filhos mulatos nascidos dessas uniões herdam bens, escravos e negócios, dando origem a uma pequena camada média, mestiça, como já observara, à mesma época, o reverendo Walsh. O fenômeno não era comum, havendo o pai que alforriar seus filhos que, por seu turno, muitas vezes, tinham seus herdeiros nas mesmas condições: com escravas. As dificuldades de mobilidade social foram grandes até meados do século, mas não faltavam senhores que, literalmente apaixonados, ameaçavam a vida de casal de escravos. Um exemplo, em São Paulo? Um senhor que perseguia violentamente Romana, sua escrava, dizendo a seu marido que "o havia de matar porque precisa da crioula para sua manceba". Ou, em Vassouras, no Rio de Janeiro, em que uma esposa traída apresenta ao juiz uma carta de seu marido à amante, uma ex-mucama: "Marcelina, você como tem passado, meu bem? Estou com muita saudade de você e ainda não fui dar-lhe um abraço porque estou na roça feitorando outra vez [...]". E se despede:

> Adeus, minha negra, recebe um abraço muito e muito saudoso, e até breve. O frio já está apertando, e faz-me lembrar das noites da barraca com uma saudade que me põe fora de mim; está bom, não quero dizer mais nada por hoje, se começo a me lembrar de certas coisas, em vez desta carta vou eu mesmo, e hoje não posso sair. Outra vez adeus e até lá.

Na corte, Marcelina deixava-se fotografar com acessórios considerados de fino trato: leques e lindo vestido de tafetá pregueado com o laço à marrequinha.

Não é esse o caso de Marcelina, mas na maioria dos exemplos que extraímos da documentação tem-se a impressão de que era mais fácil, se não econômico, para o homem branco, aproveitar-se das mulheres que não podiam exigir dele compromissos formais, mas lhe ofereciam os mesmos serviços que uma esposa branca e legalmente casada. Segundo observação de um viajante estrangeiro, até os homens acabavam por sentir "uma estranha aversão pelo casamento", passando a não gostar de se casar para sempre e, uma vez que "a humana lei latina facilita o reconhecimento dos filhos ilegítimos", são eliminados os atrativos que restam ao matrimônio. Ficavam assim justificadas em favor do homem, segundo Tânia Quintaneiro, as ligações à margem da legislação com negras e mestiças e a desproteção a muitos filhos que, apesar da "humana lei latina", nem sempre eram legalmente reconhecidos.

A dupla moral e as santinhas de pau-oco

Durante o século XIX continuam sem punição as infidelidades descontínuas e transitórias por parte dos homens casados, bem como se toleravam concubinatos de escravas com seus senhores. As regras do celibato eram abertamente desrespeitadas e não faltaram registros, como os do viajante Gardner, que se choca ao conhecer o filho de um padre, ele próprio possuidor de um título eclesiástico, além de senador do Império, que "veio visitar o pai trazendo consigo sua amante, que era sua prima, com oito filhos dos dez que ela lhe dera, tendo além disso cinco filhos com outra mulher, que morrera ao dar a luz ao sexto". Do ponto de vista dos estrangeiros que nessa época chegam em massa ao Brasil, as ligações entre brancos e negros ou mulatos desaguavam sempre no rebaixamento moral dos primeiros e em repercussão insidiosas sobre a vida social, sendo a mais dramática delas o grande número de filhos naturais.

Embora não haja estatísticas sobre o assunto, é de se supor que as relações extraconjugais fossem correntes depois do casamento. O adultério perpetuava-se como sobrevivência de doutrinas morais tradicionais. Fazia-se amor com a esposa quando se queria descendência; o restante do tempo, era com a outra. A fidelidade conjugal era sempre tarefa feminina; a falta de fidelidade masculina vista como um mal inevitável que se havia de suportar. É sobre a honra e a fidelidade da esposa que repousava a perenidade do casal.

Mas seriam elas tão santinhas, assim? Os amores adúlteros custavam caro para as mulheres de elite. Em 1809, certo João Galvão Freire achou-se preso, no Rio de Janeiro, por ter confessadamente matado sua mulher, D. Maria Eufrásia de Loiola. Alegando legítima "defesa da honra", encaminhou ao Desembargo do Paço uma petição solicitando "seguro real para solto tratar de seu livramento". A resposta dos desembargadores não deixa dúvidas sobre a tolerância que rodeava tais tipos de crimes:

> [...] a ocasião em que este [o marido] entrou em casa, os achou ambos, esposa e amante, deitados numa rede, o que era bastante suspeitar a perfídia e o adultério e acender a cólera do suplicante que levado de honra e brio cometeu aquela morta em desafronta sua, julgando-se ofendido.

Cometido por "paixão e arrebatamento", o crime era desculpável! Não havia castigo maior do que a pecha de corno, pecha que pairava sobre homens públicos casados quando se queria atingi-los em sua probidade.

Já entre mulheres de camadas desfavorecidas, a solução era – segundo a historiadora Maria Beatriz Nizza da Silva – a separação. Cada qual seguia para seu lado. Algumas mais corajosas ou tementes a Deus declararam, em testamento, que "por fragilidade humana", tiveram cópula ilícita durante o matrimônio. Assim, em 1858, uma mulher casada declarava que tinha três filhos legítimos e sete ilegítimos, dois desses nascidos durante o casamento e cinco já na viuvez, conforme depoimento de seu próprio punho:

> Declaro que por fragilidade humana tive, na constância do matrimônio dois filhos, que são [...] e depois da morte do meu marido tive cinco filhos que são [...] e todos estes foram havidos com homem solteiro e desimpedido, com quem podia casar-me e por isso são verdadeiramente naturais.

Comportamentos arrojados não faltavam. Nos registros de certo memorialista, a lembrança de algumas senhoras, "mulheres de altos personagens", marcadas por certa desenvoltura, não escapou; e ele explicava: pois "não se querendo dar nunca por velhas", tomavam por "afilhados, distintos mancebos provincianos a quem faziam a fortuna". Houve, conta-nos Afonso d'Albuquerque Melo, sinhás famosas por essa espécie de prestígio: o de namorar jovens. E ao médico Pires de Almeida de inventariar as traições: "A marquesa de A. ... com o dr. A."; "A marquesa de O. ... com seus próprios cocheiros".

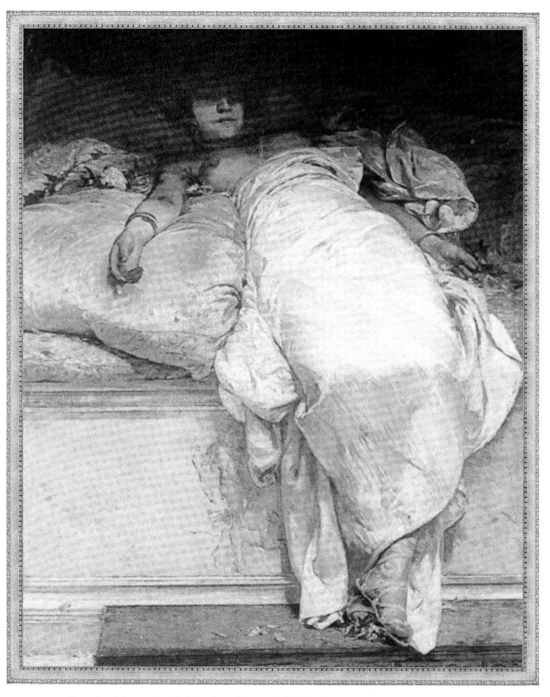

O conhecido quadro de Henrique Bernardelli, *Messalina*, corresponde ao imaginário da *Belle Époque* sobre a sedutora maldita, capaz de desviar a atenção dos maridos comportados.

Reações à situação da mulher no casamento também encontramos na literatura da republicana e abolicionista Nísia Floresta, que não hesitava em criticar:

> Se cada homem, em particular, fosse obrigado a declarar o que sente a respeito de nosso sexo, encontraríamos todos de acordo em dizer que nós somos próprias, se não para procriar e nutrir nossos filhos na infância, reger uma casa, servir, obedecer e aprazer aos nossos amos, isto é, a eles, homens [...]. Entretanto, eu não posso considerar esse raciocínio senão como grandes palavras, expressões ridículas e empoladas, que é mais fácil dizer do que provar.

O panorama é explicável em virtude do padrão duplo de moralidade a que já nos referimos, padrão que regulava as relações entre sexos e grupos sociais. Circunscritas à vida familiar, as mulheres de posses alimentavam suas aspirações ao casamento e aos filhos; passavam da tutela do pai para a do marido, estavam menos expostas às ocasiões de traição e desempenhavam, com aptidão, um papel tradicional. Aquelas das camadas mais pobres, mestiças, negras e brancas pobres viviam menos protegidas e mais sujeitas à exploração sexual.

Não faltaram, tampouco, explicações como a de madame Toussaint-Samson que esclarecia serem os passos em falso de senhoras e moças expiados no convento da Ajuda, vasto edifício que continha mais de 600 freiras e pensionistas, na maioria vítimas da paixão que Camões cantara. Acrescenta um viajante alemão:

> É singular como neste país o amor leva ao crime, geralmente cometido por mulheres. Os homens contentam-se em aferrolhá-las, quando não confiam mais em sua fidelidade. No mais é preciso não encarar a vida nos conventos no Brasil com a triste noção que dela se faz na Alemanha protestante. Aqui sua utilidade é evidente. Oferecem asilo seguro e decente a uma porção de pobres meninas que, sem isso, perderiam na barafunda de um mundo por demais sedutor [...]. Demais, creio que as mulheres meridionais se adaptam melhor à vida claustral do que no Setentrião. Esta opinião parece paradoxal, embora muita coisa milite em seu favor. A viva e ardente imaginação lhes permite trocar o sentimento do amor terreno pelo do amor celeste, dedicando-lhe toda a ternura de seu coração e todo o ardor de seu sangue. Isso não se pode dar com as mulheres nórdicas, acostumadas a meditar friamente sobre seu estado e a se sentirem desta forma infeliz [...] as meridionais, pelo contrário, entregam-se a doces ilusões da fantasia e acham tolerável uma vida que contradiz no mais alto grau seu temperamento e pendores.

Que não se vejam esses dados, porém, como uma maldição a que estavam sujeitas todas as mulheres. Elas bem que encontravam maneiras e espertezas capazes de lhes prover de outras relações. Relações mais discretas, mas igualmente poderosas. Por trás da dominação masculina, muitas faziam o que queriam. É o caso, por exemplo, que ilustra o comentário do ministro e senador João Alfredo Correia de Oliveira sobre a baronesa de Goiana:

> [...] estava todo este período – o do casamento – a baronesa com seus ares de passividade e obediência, fez o que quis; e o barão, com toda a sua autoridade e mando, com o poder que teve de imprimir a sua feição em quantos o cercavam, fez mais do que comprazer aos sentimentos de religião e caridade em que comungava com ela; submeteu-se aos hábitos que o contrariavam.

Coches e cocheiros assim como alcoviteiros passaram a ter seu papel na vida amorosa das cidades. Sinhás de sobrado não se furtavam a aventuras galantes dentro de vitórias ou carruagens com lanternas douradas, forros em damasco de seda e caixilhos das rodas em prata. Escravos cocheiros encarregavam-se de alcovitar amores proibidos, mas não eram os únicos. Vendedores de flores e doceiras, com entrada franca nos sobrados imponentes das cidades, levavam e traziam mensagens.

Barrigas de amores ilícitos eram resolvidas, desde sempre, por conhecidas comadres. Métodos para interromper a gravidez eram, todavia, bem divulgados, conforme reconheciam os doutores da Academia Imperial de Medicina, em 1885: chá de alfazema adoçado com mel ou, quando necessário, coisa mais forte: feijão-preto com sal, tomado com o estômago vazio. Se nada funcionasse, as Santas Casas de Misericórdia recolhiam os bebês indesejados. A do Rio de Janeiro – para ficar em um exemplo – recebeu 17 mil crianças entre 1859 e 1908.

Nada disso passava despercebido aos viajantes estrangeiros. A Schlichthorst chamava atenção o fato de que

> [...] apesar da tolerância dominante em matéria de ligações ilegítimas, desde que o Rio de Janeiro existe, nunca tenha acontecido uma mulher branca dar à luz uma criança de cor. As cariocas têm orgulho

> dessa tradição que seria prova de alto grau de pundonor feminino, se fosse integralmente verdadeira. Considero-a uma lenda pela seguinte razão: na Casa dos Expostos da cidade, encontram-se muitas crianças de cor, que não vejo como tenham ido parar ali, se não são infelizes rebentos de mulheres brancas com negros, porque os filhos das pretas têm valor real, e mesmo livres, em pouco ou nada incomodam suas mães, sendo, demais o amor das africanas aos filhos; maior do que o das *brancas*. É porém muito compreensível que se sepultem no maior segredo casos de tal ordem, num país onde o marido é senhor absoluto de sua casa, nenhuma lei de polícia ou moral cerceia as suas ações e não se costuma dar pasto às crônicas maliciosas.

"A dissolução dos costumes parece ter sido uma das notas predominantes do Primeiro reinado", assinala o autor do *Estudo histórico sobre a polícia da Capital Federal* de 1808 a 1831 que acrescenta terem os "[...] desregramentos de vida do primeiro imperador, seu proceder altamente censurável com a marquesa de Santos, os fatos escandalosos sucedidos na corte, na alta sociedade e no próprio clero", invadido todas as classes sociais, levando "[...] a desmoralização ao lar doméstico com o afrouxamento dos laços de mútuo respeito e estima, que esposos, pais e filhos deviam entre si". Eram os grandes dando o mau exemplo aos pequenos. Os sobrados promíscuos contagiando os mocambos. Era a dissolução dos costumes até nas gazetas. Veja o leitor esta notícia:

> Tendo chegado ao conhecimento do público que certas senhoras casadas se querem intitular virgens!! sem o já poderem ser, de que é bem constante nesta corte do Rio de Janeiro [...], mas no caso de quererem ainda parecer ou fingirem que o sejam para certas pessoas, que sejam fáceis de se capacitarem de tais coisas se lhes aplica um novo remédio de cuja aplicação resulta um novo hímen sendo o seu preço, medíocre e o seu uso facílimo, o qual é composto de um emoliente etc.

As cortesãs

Neste quadro em que se misturavam casamentos por interesse e concubinatos com cocotes ou mucamas, o adultério masculino era – nessa lógica – necessário ao bom funcionamento do sistema. Assim, de certa forma o romantismo tornou

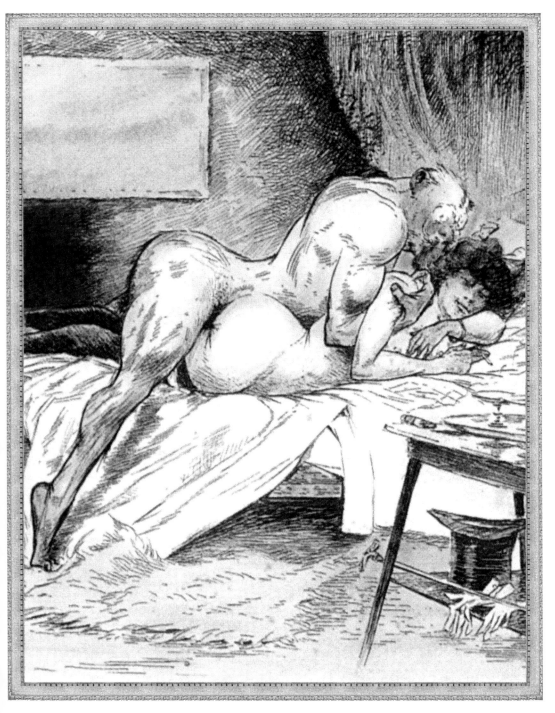

O prazer masculino? Este era no bordel, com a cocote cheia de carnes.

a prostituta necessária. As mulheres ocupavam-se da casa e iam à igreja; os homens bebiam, fumavam charutos e divertiam-se com as prostitutas. Mas quem eram essas mulheres? Mais uma vez é José de Alencar em seu romance *Lucíola*, de 1862, quem nos mostra como identificá-las. A cena se passa no adro de uma igreja onde Paulo, recém-chegado à corte, é apresentado à Lúcia por um amigo comum, o Sá. Vamos acompanhá-los:

> Quem é esta senhora? Perguntei a Sá.
> A resposta foi um sorriso inexprimível, mistura de sarcasmo, de bonomia e de fatuidade, que desperta nos elegantes da corte a ignorância de um amigo, profano na difícil ciência das banalidades sociais.
> – Não é uma senhora, Paulo! É uma mulher bonita. Queres conhecê-la?...
> Compreendi e corei de minha simplicidade provinciana que confundira a máscara hipócrita do vício com o modesto recato da inocência. Só então notei que aquela moça estava só e, e que a ausência de um pai, de um marido ou de um irmão, deviam-me ter feito suspeitar a verdade.

O diálogo reproduz com nitidez fotográfica as discrepâncias do período. Ao afirmar que Lúcia não é uma senhora, Sá desqualifica-a moral e socialmente; mas ao dizer, ao contrário, que é uma mulher bonita, está sugerindo que a beleza e o erotismo e o prazer só se encontram em "mulheres perdidas". Tese, aliás, sustentada em muitas outras narrativas e, sobretudo, nas práticas sociais. Prazer e instituição não podem ser encontrados juntos nesse universo de convenções e repressões que se chama a "boa sociedade". A beleza vista na prostituta era a das mulheres dos salões. Ela reforça o preconceito e o cinismo dos jovens aristocratas e burgueses: com moças pobres canalizavam desejos, divertiam-se e davam escapadelas rápidas. Com sinhás de salão, postavam-se de joelhos, recitavam versos de amor cortês e respeitoso até que se consolidasse um bom casamento. A representação é típica de um período em que se coage a vida conjugal e se promove o bordel. Em que se persegue a nudez das "senhoras" e se olha pelo buraco da fechadura as "mulheres bonitas". Como registrou um viajante de passagem, a diferença, na maior parte das vezes, ficava no lugar social da mulher:

> O brasileiro chama sua mulher e sua amante, quando a elas se dirige, da mesma forma: minha senhora. Apenas para indicar a espécie de relações que com elas mantém, emprega expressões diferentes. Aquela é mulher, esta, moça. Fala de uma e de outra do mesmo modo despreocupado. Os filhos têm iguais direitos. A mancha de nascimento está na cor da pele e não na sua origem.

As mulheres estrangeiras, notadamente as francesas, representavam certa libertinagem, fossem elas desfrutáveis ou não. Na mentalidade da época, as chamadas "madames" faziam parte dos tais "maus hábitos" importados pelos trópicos. Trabalhadoras casadas, como madame Toussaint-Samson, não se davam conta que ao sair de casa desacompanhadas – o que era comum na Europa – elas eram tratadas como "mulheres da rua". Eram bombardeadas por cumprimentos, olhadelas ou bilhetes amorosos, de um gênero tão desenvolto quanto este: "Senhora, amo-a; pode receber-me em sua casa esta noite?". Sem mais cerimônia do que isso! Escandaliza-se:

> Aqueles senhores pensavam que bastava se apresentar e que, porque as francesas riam naturalmente e conversavam tanto com os homens quanto com as mulheres, sua conquista era das mais fáceis. Felizmente, mais de um recebeu de nossas compatriotas algumas boas lições. Apostas foram feitas na cidade a respeito de uma francesa, e foi o doutor do esqueleto, de quem já falei, que cético por excelência, apostou pela rendição de nossa compatriota. Imediatamente um belo oficial, muito enamorado da dama, começou a campanha e fez chover na casa dela flores e bilhetes amorosos, por intermédio de negros que subornava, enquanto um outro, não menos encantador cavalheiro, seguia nossa parisiense por toda a parte e passava noites sob sua janela. Trabalho perdido! A dama fechava-lhes implacavelmente portas e janelas e lhes devolvia cartas sem resposta [...] à força de pequenas lições desse gênero, os sul-americanos compreenderam, enfim, que há mulheres que, por ir a pé, sozinhas, ganhar a vida e ensinar sob aquele sol de fogo, não são por isso menos honradas, e começam a não dizer mais, com aquele ar de profundo desdém: 'É uma madame'.

Como se vê, não apenas mestiças ou negras eram vistas como mulheres fáceis, mas também as brancas europeias que não se comportassem segundo códigos de pudor. Estruturas mentais solidamente estratificadas no período colonial não tinham abandonado formas de ser e pensar. As relações amorosas ou sentimentais eram marcadas pela desigualdade, pela escravidão e pelo patriarcalismo. É nítida, por exemplo, a diferença entre mulheres de família, estas para namorar, noivar e casar, e as "outras". Existia uma espécie de dupla moralidade feminina que era, ao mesmo tempo, o destino sentimental de cada uma dessas mulheres.

A poesia e, entre os poetas, os simbolistas, recuperam na Idade Média e dos trovadores imagens femininas que reforçam essa divisão. Alphonsus de Guimarães e Cruz e Souza cantam as virgens encasteladas, comparando-as às estrelas, à lua, cantando nelas a interdição do desejo masculino. Princesas, segundo tais poetas, morriam na "flor da castidade branca". Silveira Neto corre atrás da sua dama ideal: "É a castelã? A flor delis destes latíbulos / idealizei-a mas... corporalizá-la, como?". Os homens aparecem, nessa perspectiva, como vermes condenados, a do charco imundo, olhar para cima, a mulher inalcançável. Na outra mão dessas ideias, simbolistas como Wenceslau Queiroz e Emiliano Perneta, louvam a pecadora. Sulamita a oferecer "seios mais rijos que uma pera", servindo a taça de seu umbigo à sede dos machos. Há quem faça a carne purificar-se pelo imaginário místico, como Alceu Wamosy, que fala em "pulcras, liriais, bizarramente claras, carnes divinas, virginais e puras". O corpo da prostituída surge em "danças macabras" – um passaporte para a sífilis, talvez – na qual executa as promessas do amor que podem levar o homem à morte: "Ah! que agonia tenebrosa e ardente! Que convulsões, que lúbricos anseios, quanta volúpia e quanto bamboleio, que brusco e horrível sensualismo quente", canta Cruz e Souza na sua *Dança do ventre*. Nem a poesia escapou da divisão entre umas e outras.

Ainda cocotes e putas

Essa literatura guarda uma relação direta com a realidade. No início do século XIX, o número das então chamadas "mulheres públicas" aumentaria, no entender de estudiosos. E, para esse aumento, a presença de imigrantes açorianas colaboraria decisivamente. Em 1845, em um estudo sobre *A prostituição, em particular na cidade do Rio de Janeiro*, o médico Lassance Cunha afirmava que a capital do Império tinha três classes de meretriz: as aristocráticas ou de sobrado, as de "sobradinho" ou de rótula e as da escória.

Fiquemos com a primeira divisão, das moças que ficavam instaladas em bonitas casas, forradas de reposteiros e cortinas, espelhos e o indefectível piano, símbolo burguês do negócio. Verdadeiras cortesãs, como Lúcia, não esperavam clientes sentadas no sofá de veludo vermelho da "*Maison close*" ou do "*Rendez-Vous*", mas eram mantidas por ricos políticos e fazendeiros. Uma cortesã famosa era signo de poder para quem a entretivesse. Conhecidas como *demi-mondaines*, muitas delas estrangeiras tinham arribado no Império brasileiro depois de fracassadas carreiras na Europa. As cidades portuárias mais importantes tornaram-se abrigo para *cáftens* internacionais, fundadores de bordéis e cabarés. As francesas, sucedidas pelas polacas, começam a chegar com a inauguração do *Alcazar Francês,* em 1862. Elas trazem na bagagem a palavra *trottoir.* Ao traçar o roteiro dessas viajantes, o português Thomaz Lino d'Assumpção bem observou que outras tantas formosas desembarcavam em grupos de dez ou doze, nas praias do Rio, vindas "das margens do Vístula, das ruas de Budapeste ou de Viena, dos montes da Geórgia, dos desfiladeiros da Albânia, dos portos de Trieste e dos plainos da Itália".

Entre os dois grupos as diferenças se estabeleceram rapidamente. Havia as cocotes e as polacas. As primeiras, representando o luxo e a ostentação. As segundas, ao contrário, representavam a miséria. "Ser francesa" significava não necessariamente ter nascido na França, mas frequentar espaços e clientes ricos. Ser polaca significava ser produto de exportação do tráfico internacional do sexo que abastecia os prostíbulos das capitais importantes e... pobre. Entre as primeiras, algumas se imortalizaram no Rio de Janeiro: Rabelotte, Suzi, Fonsecote, Marinette, Margot, Táti e Lyson entre outras, dançarinas de *Cancan* – as *cancaneuses* – animavam a vida noturna, exibiam-se em joias e presentes que valorizavam a generosidade de seus amantes e protetores. Frequentá-las era sinônimo de poder e modernidade. Vamos observá-las pela pena de um cronista:

> Quando os teatros fecham, o movimento da praça referve. São as atrizes que chegam em cupês particulares e descem atravessando a sala do café que vai dar no restaurante, num halo de importância e de perfume; são as grandes *coccotes* que moram pela Richard ou pela Valery – cafetinas – acompanhadas de velhos abrilhantados, de polainas brancas e monóculos [...] são diretores de jornais, banqueiros, senadores e deputados, *brasseurs d'affaires* – homens de negócios – As gargalhadas das *cocottes* transborda como *champagne* em taças de cristal.

A segunda classe proposta pelo dr. Lassance era das meretrizes de sobradinho, que também trabalhavam em hotéis ou nas chamadas casas de costureiras, localizadas em Botafogo ou no Jardim Botânico, no Rio de Janeiro. Aí o roceiro rico, o filho do senhor de engenho, o rapaz de fortuna encontravam não só estrangeiras como mucamas ou mulatinhas, ainda de vestido curto, meninotas ou meninas. À noite, esperavam clientes ao longo das paredes nas avenidas mais importantes, mercados e praças. Por que casas de costureiras, se perguntará o leitor? Porque era comum que mulheres que tinham esse ofício, assim como tintureiras, lavadeiras e cabeleireiras, conservasse seu trabalho embora tivessem ligações passageiras. Elas não passaram despercebidas a Schlichthorst que anotou: "[...] caixeiras exageradamente pintadas, com cinturas finas e olhos a espreita, exibem gastos encantos diante dos espelhos, cosem em atitude elegante ou lançam sua rede de olhares pela longa fila das lojas", da rua do Ouvidor.

A "escória", última classe da divisão do já citado médico, era formada por mulheres de casebres ou mucambos, as chamadas "casas de passe" e os zungus. Segundo o doutor Lassance Cunha, tratava-se de "nauseabundas habitações pertencentes a negros quitandeiros" ou os "fundos de barbearias, que por módico preço eram alugados".

Graças aos prostíbulos, começa a surgir diferente noção de prazer sexual. As francesas eram renomadas por introduzir homens maduros e adolescentes às sutilizas do amor, por revelar delicadezas eróticas aos mais velhos. Só que ao frequentar o bordel, o homem corria o risco de aprender práticas que ele não poderia, de forma alguma, transmitir à sua legítima esposa. Afinal, uma mulher de princípios, nada deveria saber sobre sexo. Pais endinheirados pagavam cortesãs para iniciar seus filhos.

E não faltavam críticas de viajantes mais conservadores:

> [...] basta-me entrar num dos restaurantes franceses dos arredores do Paço Imperial, onde uma parisiense enfeitada – no Novo Mundo todas as francesas são parisienses – exibe joias falsas, cabelos e dentes postiços, a própria pessoa e tudo o que a cobre postiço e falso. Ali tomo um copo de ponche, ouço muita asneira enfadonha e vou, afinal, para minha casa dormir, se os mosquitos e ratos deixarem; as artistas francesas que habitam a rua do Ouvidor sabem muito bem que no Brasil conseguem um grau de fama e riqueza que na Europa jamais atingiriam. Todos os anos, centenas delas vêm da França recomeçar na capital do imenso Império uma carreira na qual, em Paris, Bordéus, Marselha, há muito estavam aposentadas.

Era o que se chamava *Faire l'Amerique* ou *faire le Brésil*, informa Schlichthorst. Ele identifica essas hetairas nos teatros da cidade onde se apresentam vestidas como "condessas ou princesas". "São tão exorbitantes os preços que se pagam por seus favores que tenho receio de me taxarem de mentiroso, se os revelar.

O verdadeiro brasileiro acha que os perigosos prazeres que lhe oferecem tais Circes não são demasiado caros a 40 ou 50 mil réis", critica o estrangeiro, identificando as prostitutas com a mitológica deusa e feiticeira grega. E ele continua:

> Até as meretrizes mais comuns sustentam para isto preços altos, bastando para isto serem brancas o que lhes permite ostentar um luxo, que por assim dizer, enobrece sua desprezível profissão [...] na rua ninguém se envergonharia de cumprimentar uma cortesã. Excelências, generais e o próprio imperador em pessoa lhes atiram beijinhos nas pontas dos dedos.

A prostituição ameaçava as mulheres "de famílias puras", trabalhadoras e preocupadas com a saúde dos filhos e do marido. Tal ameaça à "rainha do lar" era feita de duas maneiras – todo desvio de ação, pensamento ou movimento poderia aproximar e confundir o espaço privado da casa com o espaço público da rua. Como vimos, a janela como fronteira entre a casa e a rua foi sempre lugar suspeito e perigoso, havendo muita referência na literatura do século XIX às janeleiras ou aos namoros de janela. A outra ameaça, tão velada quanto a anterior, era a de ser substituída pela mulher pública e não desempenhar a contento as tarefas e as funções impostas.

Existindo como o negativo atraente e ameaçador da família, as cortesãs foram descritas com todos os vícios, pecados, excessos que se atribui a uma profissão exercida e até explorada por algumas mulheres, chefes de família. Enfim, nas capitais onde a burguesia começa a tomar forma, preguiça, luxo e prazer irão se opor aos valores familiares do trabalho, poupança e felicidade. Uma série de teses e memórias médicas preocupa-se com a prostituição no Rio de Janeiro, durante o século XIX.

Uma análise classificatória de 1873 desce a minúcias espantosas ao traçar o perfil das diferentes mulheres públicas. Ainda que se atendo a uma perspectiva higienista duvidosa, os médicos colocam-se contra a prostituição clandestina, exercida quase exclusivamente por escravas nas casas, criando famílias paralelas, debaixo do mesmo teto. O nosso já conhecido Thomas Lino d'Assumpção, em seu livro *Narrativas do Brasil (1876-1880),* conta suas impressões sobre o assunto:

> Se a miséria, porém, quase não existe no Rio de Janeiro, se a prostituição não é hedionda, nenhuma porém, se encontra que mais descarada seja e mais atrevida. Vive no coração da cidade, e rara é a rua onde não tenha assentado os seus arraiais. O último degrau vindo de cima é ocupado pela francesa, quase sempre atriz, cantora, no Alcazar. [...] A francesa vive em casa própria, tem carro e criados, insulta a polícia, desautoriza os magistrados, fica impune graças à proteção do conselheiro tal... do deputado F... ou do juiz P... É esta, por via de regra, quem serve de protetora às outras, que vivem dispersas pelos hotéis explorando ceias, jantares, passeios de carro a Botafogo e os anéis de brilhantes dos fazendeiros incautos. Esta gente aparece sempre em todos os espetáculos, ocupando os melhores lugares. Frequentadoras assíduas de botequins, não é raro vê-las cercadas de homens casados, de deputados, senadores, advogados distintos e vadios de profissão. [...] O Brasil, acostumado a importar todos os gêneros de primeira necessidade, aplica o mesmo processo à prostituição. Nas ruas da crápula encontram-se poucas negras, algumas mulatas, grande número de nossas mulheres do Minho e Douro, e abundância das ilhas. Vivem acocoradas às janelas das casas baixas e insalubres, alumiadas pela luz vermelha de um mau candeeiro que satura a atmosfera de uma fumaça pesada e sufocante, no torpor da embriaguez da cachaça, de cigarro no canto da boca e chamando aos que passam com voz cava. Quantas vezes não desembarcam nas praias do Rio, grupos de dez e doze mulheres formosas, brancas de neve, os tipos perfeitos das raças do Oriente, saídas, com promessa do gozo de vida honesta e trabalhadeira, das margens do Vístula, das ruas de Peste ou Viena, dos montes da Geórgia, dos desfiladeiros da Albânia, dos portos de Trieste ou dos plantios da Itália que apenas chegadas ali, em vez do trabalho honesto para que foram contratadas, são levadas à força, sem dó nem piedade, para os alcouces pelo cáften! [...] É a classe das mulheres em que as sociedades carnavalescas vão buscar o elemento feminino para as suas festas. [...] os moradores das ruas por onde passam decretam-lhes coroas e proclamam-lhes em triunfos!

Na tradição cristã que vinha desde os tempos da colônia, a prostituta estava associada à sujeira, ao fedor, à doença, ao corpo putrefato. Esse sistema de correlação estruturava a sua imagem; ele desenhava o destino da mulher voltado à miséria e à morte precoce. Esse retrato colaborava para estigmatizar como venal tudo o que a sexualidade feminina tivesse de livre. Ou de orgíaco. A mulher que se deixasse conduzir por excessos, guiar por suas necessidades, só podia terminar na sarjeta, espreitada pela doença e a miséria profunda. Ameaça para os homens e mau exemplo para as esposas, a prostituta agia por dinheiro. E, por dinheiro, colocavam em perigo as grandes fortunas, a honra das famílias. Enfim, era o inimigo ideal para se atirar pedras.

Mas as putas amavam? Lógico, e como. Não faltaram histórias sobre como fazer do meretrício um sacrifício por amor, não faltaram os gigolôs, não faltaram os dramas de separação. Um exemplo: Joseph Pellison era um belga de 27 anos sustentado por certa Aline. Ela sonhava em ganhar dinheiro suficiente para lhe comprar um carro, pois Joseph era chofer de profissão. Aline, portanto, sacrificava-se por amor. Vamos ouvi-la:

> Quarta-feira onze horas – Meu coraçãozinho adorado! Paulette dorme com o seu João e eu apresso-me em escrever-te. Assim também parece que eu estou com o meu homenzinho. Na carta presente encontrarás com certeza a nota [...]. Meu homenzinho, manda-me a miúdo notícias suas, o que me dará grande satisfação. Penso todo o dia em ti, mas não creio que isto seja recíproco. Bem sei que no amor há sempre um que se diverte e ri enquanto o outro chora – Pois não é assim? A despeito de tudo, amo-te. Perdoa-me se te escrevo estas tolices. É porque estou triste. Mas não te entristeças pois daqui a onze dias te terei nos meus braços e dormirei junto de ti, bem junto. Reserva-me os teus melhores beijos, sim? E aqui acaba a minha carta, Aline.

Amor, melhores beijos, enfim, amostras de sentimentos e gestos que pouco estão retratados com tanta realidade em outros documentos. E Joseph Pellison a responder de forma igualmente apaixonada à Aline:

> Já por três vezes comecei a escrever-te, por três vezes rasguei a minha carta, de tal modo me sinto perturbado com tanto que tenho a dizer-te. Amas-me ao menos Aline? [...] Minha Alinesinha, quero-te tanto bem e sinto-me tão triste quando levo a pensar dia e noite. Tenho todo o meu coração e todo o meu ser cheios de ti [...]. Queria tanto que me escrevesses uma carta meiga em que pusesse todo o seu coração. Dize-me que és minha pois que se eu viesse a saber que não me amavas iria devorar-te o coração. Basta-me fechar os olhos neste momento para ver os teus olhos risonhos. Oxalá eles riam de felicidade quando tu receberes a minha carta. Concluo estendendo-te os lábios e as mãos.

Perigos: sífilis, "pica mole" e onanismo

Com o bordel veio um grande problema: a sífilis. Há quem fale até em sifilização das grandes capitais. Multiplicam-se os manuais de venereologia e descobertas feitas na primeira metade do século permitiam identificar os cancros simples dos infectantes. Descreviam-se obsessivamente os desdobramentos da doença nos rins, no fígado e no sistema nervoso, criando uma angústia surda em torno do assunto. Usava-se e abusava-se do mercúrio para sanar as chagas fétidas, assim como de negrinhas virgens a quem se creditava limpar o sangue. Os jornais multiplicavam anúncios de remédios milagrosos e não foram poucos os homens públicos, senadores e poetas que morreram dessa moléstia. As observações sobre a hereditariedade da doença mal eram guiadas por análises clínicas. A moral social – que dava ao sexo masculino toda a liberdade e nenhuma ao feminino – tornava difícil a confissão da mulher sifilítica. Inocentavam-se as esposas até prova em contrário. Os sintomas da sífilis primária, sendo difíceis de reconhecer na gestante, aumentavam a culpa do homem por sua transmissão. A crença de que a mulher ficava durante muito tempo impregnada pelo sêmen do primeiro parceiro justificava filhos segundos e terceiros infectados. A doença desfigurava, transformando belas em feras, homens em monstros. O famoso Elixir de Nogueira estampava em seu rótulo a imagem de uma dessas criaturas coberta de cancros. O machismo era tanto que poucos pensavam na hipótese de infidelidade feminina. Embora os historiadores em geral só falem nos sofrimentos da mulher, esse foi um século de muito sofrimento para homens também.

Outro assunto que assombrava a sociedade patriarcal era a "pica mole". Não faltaram indicações, na literatura e na poesia, do sonho das ereções permanentes, infatigáveis, perpétuas, apesar dos cuidados, entre uma pequena elite, com os desperdícios de sêmen. Haja vista o célebre poema, de Bernardo Guimarães, colega na Faculdade de Direito em São Paulo, de Aluísio de Azevedo – seu amigo inseparável –, intitulado *Elixir do Pajé*, retrato de um Viagra *avant-la-lettre* e publicado clandestinamente em 1875:

Que tens, caralho, que pesar te oprime
que assim te vejo murcho e cabisbaixo
sumido entre essa basta pentelheira,
mole, caindo pela perna abaixo?

Nessa postura merencória e triste
para trás tanto vergas o focinho,
que eu cuido vais beijar, lá no traseiro,
teu sórdido vizinho!

Que é feito desses tempos gloriosos
em que erguias as guelras inflamadas,
na barriga me dando de contínuo
tremendas cabeçadas?

Qual hidra furiosa, o colo alçando,
co'a sanguinosa crista açoita os mares,
e sustos derramando
por terras e por mares,
aqui e além atira mortais botes,
dando o co'a cauda horríveis piparotes,
assim tu, ó caralho,
erguendo o teu vermelho cabeçalho,
faminto e arquejante,
dando em vão rabanadas pelo espaço,
pedias um cabaço!

Um cabaço! Que era este o único esforço,
única empresa digna de teus brios;
porque surradas conas e punhetas
são ilusões, são petas,
só dignas de caralhos doentios.

Quem extinguiu-te assim o entusiasmo?
Quem sepultou-te nesse vil marasmo?
Acaso pra teu tormento,
indefluxou-te algum esquentamento?
Ou em pífias estéreis te cansaste,
ficando reduzido a inútil traste?
Porventura do tempo a destra irada
quebrou-te as forças, envergou-te o colo,
e assim deixou-te pálido e pendente,
olhando para o solo,

bem como inútil lâmpada apagada
entre duas colunas pendurada?

Caralho sem tensão é fruta chocha,
sem gosto nem cherume,
linguiça com bolor, banana podre,
é lampião sem lume
teta que não dá leite,
balão sem gás, candeia sem azeite.

Porém não é tempo ainda
de esmorecer,
pois que teu mal ainda pode
alívio ter.

Sus, ó caralho meu, não desanimes,
que ainda novos combates e vitórias
e mil brilhantes glórias
a ti reserva o fornicante Marte,
que tudo vencer pode co'engenho e arte.

Eis um santo elixir miraculoso
que vem de longes terras,
transpondo montes, serras,
e a mim chegou por modo misterioso.

Um pajé sem tesão, um nigromante
das matas de Goiás,
sentindo-se incapaz
de bem cumprir a lei do matrimônio,
foi ter com o demônio,
a lhe pedir conselho
para dar-lhe vigor ao aparelho,
que já de encarquilhado,
de velho e de cansado,
quase se lhe sumia entre o pentelho.
À meia-noite, à luz da lua nova,
co'os manitós falando em uma cova,
compôs esta triaga
de plantas cabalísticas colhidas,
por suas próprias mãos às escondidas.

Esse velho pajé de pica mole,
com uma gota desse feitiço,

sentiu de novo renascer os brios
de seu velho chouriço!

E ao som das inúbias,
ao som do boré,
na taba ou na brenha,
deitado ou de pé,
no macho ou na fêmea
de noite ou de dia,
fodendo se via
o velho pajé!
[...]
E ao som das inúbias,
ao som do boré,
na taba ou na brenha,
deitado ou de pé,
no macho ou na fêmea,
fodia o pajé.

Se a inúbia soando
por vales e outeiros,
à deusa sagrada
chamava os guerreiros,
de noite ou de dia,
ninguém jamais via
o velho pajé,
que sempre fodia
na taba na brenha,
no macho ou na fêmea,
deitando ou de pé,
e o duro marzapo,
que sempre fodia,
qual rijo tacape
a nada cedia!

Vassoura terrível
dos cus indianos,
por anos e anos,
fodendo passou,
levando de rojo
donzelas e putas,

no seio das grutas
fodendo acabou!
E com sua morte
milhares de gretas
fazendo punhetas
saudosas deixou...

Feliz caralho meu, exulta, exulta!
Tu que aos conos fizeste guerra viva,
e nas guerras de amor criaste calos,
eleva a fronte altiva;
em triunfo sacode hoje os badalos;
alimpa esse bolor, lava essa cara,
que a Deusa dos amores,
já pródiga em favores
hoje novos triunfos te prepara,
graças ao santo elixir
que herdei do pajé bandalho,
vai hoje ficar em pé
o meu cansado caralho!

Vinde, ó putas e donzelas,
vinde abrir as vossas pernas
ao meu tremendo marzapo,
que a todas, feias ou belas,
com caralhadas eternas
porei as cricas em trapo...
Graças ao santo elixir
que herdei do pajé bandalho,
vai hoje ficar em pé
o meu cansado caralho!

Sus, caralho! Este elixir
ao combate hoje tem chama
e de novo ardor te inflama
para as campanhas do amor!
Não mais ficará à-toa,
nesta indolência tamanha,
criando teias de aranha,
cobrindo-te de bolor...

Este elixir milagroso,
o maior mimo na terra,

em uma só gota encerra
quinze dias de tesão...
Do macróbio centenário
ao esquecido mazarpo,
que já mole como um trapo,
nas pernas balança em vão,
dá tal força e valentia
que só com uma estocada
põe a porta escancarada
do mais rebelde cabaço,
e pode em cento de fêmeas
foder de fio a pavio,
sem nunca sentir cansaço...

Eu te adoro, água divina,
santo elixir da tesão,
eu te dou meu coração,
eu te entrego a minha porra!
Faze que ela, sempre tesa,
e em tesão sempre crescendo,
sem cessar viva fodendo,
até que fodendo morra!

Sim, faze que este caralho,
por tua santa influência,
a todos vença em potência,
e, com gloriosos abonos,
seja logo proclamado,
vencedor de cem mil conos...
E seja em todas as rodas,
d'hoje em diante respeitado
como herói de cem mil fodas,
por seus heroicos trabalhos,
eleito rei dos caralhos!

Polêmico também era o onanismo – palavra que vem de Onã, personagem bíblico que praticava coitos interrompidos – que pairava como um medonho fantasma sobre homens e mulheres jovens ou adultos na segunda metade do século. Antes, então, só os padres confessores falavam disso. Estudos médico-legais vindos da Europa introduziram o tema entre nós. Ao menino que se masturbava, fazia-se medo com o Mão-de-Cabelo e outros monstros de folclore.

As flores vermelhas do mandacaru, os ocos de bananeira, as simples galinhas ou as ancas largas das vacas, tão úteis na iniciação de jovens de Norte a Sul, passam a ser alvo de perseguições. A masturbação destruía lares, casamentos e famílias. Dizia-se que ela não apenas fazia mal à saúde, como prejudicava o trabalho por esgotar as forças. Proibia-se dormir de dorso. Suprimiam-se os bolsos das calças. Ameaçavam-se meninas bonitas de ficarem feias. Eram proibidas as leituras picantes – as "pestilênciais novelas" ou a poesia erótica – assim como a ingestão de chá e vinho. A masturbação era o vício em estado puro. O fato de que a mulher pudesse ter prazer sem o homem parecia absolutamente intolerável. O dr. Pires de Almeida era incansável em admoestar sobre as consequências do "clitorismo": hálito forte, gengivas e lábios descorados, sardas e espinhas, perda de memória e para culminar, morte lenta e dolorosa. A Igreja, por sua vez, debruçou-se com toda a atenção sobre o que se considerava o "onanismo conjugal". Ou seja, perseguia todas as manobras que, no seio do casal, se fizessem para obter prazer, sem que houvesse risco de gravidez.

A perigosa sexualidade feminina

Por falar em hímen, e o domínio da sexualidade feminina? Ah! Esse era sempre da "outra", da "mulher bonita", da cortesã ou... da louca, da histérica. Os estudos sobre a doença mental, monopólio dos alienistas e a criação da cadeira de Clínica Psiquiátrica nos cursos da faculdade de Medicina, desde 1879, acabaram por consagrar a ética do bom e do mau comportamento sexual. Esses eram tempos em que médicos importantes, como o dr. Vicente Maia, examinavam mulheres cujas infidelidades ou amores múltiplos se distanciavam da regra e da higiene desejadas pela ordem burguesa que se instalara nos centros urbanos. Fichas médicas abundam em informações sobre o ciclo menstrual, a vivacidade precoce, a linguagem livre de certas pacientes associando tais "sintomas" a distúrbios psiquiátricos. Distúrbios uterinos podiam estar relacionados com ataques epiléticos e mesmo crimes de morte. Os médicos começavam a delinear o perfil do que chamavam a "mulher histérica", tendo-se tornado moda entre as de elite, "ataques" quando da saída de um enterro ou da chegada de notícia ruim.

A mulher tinha de ser naturalmente frágil, agradável, boa mãe, submissa e doce etc. As que revelassem atributos opostos seriam consideradas seres antinaturais. Partia-se do princípio de que, graças à natureza feminina, o instinto materno anulava o instinto sexual e, consequentemente, aquela que sentisse desejo ou prazer sexual seria inevitavelmente, anormal. "Aquilo que os homens sentiam", no entender do dr. William Acton, defensor da anestesia sexual feminina, só raras vezes atingiria as mulheres, transformando-as em ninfomaníacas. Já na opinião do renomado Esquirol, que tanto influenciou nossos doutores: "Toda a mulher é feita para sentir, e sentir é quase histeria". O destino de tais aberrações? O hospício. Direto!

Entre alienistas brasileiros – explica a historiadora Magali Engel – associava-se diretamente a sexualidade e a afetividade excessiva. O médico Rodrigo José Maurício Júnior na primeira tese sobre o tema, apresentada na Faculdade de Medicina do Rio de Janeiro em 1838, não hesitava em afirmar: "As mulheres nas quais predominar uma superabundância vital, um sistema sanguíneo, ou nervoso muito pronunciado, uma cor escura ou vermelha, olhos vivos e negros, lábios de um vermelho escarlate, boca grande, dentes alvos, abundância de pelos e de cor negra, desenvolvimento das partes sexuais, estão também sujeitas a sofrer desta neurose". E ele não estava só. Muitos mais pensavam que a histeria era decorrente do fato de que o cérebro feminino podia ser dominado pelo útero. Júlio Ribeiro, em seu romance naturalista *A carne*, de 1888, põe na boca de um dos protagonistas, Barbosa, a certeza de que fora deixado por sua amante, Lenita, pois esta, possuidora de um cérebro fraco e escravizado pela carne, tornara-se histérica. Na versão de outro médico, o dr. Henrique Roxo, a excessiva voluptuosidade da mulher era facilmente detectável por um sintoma óbvio: "eram péssimas donas de casa".

Das teses de Medicina ao romance e destes para as realidades nuas e cruas do Hospício Nacional dos Alienados, a verdade era uma só: a sexualidade feminina era terreno perigosíssimo e era de bom tom não confundi-la com sentimentos honestos. Menos ainda, amor. A iniciação a práticas sexuais seguidas do abandono do amante levava à degeneração feminina. Acreditava-se que, uma vez conhecedora de atividades sexuais, as mulheres não podiam deixar de exercê-la, como vemos no romance de Aluísio de Azevedo, *Casa de pensão*: viúva, Nini passa a ter sintomas de histeria. A não satisfação do desejo sexual cobrava um preço alto. A paixão por outros homens que não o marido, ou seja, o adultério, também aparecia aos olhos dos médicos como manifestação histérica. Os remédios eram os mesmos há 200 anos: banho frio, exercícios, passeios a pé. Em casos extremos, recomendava-se – pelo menos em tratados médicos – a ablação do clitóris ou a cauterização da uretra.

Perseguiam-se as histéricas e ninfômanas e também, como já viu o leitor, os masturbadores. Debruçados sobre a sexualidade alheia, examinando-a em detalhes, os médicos, por sua vez, terminam por transformar seus tratados sobre a matéria no melhor da literatura pornográfica do período.

Livros para se ler apenas com uma das mãos

Já que tocamos nesse assunto, o que dizer, leitor, desses livros que – como já falou alguém – se liam com uma mão só; a outra? Bem... a outra estava ocupada onde se pode imaginar. Estudos recentes demonstram que no extenso universo de leituras da segunda metade do século XIX não faltaram os chamados "romances para homens". Na forma de brochuras com numerosas gravuras e estampas, os textos eram um sem-fim de prazeres e gozos.

No entender de um médico, o problema era evitar que tais leituras, capazes de despertar "curiosidades terríveis", caíssem nas mãos das mulheres. Era lendo tais histórias e comentando com as amigas, prevenia o jurista Viveiros de Castro, que o espírito de Safo cooptava adeptas. Tais livros "sujos", "imorais" e "torpes" inspiravam-se em toda a sorte de temas. A vida amorosa dos grandes homens era um dos preferidos: *Cartas pornográficas de D. Pedro I*; *Lopes e Lynch nas matas do Paraguay*; *Os amores secretos de Pio IX*. Os amores conventuais continuavam na moda como se pode ver pelos *Serões do convento*, *Suspiros de um padre ou a crioula debaixo da cama*, *A mulher e o padre*. Não faltavam títulos mais picantes como *Amar, gozar, morrer. Os prazeres do vício*; *Gritos da carne*; e *História secreta de todas as orgias*, entre outros. O assunto da mulher adúltera, virgem, devassa ou pertencente às altas rodas de prostituição também figurava entre os *best-sellers*: *Eva*, *Carmem*, *Isaura*, *Júlia de Milo*, *A divorciada*, *A mulher do doutor*, eram das tantas que não deixavam a imaginação dormir.

Muitos textos limitavam-se a descrever uma sucessão de cópulas. Palavras chulas traduzidas em histórias francesas, como "pica", "caralho", "porra" eram cuidadosamente substituídas por autores portugueses e viravam "varinha de condão", "lança", "instrumento", "furão" ou um nada sensual "apêndice varonil" que, na descrição de um autor, ficava assim: "[...] a língua de Joana tocando ao de leve, os apêndices do querido cetro, causava-lhe um prazer que se traduzia na rapidez dos movimentos e nos suspiros que soltava". O excesso de cenas libidinosas não dava lugar para mais nada. Desejos secretos e fantasias femininas depois de realizadas eram seguidas de cruéis castigos. Embora não fizesse parte da safra pornográfica, *O primo Basílio*, de Eça de Queiroz, publicado em 1878, por descrever um encontro de Luíza com Basílio, foi considerado bastante escandaloso para ser incluído na lista das "leituras para homens". O fato de a personagem sentir "um luxo radiante de novas sensações" – leia-se, ter um orgasmo – bastou!

Em qualquer situação de leitura, trair o aconchego amoroso da vida conjugal para se prodigalizar, solitariamente, prazeres proibidos não podia terminar se não com um fim trágico. Emblemática é a história *Amar, gozar, morrer*, vendida a 3 mil réis na livraria Cruz Coutinho, da capital. Nela, a jovem Amélia, um primor de *voyeurismo*, tem sua iniciação sexual com a mãe adotiva, uma bela e jovem condessa. As várias passagens homossexuais eram indicadas por subtítulos do tipo, "O que faziam duas mulheres novas e belas em uma noite de primavera". Apesar da sucessão de "noites de lubricidade", o texto não deixa dúvidas: o "verdadeiro idílio" só ocorre com a penetração do membro masculino. Mas enquanto ele não chega, eis o que vivia a jovem Amélia:

> Oh! Deuses imortais, o meu desejo realizara-se. Os seus lábios tocavam-me pela primeira vez, a mais sensível parte do meu ser. Junto da minha boca tinha a condessa sabido colocar idêntico lugar. Os lábios rosados, semi-abertos, pareciam sorrir-me unindo-se-lhe aos meus [...]. Então sucederam-se as convulsões, os suspiros, os êxtases. Então não podendo articular uma só palavra, sob pena de nos privarmos de tanto gozo, concentrávamos toda a nossa atenção naquele ponto. Sentia-me desfalecer, a língua da condessa matava-me [...]. O prazer era superior às nossas forças e caímos desfalecidas sem poder articular o mais breve som.

Por força de tantos prazeres, a gentil condessa vê os cabelos ficarem brancos, o peito, mirrado, os braços descarnados, apesar de ter apenas 25 anos. Estava perto do "sopro da morte". E para evitar o mesmo fim trágico para Amélia, avisa-lhe: "Os combates do amor foram criados para indivíduos de sexo contrário. Esses cansam, fatigam, mas não matam... Foge das mulheres, minha filha, tens em mim um terrível exemplo, sofro muito... muito". A lição de moral, como vê o leitor, tardava, mas não faltava. E podiam ter como alvo as recém-internadas nos colégios elegantes para moças, sob a direção de religiosas francesas e belgas, palco para amizades amorosas, que começavam com a proteção das mais velhas às novatas. Aconselhadas para dias de "impotência e fraqueza" – que o *Elixir do Pajé* não resolvesse –, tais leituras foram certamente de grande utilidade para o contingente maciço de imigrantes que chegou aos portos brasileiros, na segunda metade do século XIX. Encontraram aí um quadro desproporcional entre homens e mulheres, tendo de se satisfazer com os livros e... a mão mesmo.

Homossexualidade e doença

A personagem Amélia não era um caso isolado. Na mesma época, a medicina legal começava a desenhar o perfil do "antifísico": um tipo humano relacionado a determinadas formas de animalidade, entre as quais as relações homoeróticas. Imediatamente a seguir, a homossexualidade, associada a uma herança mórbida, tornava-se alvo de estudos clínicos. O homossexual não era mais um pecador, mas um doente, a quem era preciso tratar. Tudo podia começar com uma "amigação" em um colégio para rapazes. Aí, alguns tipos dengosos, quase sinhazinhas, na descrição de Gilberto Freyre, faziam-se notar pelos trajes de veludo, pelas sobrecasacas a Luís xv com rendas nos punhos, pelas golas de pelúcia dos casacos, muita brilhantina no cabelo, o extrato excessivo no lenço, adereços que os tornavam objeto de escárnio por parte dos colegas.

Em seu livro *Attentados ao pudor: estudos sobre as aberrações do instincto sexual*, de 1894, José Viveiros de Castro, professor de criminologia na Faculdade de Direito do Rio de Janeiro empregou, pela primeira vez, um termo pejorativo: *fresco*. No capítulo intitulado "Pederastia", descreveu os frescos cariocas, referindo-se a homens que, em 1880, nas últimas festas do Império, invadiram o baile de máscaras do Carnaval no teatro São Pedro, localizado no largo do Rossio. Tal como outros intelectuais da época – físicos, políticos, advogados, intelectuais e artistas –, ele retratava os sodomitas modernos como homens efeminados que praticavam sexo anal como elementos passivos e ganhavam a vida com a prostituição das ruas. "Um destes frescos", diz Viveiros de Castro,

> como eram eles conhecidos na gíria popular, tornou-se célebre pelo nome Panela de Bronze. Vestia-se admiravelmente de mulher, a ponto de enganar os mais perspicazes. Dizem que chegou a adquirir alguma fortuna por meio de sua torpe indústria e que era tão grande o número de seus frequentadores, pessoas de posição social, que era necessário pedir com antecedência a entrevista.

Membros da classe médica, como o nosso já conhecido Ferraz de Macedo, ocasionalmente escreveram sobre o tema, combinando a tradicional aversão moral e religiosa ao homoerotismo com teorias do tipo: a homossexualidade se devia a distúrbios psicológicos; originava-se graças à falta de "escapes normais"; atribuía-se à "criação moral imprópria". Listavam-se as diferentes características dos "penetradores" e dos "penetrados". Era a moralidade e não a medicina, o remédio para lutar contra essa "aberração da natureza".

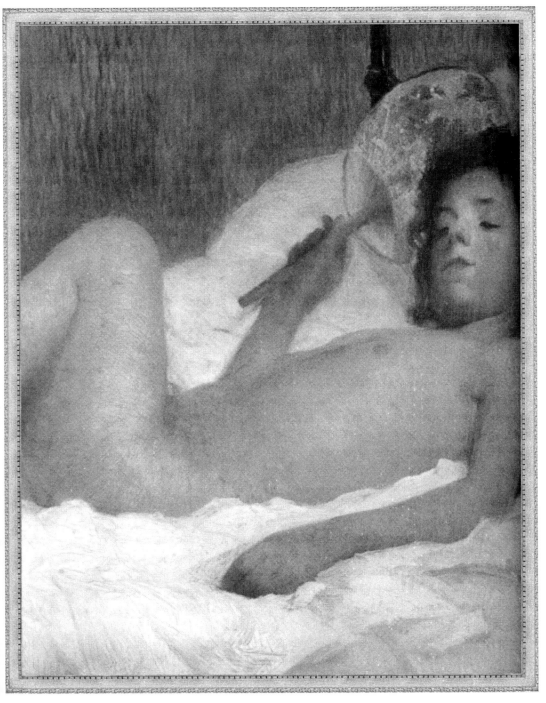
Ele ou ela? A doce espera na cama...

Segundo Ferraz de Macedo, esses homens tinham vocabulário próprio e sinais para efetuar suas "cantadas". Identificavam-se por conversas, gestos das mãos e "pouca serenidade e circunspeção". Gostavam de ficar à toa em lugares públicos, especialmente nas ruas mais movimentadas, em procissões religiosas – eles, tanto quanto os casais heterossexuais – em frente de teatros e durante romarias. Possuíam elegância, faziam questão de estar bem vestidos, portando camisas bordadas, lenços vermelhos ou azuis e gravatas de seda. Perfumavam os cabelos, usavam ruge e maquiagem pérola, portavam berloques e correntes de ouro. Enfim, signos "de um mundo depravado". A malícia e o antilusitanismo da época ficam evidentes na acusação que os comerciantes portugueses sofriam de fazer dos caixeiros suas "mulheres". Não faltavam notícias de jornais, como a publicada no *O Periquito*, de Recife, sobre os "tarugos", como eram chamados lá: "um moço de 16 anos, pardo", com uma cabeleira que se desprendia em grande trança.

"Vestia camisa de mulher, meias compridas e sandálias bordadas. Em seu baú foram encontrados retratos de alguns empregados do comércio, cartas amorosas etc.". Foi a época de um famoso Herotides, que dançava, em trajes típicos, em marchinhas e bailes pastoris, correntes em dezembro, ou de Atanásio, que à rua dos Ciganos, na capital, recebia desde o caixeiro ao senador do Império.

Os "frescos" também amavam. E é Adolfo Caminha quem, em 1895, publica seu segundo romance, *O bom crioulo*, com a história de um fanchono e seu amor por um garoto pubescente. Amaro, um escravo fugitivo, busca refúgio trabalhando em um navio da Marinha brasileira. Aí encontra Aleixo: jovem e delicado grumete, de pele clara e olhos azuis, por quem se apaixona. Quando em terra, Amaro monta casa – um quarto alugado – com Aleixo, onde vivem um relacionamento livre. Em viagem, Amaro não deixava de levar uma fotografia de Aleixo – o daguerreótipo ficara conhecido no Brasil, desde 1840 – imagem que, ao deitar, enchia de beijos úmidos e voluptuosos. Mas, como já viu o leitor, não há, nessa época, história assim sem final trágico. Pois Aleixo deixa-se seduzir pela senhoria – Carolina, uma ex-prostituta – e, roído de ciúme Amaro o mata. Ambos são vítimas, na tradição da época, do amor trágico, amor traído, amor impossível, amor de novela.

Amores de papel

Amor... Ama-se porque todo o período romântico ama. Ama-se o amor e não propriamente as pessoas. Apaixona-se, por exemplo, por uma moça que seria dona de um pezinho que, por sua vez, seria o dono do sapato encontrado. O amor

Ler romances era considerado muito perigoso: desencaminhava as meninas casadoiras, dando-lhes ideias erradas sobre o matrimônio, que, afinal, não podia ser por amor.

parece ser, como foi com o livro de Rousseau no início, uma epidemia. Epidemia que, ao contagiar as pessoas, lhes faz sofrer e suspirar no papel de apaixonadas. Tudo isso em silêncio, sem ação, se não as permitidas pela nobreza desse sentimento novo; suspirar, pensar, escrever e sofrer. Ama-se, então, um conjunto de ideias sobre o amor. A pessoa que ama aparece nas novelas como possuidora de uma força que a ajuda até a recuperar o caráter moral perdido, como é o caso de Seixas, no romance *Senhora*, de Alencar. Trata-se de um sentimento redentor. O amor é sempre vitorioso: Aurélia, no mesmo *Senhora*, vence porque tinha um bom motivo: o amor vence sobretudo o interesse econômico no casamento.

Em *Diva*, de 1864, José de Alencar faz a protagonista Emília descer de seu pedestal e lançar-se aos pés de seu amado. Antes de tornar-se sua esposa, confessa o amor com um arrebatamento que só devia ter espaço nas folhas dos romances:

"Sim, Augusto, eu te amo! [...] Já não tenho outra consciência de minha vida. Sei que existo, porque te amo."

Ao analisar o medo da dimensão amorosa e, em especial, do erotismo que a sustenta, o acadêmico Luís Filipe Ribeiro nos lembra que tal sentimento era visto como o caos do mundo moral. Onde ele reinasse absoluto, se perdia o controle da sociedade e das instituições. Só o rígido controle exercido por uma ética perfeitamente codificada poderia impedir a reversão de uma ordem considerada definitiva. Em tal quadro, a mulher que fosse apenas coração ou amor se tornava um ser ameaçador que devia ser tutelado pelo homem.

Os heróis sempre amam. No fim do século XIX e início do XX, o escritor Machado de Assis também desenvolverá outros temas importantes relacionados com o amor e a família, como o casamento por amor *versus* o casamento por aliança econômica, assim como o adultério. Nos primeiros romances, o amor que ele pinta é sufocado na alcova. A alcova é o espaço das emoções mais íntimas, das explosões de choro, da leitura de cartas e de romances proibidos. Heroínas como Estela, Guiomar e Helena, moças pobres, protegidas por mulheres mais velhas e ricas que as estimam como filhas, amam homens ligados por laços de sangue às suas protetoras. Se os amores não são proibidos, elas não podem amar livremente, pois há implícita uma noção de dignidade e favor. Aos olhos de Machado, as heroínas não podem dever mais do que devem a seus protetores. As que não morrem, se casam com maridos mais modestos. Entre amor e dignidade ergue-se uma barreira.

Após 1882, a família em Machado aparece como eminentemente urbana. Ela se restringe à mulher, ao marido e aos filhos e concentra as tensões no adultério. A gratidão dá lugar ao oportunismo. O amor passa do sufoco na alcova ao tédio. O casamento é ainda uma conveniência e passa a ser usado como degrau de ascensão social. O recato de heroínas antes fechadas em vestidos escuros torna-se sedução em decotes e enfeites. O recato cede ao exibicionismo. O círculo social amplia-se e a escola dos pares não se restringe aos frequentadores da casa. Mas o amor continua impossível: o amor cede ao desejo, mas não se encaixa na luta cotidiana das lutas de poder. O espírito calculista ganha em relação ao sentimento. A fonte de desejo é também a do cálculo.

Se o amor na literatura é algo distante e irrealizável, na vida de todos os dias ele ganha um aliado: a linguagem, como nos faz lembrar a viajante francesa Adele Toussaint-Samson:

> O amor faz dos brasileiros poetas quase sem exceção. A língua também favorece a poesia. Fiel e cruel, coração e ladrão, amá-lo e matá-lo, e ilimitado número de outras rimas facilmente se oferecem. Nas cartas amorosas, geralmente se segue a forma poética. Escritas no mais fino papel velino, dobram-se como leques, atam-se com fitas de seda e seguem o seu destino. Escravos e escravas, modos de vida, gosto e hábito favorecem as relações entre os dois sexos, e, apesar das moças de família serem vigiadas com o maior cuidado, não raras vezes conseguem burlar todas as preocupações e satisfazer seus desejos de aventuras.

Maneiras mestiças de dizer o amor

Ora, já sabemos, leitor, que cada época tem sua forma de dizer o amor, e sobre esta linguagem conta-nos mais a mesma Adele:

> A língua brasileira, com todos os seus diminutivos em zinha, zinhos, tem uma graça toda crioula, e jamais a ouço sem descobrir um grande encanto; é o português com sua entonação nasal modificada. A língua-mãe abastardou-se, evidentemente. "É uma espécie de patoá", dizem os portugueses. Não importa! Todas as suas denguices lhe caem bem e dão à língua brasileira um não-sei-quê que seduz mais ao ouvido do que a língua de Camões.

A francesa observa de que maneira nossas formas de dizer o amor se impregnavam, nesse período, de uma cultura mestiça e mulata. Já eram 300 anos de intenso convívio entre brancos, negros e índios, com suas múltiplas consequências, até mesmo os "barões de chocolate": expressão que designava mestiços abastados de origem africana, agraciados com títulos de nobreza por

D. Pedro II. As modinhas do poeta afro-brasileiro Domingos Caldas Barbosa, sucesso, desde o início do século, corriam de boca em boca. Ao som do violão, vozes femininas podiam cantar:

> Eu sei, cruel, que tu gostas
> Sim, gostas de me matar,
> Morro, e por dar-te mais gosto
> Vou morrendo devagar...
> Tenho ensinado a meus olhos
> Dos segredos a lição
> Sabem dizerem segredo
> A dor do meu coração.

Na segunda metade do século XIX, daguerreótipos e, depois, fotografias ilustram a ascensão social de mestiços, então como bacharéis, médicos, engenheiros, militares, entre outras atividades. Apesar do preconceito, não é raro deparar com eles, vestidos de sobrecasaca, anel grande e vistoso no dedo, mulheres com saias de refolhos e ar de grande senhora nos antigos álbuns do Império. O sangue negro ou índio corria nas melhores famílias e a influência africana começava com a mulata ensinando as crianças brancas a falar com a tal "graça crioula" dos diminutivos, observada pela viajante francesa.

A presença de intelectuais negros nas letras, em prosa, verso, jornalismo e oratória era grande e se fez sentir até antes da Abolição. Francisco de Sales Torres Homem é um exemplo típico. Filho de uma quitandeira no largo do Rosário, mulata por alcunha "Você Me Mata", foi um dos mais perfeitos estilistas românticos além de jornalista, deputado, diretor do Banco do Brasil e ministro do Império. A presença do mulato nas cidades, nos domínios e ofícios os mais variados, sua transição do mocambo ao sobrado de azulejo, teve influência no que o sociólogo francês Roger Bastide chamou de "representações coletivas da época". E, entre elas, representações sobre os sentimentos. O brilho das artes e a celebridade literária foi dentro das formas oferecidas pela cultura um dos instrumentos prediletos e realmente possíveis, usados por negros para superar a linha de cor e para dizer, de maneira singular, as coisas do amor. Por isso mesmo, no Brasil, "mulatismo" e bacharelismo – diz o sociólogo Luís A. Costa Pinto, especialista no estudo das relações entre brancos e negros – foram expressões quase sinônimas.

Segundo Bastide, tanto o artista, o poeta ou escritor mulato quanto o branco eram capaz de se deixar influenciar pela moda erótica da época. Ambos adquiriam uma alma de pastor enamorado, faziam da bem amada sua heroína, cantando-lhe a beleza do rosto ou dos pés. A passagem da Independência ao Império, ao mesmo tempo em que surgia o Romantismo, realiza um fenômeno de febre lírica que ultrapassa a aristocracia intelectual, se infiltrando nas classes operárias e camponesas. Em meados do século XIX, 26,4% dos poetas são egressos de classes médias, com presença importante de mestiços.

O romantismo é, sobretudo, o momento de eclosão da poesia afro-brasileira. Nela, homens como Laurindo José da Silva Rabelo fazem versos os mais apaixonados. Em *Suspiros e saudades*, ele canta a interpretação romântica de sua dor. Mas, de uma dor, segundo Bastide, mestiça pois branca, feita de saudade à moda portuguesa. Já em Cruz e Sousa, a busca subjetiva da cor branca é o tema de toda a obra poética. Quando o poeta ama, o objeto desse amor é a "mulher tudesca", branca, "da cor nupcial da flor de laranjeira", e loura, "com doces tons de ouro". E quando canta o amor à sua própria esposa negra, faz dela "um sonho branco" cuja alma tem a forma "singela e branca da hóstia". Para Tobias Barreto, o amor era um sentimento unificador: andava por onde quisesse, não se detendo nas barreiras de raça ou preconceito de cor. O sentimento fundia todos os povos em uma mesma etnia: a brasileira, segundo o entusiasmo de Bastide. Tobias Barreto também imagina um tipo de mulher ideal, que simbolizaria, em sua beleza perturbadora, o duplo encanto unido da branca e da negra. "Bastos crespos, cabelos de mulata / Sendo ela aliás de pura raça ariana / olhos de águia, mãozinhas de criança / boca de rosa e dentes de africana /... É esta a imagem que peguei num sonho / Sonho de amor febril e delirante". Não era o único: as modinhas mais populares, cantadas ou assoviadas, trombeteavam as qualidades físicas e amorosas das morenas e das mulatas, uma resposta, segundo Freyre, à mania de louras pálidas, vinda com a imigração. Não cantava Castro Alves a beleza das crianças louras?

É certo que mulatos se casavam com brancas, como foi o caso de Evaristo de Moraes ou de José do Patrocínio ("Meus amores são lindos, cor de noite / São formosa crioula, ou Tétis negra"). Mas, a não ser algumas exceções, trata-se da branca pertencendo à mesma classe social e identificada por sua posição humilde, à afro-brasileira. Daí, segundo Bastide, o sonho da branca aristocrática, espécie de fada impossível que se recusaria à solicitação amorosa vinda de um afrodescendente, sendo preciso usar a força para possuí-la. Na última fase do romantismo, há um rompimento com a ênfase no branqueamento e Luís Gama, filho de escrava, ex-escravo e fundador da literatura de militância negra entre nós, escrevia:

> Ó musa da Guiné, cor de azeviche
> Estátua de granito denegrido...
> Empresta-me o cabaço de urucungo
> Ensina-me a brandir tua marimba
> Inspira-me a ciência da candimba
> Às vias me conduz d'alta grandeza.

O negro – conta-nos Bastide – protestou contra a afirmação do branco de que conhecia apenas o desejo sexual, a violência das relações afetivas. Ele lutou contra o estigma de ser o estuprador em potencial, o responsável maior pelo medo dos brancos, deixando-nos as mais deliciosas canções de amor:

> Vancê me chama de pretinho
> Eu sou pretinho dengoso
> Pimenta-do-reino é preto
> Mas não dicomê é gostoso
> Vancê me chamou de feio
> Cabelo de pichaim
> Asssim mesmo eu sendo negro
> As moças gostam de mim.

O poeta mulato apresenta-se como alvo do desejo da senhora branca, que para ele é como uma deusa caprichosa e amável, pela qual seria agradável languescer e morrer: "Ah, se meu sinhô morresse / Eu tinha muita alegria / E casando com minha senhora / Tomava conta da forria / Bravos sinhá moça / Bravos assim...". Ou o poema de Antonio Pinho, "Quando eu vinha lá de baixo / que meu sinhô me comprou / Eu já vinha namorando / como sinhá de meu sinhô". Ficavam mais e mais evidentes, formas mestiças, sincréticas, misturadas, enfim – assim como nossa sociedade –, de falar de amor.

Um século hipócrita?

Tempo de desejos contidos, de desejos frustrados, o século XIX abriu-se com um suspiro romântico e fechou-se com o higienismo frio de confessores e médicos. Século hipócrita que reprimiu o sexo, mas foi por ele obcecado. Vigiava a nudez, mas olhava pelos buracos da fechadura. Impunha regras ao casal, mas liberava os bordéis.

É verdade que ao longo da centúria um novo código amoroso se elaborou, sobretudo a partir da segunda metade, com a onipresença do amor romântico nos romances e em outras formas de escrita e leitura. Meditava-se sobre o amor, atrás da fumaça dos charutos ou enchiam-se pequenos cadernos de anotações, como fez certa Maria Werneck, no tempo dos barões fluminenses ou D. Sinhá, em um engenho de Sergipe. As memórias íntimas desta última, que atendia por Aurélia Dias Mello, nascida em Vaza Barris, em 1863, ternamente registravam sobre o marido: "Gonçalinho sempre muito delicado e afetuoso". Sem mais, essa era uma união muito feliz!

A despeito do discurso romântico, o casamento era organizado como uma verdadeira camisa de força social: havia um ativo mercado matrimonial no qual, como viu o leitor, numerosas Julies tiveram de se curvar à vontade da família. A cerimônia tinha lugar, depois de curtos noivados, em que a discrição e o afastamento dos corpos, prenunciava, na maioria dos casos, o futuro comportamento conjugal. A burguesia emergente, nas grandes capitais, somada aos senhores de terras e entre eles a aristocracia rural, distinguia dois tipos de mulher: a respeitável, feita para o casamento, que não se amava, forçosamente, mas em quem se fazia filhos. E prostituta, com quem tudo era permitido e com quem se dividiam as alegrias eróticas vedada, por educação, às esposas. Nas camadas médias, se, em princípio, interesses familiares não estavam em jogo, a busca de um dote, mesmo que modesto, não era descuidada.

Em uma sociedade escravista, as mulheres livres e trabalhadoras também tinham suas vantagens, pois suas economias sempre significavam uma promessa de vida melhor. O concubinato continuava largamente disseminado e a união dos casais era postergada por várias razões: os custos da cerimônia, as dificuldades de instalação da moradia e, até mesmo, o custo da festa se pesava. Na base da pirâmide social, não havia estratégias familiares. A endogamia em determinados grupos – inclusive de escravos – era elevada, mas a vinda de imigrantes europeus começava a impor novos relacionamentos. Não foram poucos os brasileiros que se casaram com europeias ou anglo-americanas, misturando-se até – o que era raro – católicos e protestantes. Também há casos de mulatos que optaram por esposas estrangeiras. Os adultérios masculinos – mal inevitável a suportar, então – eram comuns, pois o culto da pureza só acentuava a distância entre marido e mulher.

Interditos sexuais, ditos e não ditos, regiam a vida de milhares de homens e mulheres. Casada, a mulher passava a pertencer a seu marido e a ele só. Qualquer interpretação equivocada de condutas reais ou supostas era severamente punida; ela não pode sequer dar lugar a dúvidas infundadas, pois o peso da reputação era importantíssimo. Deixava-se de lado todo assunto ligado a sexo. O sistema se autoalimentava. A mãe instruía à filha nesse espírito e depois a entregava a um homem. Para a jovem, uma boa união de interesses era a apoteose de sua boa educação e a entrada no mundo adulto. Discrição, delicadeza, amabilidade, tais princípios ditavam a vida da mulher em sociedade. Centralizava-se o imaginário feminino na questão do pudor. As mulheres não deviam se olhar no espelho, nem mesmo na água das banheiras. Em compensação, os espelhos atapetavam as paredes dos bordéis. As mulheres conheciam mal seu próprio corpo e toda a evocação da feminilidade – as roupas íntimas, por exemplo – era malvista. O corpo era coberto, protegido por laços, nós, botões. O pudor obsessivo, a complicação das roupas, tudo isso tinha efeitos perversos: um erotismo difuso fixava o olhar masculino nos ombros, no couro das botinas, na fineza dos pés, nos cabelos longos.

> Enquanto exigia-se recato absoluto entre as jovens da elite, na corte o "mau exemplo" era evidente. Pesquisa realizada pelo Arquivo Nacional revelou, até agora, cerca de 43 filhos bastardos do imperador D. Pedro I. Seus amores eram públicos e notórios, como revelam as impressões do ex-oficial austríaco Carl Schlichthorst, de passagem pela Guanabara entre 1824 e 1826:
>
> "A primeira camareira de Sua Majestade a imperatriz, a paulista Domitila de Castro e Canto, viscondessa de Santos, é a amante declarada do imperador. Distingue-se pelo rosto regular e formoso e pela desusada alvura da tez. Não lhe falta bastante gordura, o que corresponde ao gosto geral. Já a abandonou a primeira floração da mocidade, mas os olhos nada perderam de seu fulgor e uma porção de cachos escuros emoldura-lhe as lindas feições. É uma mulher verdadeiramente bela, de acordo com a fama de que gozam as paulistas. Seu marido é general e tem um comando nas províncias do sul. Pouco tempo depois do nascimento do príncipe herdeiro ela deu à luz um filho, que morreu em breve, reconhecido pelo imperador com o nome de duque de São Paulo. Por um decreto posterior, a filha que dela teve Sua Majestade, Maria Brasileira, foi nomeada duquesa de Goiás. O jornal *Spectator* contou que a criança fora apresentada à imperatriz e esta a beijara com sentimento maternal. Essa folha servil, editada pelo tipógrafo da corte, Plancher, tendo como redator o padre Sampaio, fez nessa ocasião edificantes observações: que era belo os grandes príncipes tentarem reparar erros cometidos como homens, de maneira tão brilhante, o que, em todos os tempos fora muito proveitoso para as nações [...] quem

Alvo da paixão incendiária que abalou o casamento de D. Pedro I, chegando a ser assunto de fofoca nas cortes europeias, a marquesa de Santos tinha, aparentemente, pouco dos atributos que hoje designariam uma mulher por quem se perde a cabeça. Seus olhos, segundo testemunhos de época, eram a janela de uma alma enfeitiçadora.

fizer questão de possuir um retrato muito parecido da festejada D. Domitila faça vir de Paris uma estampa que traz a legenda – O querido Brasileiro Dia – na qual está alegoricamente representada a Independência do novo Império do Brasil. Sobre despedaçados grilhões de escravos e serpentes calcadas aos pés, vê-se o jovem D. Pedro, com uma encantadora americana que se lhe atira nos braços. A bela condessa é o original dessa figura. Não me atrevo a afirmar que tenha posado para o pintor nos mesmos trajes com que na gravura se apresenta.

Na cidade e nas províncias, muitas crianças reclamam a honra de ter sangue real. Sua Majestade não lhes dá importância. As mais lindas mulheres aspiram ao seu afeto e dizem que ele raramente deixa alguma padecer sem ser atendida. A verdade é que D. Pedro não é muito delicado em sua escolha, nem pródigo em recompensar o gosto recebido. Várias francesas da rua do Ouvidor, o Palays-Royal do Rio de Janeiro, têm essa experiência.

Como as borboletas de seu Império, o monarca esvoaça de flor em flor. Apenas a condessa de Santos conseguiu prendê-lo dura-douramente, não só vencendo a sua volubilidade como o seu pendor, herdado do pai para a economia. Por ocasião do nascimento do duque de São Paulo, ele a presenteou com um adereço avaliado em 4 milhões de cruzados e agora está construindo, em frente ao Paço da Boa Vista, um palácio para ela, no qual seu gosto, como arquiteto se patenteia do mesmo modo brilhante e genial como se mostrou compositor do Hino Nacional.

O povo que essas desusadas constância e prodigalidade espantam, afirmam que ela fez um feitiço para o imperador, o enfeitiçou como se diz em boa linguagem brasileira, o que seria ridículo na Europa, onde nem o sonambulismo consegue medrar. No Novo Mundo, a crença em meios sobrenaturais e simpatias está comumente espa-lhada, o êxito a favorece e o mais despreocupado observador depara fenômenos que abalam suas convicções sobre a natureza. Poucas pessoas recusam a crer nessas coisas."

Assinando-se "seu fogo, foguinho" ou "o Demonão", D. Pedro manteve com Dona Domitila de Castro correspondência na qual, como dizia seu biógrafo Alberto Rangel, se multiplicavam fáceis proposições de ordem amorosa: "representam elas tudo aquilo em que o trato íntimo se alimenta e se desata, mas enterrado na fórmula da mais exasperante das banalidades". Algumas delas, seguiam acompanhadas de pequenos rabiscos sugestivos, como a que se pode ver no Museu Imperial de Petrópolis: um pênis ejaculando assina junto com o nome do imperador. No início do romance, D. Pedro I empregava expressões carinhosas como "Meu amor e meu tudo" ou "Meu amor, minha Titila"; alterando, com o passar do tempo para, um recatado "Minha querida filha" ou, na fórmula consagrada, "Minha amiga"; até acabar em um distante "Querida marquesa" ou, ainda, um singelo "Filha".

"Minha querida filha e amiga do coração.

Ainda agora te respondi como imperador, agora te escrevo como teu filho, amigo e amante a mostrar-te que estou saudoso de ti, pois me lembro do ano passado em que tive a ventura de estar contigo. Minha filha, já que não posso arrancar meu coração para te mandar, recebe esses dois cabelos do meu bigode, que arranquei agora mesmo para te mandar. Eu estou hoje num estado de tristeza e melancolia, com saudades tuas, além de toda a expressão. Adeus minha filha, aceita o coração dilacerado de saudades tuas que te oferece este teu desgraçado filho, amigo, amante, fiel, constante, agradecido e verdadeiro.
O Imperador"

Carta de D. Pedro I à marquesa de Santos, 12.10.1827.

Este é um exemplar raríssimo de carta feminina, encontrada no Instituto Histórico e Geográfico Brasileiro, escrita durante a Guerra dos Farrapos (1835-1845) no Rio Grande do Sul. A signatária assina-se como saudosa "Comadre e amante".

FARRAPOS

"Compadre a quem muito estimo

Águas Belas 18 9^{bro} de 1840.

Ao fim de tanto tempo recebi uma carta sua na qual me diz ter-me escrito várias e que de nenhuma tem tido contestação, quando a única que recebi foi com data de 17 de 7^{bro}, imenso foi o meu prazer por saber de sua saúde, muito mais dando-me esperança de que muito breve terei a satisfação de lhe ver.

A comadre Fabiana, Chana, Angélica, Ritta, Anicota, saudosos se recomendam juntamente, e juntam sua sobrinha Marucas e todos ansiosos esperam pelo momento de o ver, e também o seu compadre que saudoso se recomenda.

Meu compadre aceite o saudoso coração de sua comadre, amante obrigada e criada.

Claudina Marcolina Barcellos"

"Príncipe dos poetas" brasileiros, Olavo Bilac nasceu no Rio de Janeiro, em dezembro de 1865, na rua Uruguaiana. Inicialmente estudante de Medicina e depois de Direito, em São Paulo, Bilac tudo deixou para se dedicar à carreira jornalística e literária. Ele nunca se casou. Foi noivo de Amélia de Oliveira, irmã do parnasiano Alberto de Oliveira. Desfizeram o compromisso por oposição de outro irmão da noiva, que não acreditava no futuro de um poeta. Mais tarde, foi noivo da filha de um violinista. Noivado que também não levou adiante. Talvez, por isso, muitos comentários surgiram sobre sua vida pessoal. Mas consta que Bilac e Amélia se mantiveram apaixonados por toda a vida e que, na morte do poeta, em 1918, ela o amparou nos braços, colocando sob sua cabeça um travesseiro recheado de mechas do seu cabelo.

"Amélia

Amo-te, amo-te! Como é bom poder enfim dizer o que nos enchia o coração. Amo-te, amo-te cegamente, loucamente, mais que a tudo! Amo-te porque és para mim a melhor, a mais pura, a mais santa de todas as criaturas. Amo-te, porque, tu, meu orgulho e minha vida, foste a única mulher que me soube fazer conhecer toda a divina delícia, toda a suave tortura do verdadeiro amor.

Amei-te no primeiro dia em que te vi; amei-te em silêncio, em segredo, sem esperança de te possuir e sem refletir. Não quis saber quem eras, nem quis saber se me poderias amar; amei-te e amo-te cada vez mais. Estou em S. Paulo por tua causa. Trabalharei, farei sacrifício de tudo, lutarei contra tudo, mas juro-te que serás minha, inteiramente minha, unicamente minha! Amo-te! Amo-te! Amo-te!

Olavo"

Entre o fim do século XIX e o início do XX, Curitiba era o polo regional do Paraná que manifestava suas qualidades por um grande número de publicações periódicas e de livros escritos por filhos da terra. Um desses periódicos chama a atenção pela profusão de opiniões transmitidas e assuntos abordados. Trata-se d'*O Olho da Rua*, revista quinzenal, que circulou em Curitiba e vizinhanças, de 1907 a 1911. Nela, um grupo de escritores que tinha em comum seu amor pela arte deixou suas impressões sobre numerosas questões, inclusive o amor. O pesquisador Cláudio Denipoti revelou pistas interessantes a respeito da identificação masculina que então existia sobre sentimento e casamento. O amor é descrito no melhor estilo romântico do século XIX – "o amor, o verdadeiro amor é raro como o corvo branco" – sendo apresentado como o marco instaurador de toda e qualquer arte. O casamento é, uma vez que se identifica com esse tipo de amor, uma atitude de peso paquidérmico. Por exclusão, pode-se entender que qualquer casamento que ocorra sem a devida equação com esse amor é um dos "caprichos naturaes do egoísmo". Mais ainda, é recheado de sentimentos vulgares, e não de "impulsos nobres da alma". É, enfim, o terreno do maldito, o espaço das experiências baratas, a terra da perdição – "é um caso perdido" –, é o inferno... dos homens. Dificilmente a felicidade – entendida como a satisfação de desejos sexuais em uma relação afetiva profunda – dá-se dentro do casamento. Exceções são feitas ao período inicial, sobretudo na primeira noite, quando efetivamente se atinge um certo grau desta felicidade, em um misto de inocência e malícia.

"– Entre... – balbuciou o noivo, a voz tremula de emoção.
Ella hesitou:
– Entre... – repetio amoroso.
Ella hesitou ainda:
– Entre... – disse mais terno.
Ella avançou tímida.
[...] A lingueta do fecho, lubrificada, deslisou doce.
Sós!... E a luz desmaiou pudica... penumbra discreta dos quartos nupciais... Supplicas e beijos envoltos num murmurio subtil como as brisas mansas. Arrulhos amorosos quaes nos pombaes felizes...
[...] E ella sentio ao ouvido, baixinho, mas febril, uma supplica jamais ouvida. Seos labios tremeram e sua voz tremeo, mas ella, num cicio quasi imperceptível, acedeu:
– Sim...
E o noivo foi tirando a grinalda e o vestido setineo desabotoando. Em breve o collete cor de rosa foi posto também sobre um móvel. E os seios saltaram indiscretos, gentis, como no ninho quente e macio, saltarem passaritos implumes, de bicos rosados...
Ella os quiz occultar, mas elle já os tinha beijado...
Enfim..."
A luz da lampada desmaiou mais e mais, num último alento, moribunda.
Enfim..."

Faria, Roberto. "Enfin Seuls". O olho da rua. Curitiba, a. i, n. 11, s./p., 07/ set./ 1907.

SÉCULO XX

Da modinha à revolução sexual

Mudanças de corpo e alma

Na passagem do século XIX para o XX, enquanto consolidava-se entre nós a República, é lentamente percorrido todo um pedregoso caminho para que os indivíduos ousassem se libertar da influência da religião, da família, da comunidade ou das redes sociais estabelecidas pelo trabalho. Como já se viu, novos comportamentos tiveram início, no fim do XIX, comportamentos marcados por enorme transformação social e econômica. Essa corrente influenciará as formas de viver e pensar, provocando, no meio do século XX, uma fenomenal ruptura ética na história das relações entre homens e mulheres. Pouco a pouco, pioneiros anônimos engajam-se nessa via. E eles vão dissolvendo, passo a passo, os modelos que lhes eram impostos; e vão correndo cada vez mais riscos. E as mulheres – essa é de fato uma mudança – começam a dizer cada vez mais "não". Gradativamente, também, o bê-á-bá do casamento muda. Os casais começam a se escolher porque as relações matrimoniais tinham de ser fundadas no sentimento recíproco. O casamento de conveniência passa a ser vergonhoso e o amor... bem, o amor não é mais uma ideia romântica, mas o cimento de uma relação.

Vamos, contudo, olhar de perto porque tantas mudanças influenciaram os comportamentos. Na transição do século XIX para o XX, o país foi inoculado pelo dinamismo que atingia a economia internacional. Tais mudanças, explica o historiador Nicolau Sevcenko, afetaram a ordem e as hierarquias sociais, as noções de tempo e de espaço, seus modos de perceber os objetos e, mesmo – o que nos interessa aqui –, a maneira de organizar as afeições ou de sentir os outros seres humanos. Nunca, em período anterior, tantas pessoas foram envolvidas em um tal processo de transformação de hábitos cotidianos, convicções e percepções, influenciadas, querendo-se ou não, pela expansão do capitalismo: a energia, o petróleo, os altos fornos, o desenvolvimento da indústria química e metalúrgica, e também da bacteriologia e da bioquímica, os impactos de novas medidas de higiene e profilaxia, isso e muito mais influenciou definitivamente o cotidiano, bem como controle de doenças, da natalidade e prolongamento da vida. Surgem os veículos automotores, os transatlânticos, os aviões, os telefones, os utensílios eletrodomésticos, o rádio, o cinema e a televisão, a anestesia, a penicilina etc. O impacto dessa revolução científico-tecnológica se fez sentir nos hábitos do dia a dia e, por conseguinte, nas formas de relacionamento.

"Época de transição e de modernização", disse Gilberto Freyre. Tudo muda: passa-se do penico ao *water closet*, do moleque de recados ao telégrafo, do guarda-comidas com tela de arame à geladeira, da escarradeira ao cinzeiro, do banho de cuia ao chuveiro, do carmim ao *rouge* no rosto das senhoras, da lamparina a óleo ao lustre de cristal, da camisola de dormir ao pijama para homens, do *tilbury* para o táxi, da cadeira de balanço para a espreguiçadeira de lona, do carneiro para o velocípede, do presépio para a árvore de Natal, do Menino Deus para Papai Noel, da botina para o sapato, do entrudo ao Carnaval e ao *bal masqué*, do colarinho duro ao mole, da caligrafia para a datilógrafa, do suspensório ao cinto. É a voga, diz Freyre, do porta-retrato, do iodofórmio, da pistola Mauser, do almanaque e da charada, da Emulsão de Scott, do perfume Houbigant, do espelho *bisauté*, das Kodaks, do binóculo para o *turf* e o teatro, dos *garden-parties*, do *foot-ball* como jogo nacional, do chope, da *demi-tasse*, do chalé alpino nas serras, do carro Ford, da devoção à Nossa Senhora de Lourdes e à Santa Teresinha, dos sanatórios e da homeopatia, de cartomantes, como a famosa Madame Zizina, na capital, do *five o'clock tea*, do Bromil e da Saúde da Mulher, das regatas e *meetings*. Estabelece-se uma rivalidade com a Argentina: quem tinha avenidas mais largas? Maiores docas? Quilometragem e aparelhamento de estradas de ferro? Quem tinha mais transporte urbano, instalações sanitárias e hotéis, teatros ou armamentos de terra, mar e ar?

A caricatura social consagrava, então, as figuras do Zé Povo, de "o Brasil", representado por um índio, de "a República" – recém-proclamada –, representada por uma mulher de barrete frígio, da Bahia, por uma baiana gorda e fazedora de angu, de Pernambuco, representado por um leão, do Rio Grande do Sul, com seu gaúcho de poncho e botas; e ainda de figuras como "o capoeira", o "pelintra" e o "parlamentar", sob a forma tão atual de um papagaio falante e comedor de milho e, finalmente, o capitalista inglês, de terno xadrez e suíças. Aos nossos avós impõe-se também uma atitude diante das guerras que se desenrolavam em diferentes partes do mundo: França e Alemanha em 1870; Inglaterra contra os *boers* da África do Sul; Estados Unidos e Cuba e Rússia e Japão. Os brasileiros torciam pelos últimos a quem chamavam "amarelinhos" e a quem identificavam com o nosso caboclo. Na Primeira Guerra Mundial (1914-1918), as paixões iam para a França.

Nas primeiras décadas do século xx, algumas capitais de estados sofrem reformas urbanísticas, metropolizam-se, criam novos espaços de entretenimento, onde se cruzam, para o bem ou para o mal, homens e mulheres. Surgem plateias para todo o tipo de serviço cultural: circos, teatros, cinemas, auditórios de rádios. A "plebe" ou o povo – trabalhadores, operários de fábricas, agitadores antissociais, ambulantes, biscateiros – também construirá espaços de lazer. Misturadas a ele, as "classes perigosas": marginais, malandros, bicheiros, capoeiras, proxenetas. No meio, espremia-se uma pequena classe média, composta de funcionários públicos, profissionais liberais, comerciários. Salários, grandes ou pequenos, porém regulares, incentivavam o consumo de produtos, nos quais o amor estava sempre presente; filmes que se rodavam precocemente, libretos de burletas, letras de músicas reproduzidas em discos que giravam em "radiolas" e nos programas de rádio, teatro de revista com suas ondulantes bailarinas.

A vida de brasileiras e brasileiros era então fortemente influenciada pela industrialização, pela imigração de europeus não ibéricos e alguns não católicos e pela urbanização, tendências essas que então se acentuaram, com repercussões consideráveis sobre as principais áreas do país. Um desses aspectos foi a substituição da prostituição doméstica, ao fácil alcance da organização patriarcal, pela urbana e estrangeira acompanhada pelo caftinismo: fenômeno novo na vida brasileira, a inspirar autores como Graça Aranha, José Veríssimo, Adolfo Caminha, Viveiros de Castro ou João do Rio.

Não foram poucos os adolescentes que, ainda impregnados de tradições rurais, tradições preparatórias ao ato sexual pleno, fracassaram quando obrigados, em cidades ou capitais, a se iniciar no amor físico com estrangeiras ruivas e de falar arrevezado. "*Mon petit,* não bebe parati *non...*", aconselhava a mais célebre cafetina da capital, certa Suzana, que envelheceu no Brasil, assistindo piedosamente à missa. Foi Di Cavalcanti que em suas memórias recorda uma Sofia, polonesa de cabelos de fogo, em cujos braços não só aprendeu a fazer amor como ouviu advertências: "não andar com mulheres sujas" e ter cuidado com a saúde. Outras tantas Sofias concorreriam para melhor higiene sexual de rapazes e homens que, apesar do medo da sífilis, eram bem descuidados como o foram Raul Pompeia, Emílio Cardoso Ayres e Santos Dumont. Chegava amorosamente nos braços destas "Mimis" a consciência sanitária; uma das características do início do século de que foram apóstolos Osvaldo Cruz, Carlos Chagas e João Daudt Filho, entre outros.

Na outra ponta dessa educação amorosa, corriam duas tendências: "as verdades dos evangelhos" propaladas pelos protestantes e os preceitos de "pureza sexual", irradiados pelos pioneiros das Associações Cristãs de Moços. Cruzadas em favor da "mente sã em corpo são" contaram até com o apoio de Joaquim Nabuco, em conferência proferida em Minas Gerais. Um dos objetivos era despertar nos jovens preocupações por esportes e outras atividades que os afastassem das precoces aventuras sexuais. Em viagem e livro sobre o Brasil, um religioso francês, o padre L. A. Gaffre registrou suas impressões sobre a "liberdade fantástica" que aqui desfrutavam os jovens. Penalizado, o autor de *Visions du Brésil*, dizia que "não havia mais entre nós reuniões familiares íntimas que os prendessem às casas. Daí não lhes restarem outras distrações senão as da rua e as de certos centros de atração que não são mais moralizadores no Brasil, do que em outros lugares". Os pais, moradores do interior, viam seus filhos partirem para a cidade grande "*avec des tremblements*" ou seja, com tremores de medo. O declínio do patriarcado nessas regiões acentuava a fragilidade dos laços entre migrantes, no país. Pais ficavam no sertão ou na roça e filhos vinham para os centros em busca de estudo e trabalho.

Freyre lembra outras mudanças importantes. Aumentava o contingente de imigrantes italianos e alemães. Tornou-se crescente a urbanização da paisagem nacional, trazendo novos valores que iam substituindo aqueles, considerados

Belezas europeias viravam a cabeça dos sinhozinhos, donos de fazendas de café.

antiquados, do mundo rural, e trazendo também conflitos entre os representantes dos distintos grupos. As famílias que tinham em média 10, 12, 15 e até 20 filhos, começavam a ser ubstituídas pelas médias de 5, 6 ou 7 filhos. Troca-se à disparidade na idade entre cônjuges pela quase igualdade. Consagra-se o casamento civil, a liberdade de culto, a intensa vida de cafés e confeitarias, a leitura de simbolistas e naturalistas, a injeção contra a sífilis com o uso do 606 e do 914, substâncias tóxicas para o micróbio, mas que poupava seu hospedeiro. Jovens libertam-se dos pais e o casamento romântico tornou-se, nas áreas urbanas e rurais, o sistema dominante de consórcio.

Não faltava quem, no início do século xx, enxergasse nas diferenças até políticas razão para ter saudade da monarquia e dos casamentos endogâmicos do século anterior. Um exemplo? O caso ocorrido com D. Maria Vicentina de Azevedo Pereira de Queiroz. Ao casar-se com um republicano, ela que era filha de um ex-deputado conservador, recebe uma carta da baronesa de Jundiaí, monarquista convicta, que, além de cumprimentá-la, assinalava que "os republicanos fanfarronavam muito mas vinham buscar as noivas na toca dos cascudos". Coisas de antigamente, deve ter pensado nossa D. Maria Vicentina.

E também não faltavam discordâncias, em um país livre da escravidão desde 1888, para opinar sobre casamentos entre negros, mulatos e brancos: João Barreto de Meneses, filho de Tobias Barreto, dizia que os aceitaria "[...] sem a menor relutância ou pesar algum"; seria "uma atração de ordem físico-psicológica [...] nada veria eu que o pudesse impedir-lhe. Nem eu nem a sociedade". Também pensava assim o paraibano Tito Henriques da Silva: "Sou favorável à civilização misturada por negros, mulatos, caboclos, não fazendo questão de que pessoas da família venham a contrair casamento com alguém de cor". Já D. Isabel Henriqueta de Souza e Oliveira, baiana, não só se confessava antipática ao abolicionismo como dizia que qualquer mistura legal ou ilegal com alguém de "raça inferior" merecia censura. E não era minoria. Entre as mulheres que responderam a um questionário feito por Freyre, a maioria não queria filha ou irmã casada com "pessoa de cor". O paulista Júlio de Mesquita insurgia-se até contra o hábito de alguns "disfarçarem a carapinha, tornando os cabelos lisos, por meio mecânico". E concluía peremptório que "não aceitaria jamais o casamento de qualquer membro de minha família com gente indisfarçavelmente de cor".

Nas camadas desfavorecidas, o racismo colocava-se de outra maneira: pelo riso. Em 1933, pelas ondas do rádio, Gino Cortopassi fazia sucesso com um personagem português com sotaque carregado, o Zé Fidelis, que nem sempre escondia, por trás da fala lusitana, as rebarbas do ressentimento nascido dos processos de assimilação, então em curso. Em *O perfume da crioila*, paródia de um tango famoso, narrava, em formato milongueiro, seu próprio casamento com uma mulata brasileira:

> Eu namurei uma crioila bem pretinha
> cara dengosa, engraçadinha
> Mas ela tinha um cheirinho esquisitu
> De pombo assadu, de gato fritu.

Malgrada a convivência, nas grandes cidades, entre brancos e negros, entre morro e asfalto, apesar da moda das "cabrochas" e do sambista erudito, nas décadas seguintes o racismo continuava presente. Agora em novo formato: menos ditado pela cor e mais pelas diferenças sociais, econômicas e de educação. Eram tardias as uniões formais ou consensuais, entre quem se identificava como "preto". Era acentuado o celibato definitivo entre os homens. O casamento civil continuava sendo, apesar das mudanças chegadas com a República, "coisa de branco". No país da alardeada mistura racial, lembra a antropóloga Lilia Schwarcz, o nível de endogamia chegava a 79%. Quanto mais ao sul, maiores evidências de gente se casando dentro do mesmo grupo. Se a mestiçagem começava a aumentar – como atesta o crescente contingente de pessoas que se definem como pardas –, isso se devia às uniões entre homens negros e mulheres brancas. Essas levando vantagens sobre suas concorrentes pardas e negras.

Outro debate, na época, era sobre os direitos políticos e civis da mulher. Certo Aureliano Leite, mineiro, "achava ridícula", uma tal pretensão. Antônio da Rocha Barreto dizia que "quando chefe dos Serviço do Correio, a inaptidão das moças no tráfego postal" lhe confirmara que os direitos da mulher deviam ter suas restrições, pois elas eram "incompatíveis com certos encargos". Florêncio de Abreu, carioca criado no Sul, também não animava: "[...] a completa e perfeita igualdade dos dois sexos no que tange ao exercício das funções políticas ou públicas era antibiológica e antissocial". O gaúcho Manuel Duarte preferia a sua em casa, fora do "entrevero das paixões [...] fiel à sua grande missão providencial". A João Luso Torres "repugnava ouvir falar em sufragistas". O carioca Max Fleuiss queria só "o anjo do lar". Do outro lado, Alberto de Paula Rodrigues afirmava que "a chamada inferioridade feminina era fruto apenas de tradicional preconceito". Alfredo Rosa Borges era favorável, mas sem o cigarro na boca. Waldemar Ferreira, advogado paulista, era a favor desde seus tempos de estudante de Direito. "Justificáveis dentro dos limites da natureza e da psicologia feminina" é o que pensavam outros tantos senhores entrevistados por Freyre, sem deixar claro o que exatamente queriam dizer com isso.

Música e dança

No meio de tantas mudanças, as modinhas amorosas permaneceram. Rara a moça cujas memórias não incluísse letras chorosas do tipo "Adeus, Maria que de ti me ausento / Meu pensamento ficará em ti / talvez sonhando te veja chorando um dia por mim / Parte; talvez a sina ainda me traga aqui". Ou a famosa "Quisera amar-te, mas não posso, Elvira...". Dançar e cantar modinha era indício de felicidade para muitas delas. Ainda se faziam "versos amorosos", como contou Astrogildo Pereira, autor de sonetos aos 15 anos. Cronista dos primeiros anos da República, João do Rio lembrava que as modinhas nasciam de um balanço na rede, de uma notícia no jornal, do namoro e da noite. Seus autores, milhares de anônimos, cantavam "o soluço da paixão de muitos soluços", segundo ele:

> Talvez não creias que por ti sou louco
> Tens feito pouco porque tu és má
> Talvez duvides, mas, donzela eu juro
> Que amor tão puro como o meu não há.

Pelas ruas das cidades, diz João do Rio, bardos ocasionais da paixão, varejando botequins, bares e choperias, só tinham uma preocupação: cantar o amor. E sobre esse incansável lirismo amoroso, ele produz um parágrafo genial:

> O lirismo é uma torrente, uma catadupa a escochoar espumante entre as ideias dos bardos. Todos os estilos da veia lírica do povo soluçam e choram nas calçadas. Não é possível deixar de sentir uma infinita amargura, quando nos becos sórdidos, à porta de miseráveis casas, os soldados consentem que os trovadores cantem, loucos de amor, a pureza da mulher transviada.

E, segundo ele, cantava-se todo o tipo de amor: o trágico, o irônico, o lírico, o desconsolado, o mais desconsolado, o triste, o zangado, o idílico, o acanalhado, o descritivo, o trocista e até – enfatiza – o ideal. Mesmo com erros de metrificação e gramática, ao som de cavaquinhos e violões, cantava-se o amor feito de soluços e risos, senhor da vida e da morte.

Coisa do século anterior ainda viva no início do XX era o maxixe. Dança de negro, murmuravam alguns, mas boa de dançar e reveladora da comunicação entre salões burgueses e a rua. O bom do maxixe é que ele colava os corpos, a perna do dançarino entre as coxas da dançarina, juntando um sexo ao outro. O "miudinho" era um passo infernal que punha as cadeiras da mulher entre as coxas do homem. Longe ficava o cavalheiro a segurar a pontinha da luva da mão da moça; agora, ele apalpava as nádegas, mesmo. Dançados nos bailes populares chamados *puffs* – do inglês, dar-se ares de arrogância – era uma fusão da *habanera* e da polca europeia. Uma descrição dos "crioléus", espaços anteriores às gafieiras onde dançavam os libertos e trabalhadores pobres, nos deu Raul Pederneiras: tais clubes seriam famosos pelo desenfreado das danças contrastando com os grêmios associativos tidos em conta de comedidos e prisioneiros de preconceitos. Um viajante português nos deixou suas impressões – horrorizadas! – sobre tanta intimidade: "O maxixe... é o enlace impudico de dois corpos, ou assim – conjunção indecorosa de dois sexos". Ou como cantava o dito popular: "O maxixe tem ciência / ou pelo menos tem arte / para haver proficiência / basta mexer certa parte". A rotação completa das ancas – nos explica o musicólogo Luís Saroldi – implicava a libertação da pélvis, essencial ao encaixe perfeito do par. Com isso, o eixo corporal dos dançarinos exibia uma revolucionária mobilidade, tanto horizontal quanto vertical, bem diversa do formalismo hierático das valsas ou das ingênuas brincadeiras das quadrilhas. Do crioléu para os salões, não demorou muito. Artistas conhecidos trataram de dar o exemplo: Margarida Max, Maria Lina, Otília Amorim, Araci Cortes, João Matos, Pedro Dias e houve até quem levasse a "dança excomungada" a Paris.

Cabiam às músicas, sobretudo as que o rádio ou a radiola RCA Victor derramavam sobre as pessoas, aproximar regiões do país, pessoas e hábitos. Mas também contar como evoluíam as intimidades amorosas, o apelo dos sentidos: "no maxixe requebrado / nada perde o maganão! / ou aperta a pobre moça/ ou lhe arruma um beliscão!". Veja o leitor a letra deste baião, "batido à viola", vindo do Ceará, mas conhecido até em São Paulo:

> Um beijo em mulher medrosa
> dado escondido às escuras.
> É a maior ventura
> que a alma do homem goza.
> O beijo que é concedido
> com liberdade e franqueza
> parece uma sobremesa,
> depois de um jantar sortido
> convém que o beijo se tome
> depois de renhida luta
> como se fosse uma fruta
> comida por quem tem fome
> O beijo de maior sabor
> é quando a mulher nos nega
> porque então a gente pega
> e beija seja onde for.

É retrato do moralismo sempre presente associado ao ideal da pureza feminina – apesar das intimidades – viajando pelas ondas do rádio.

Seguiam como herança de práticas amorosas do século XIX as serenatas de violão, as valsas em determinadas ocasiões, a mania de usar porta-lembranças com cabelos do bem-amado – ou amada. Era uma espécie de adeus ao reinado das longas tranças, vendidas até em bandejas pelas ruas e a chegada da tesoura e das cabeças à *garçonne*. Ainda montava-se muito a cavalo e se organizavam piqueniques. Jovens encontravam-se em agremiações, bailes estudantis, cafés, folias carnavalescas, sindicatos, confeitarias, na saída das fábricas, nos bondes – cujos estribos altos permitiam aos rapazes examinar as pernas das moças. O culto à Nossa Senhora, vivíssimo, levara do altar da igreja, para o altar da pátria à figura da mulher e se passa a venerar a Mãe Gentil: "Nós somos da Pátria amada, fiéis soldados por ela amados". As mulheres, e entre elas muitas Marias, inspiravam-se no papel de mães cívicas, protetoras na família.

Transformações na família e em tudo o mais

A decadência da elite agrária com a Abolição e a migração constante de filhos homens dessa elite para o Sul, assim como a migração campo-cidade provocou uma desestruturação da tradicional família brasileira. Os moços do Norte e Nordeste que vinham estudar no Rio de Janeiro ou em São Paulo, acabavam se ligando por casamento às famílias do Sul. Outros deixaram-se fascinar pela aventura na Amazônia: vencer com a borracha foi o lema que os arrastou para a então chamada Esfinge Verde. Bacharéis em Direito, militares, médicos, comerciantes desejosos de "vencer" ou de fugir da pobreza dos pais desposaram mulheres de outras regiões, rompendo a homogamia que fazia a força política e a fraqueza biológica de famílias sulistas e nordestinas. Um exemplo, o filho dos barões de Contendas que deixou a capital e a possibilidade de casar-se com uma prima fidalga para construir uma família mestiça em Manaus.

A florescente economia da borracha também arrastara até lá as prostitutas francesas, muitas vindas de vapor para regalar um único novo-rico, com biscoitos italianos, artigos ingleses e vinhos franceses. Muitas dessas "bacantes", segundo o depoimento do francês Paul Adam, voltavam para casa, "depois de seis meses de festa com um pacotaço de 60 ou 80 mil francos". Sozinhos, de norte a sul, os homens viviam em "repúblicas", e namoravam nas *terrasses*, que sob grandes árvores frondosas viraram o lugar preferido para se tomar sorvetes. A *jeunesse dorée* masculina exibia-se em companhia de atrizes vindas para o teatro São Pedro ou de Manaus, entre outros, em viaturas de capota arriada. Homens ricos, como Juca Paranhos, barão do Rio Branco, misturavam perfume francês sobre a urina a fim de perfumá-la, gabando de ter aprendido o costume com as cocotes. Multiplicavam-se, em toda a parte, os cartões-postais – verdadeira febre acondicionada em álbuns e caixas – onde estas se deixavam fotografar quase nuas, ou nuas mesmo, em posições provocantes. Mas também postais e cromos que os namorados usavam para se corresponder, cujas imagens sugeriam a inocência das crianças em atitudes de namoro, entre carícias e beijos, com recato e modéstia. Casais de pombos, sempre se encarregavam de confirmar a pureza sugerida, sobretudo se os retratados eram adultos. O motel *avant-la-lettre* era o carro. A baratinha, o instrumento de aproximação mais íntima e lugar de colóquios com o sexo feminino: "Oh! Pequena! Vamos dar uma chispada, hein?". Segundo o caricaturista Belmonte, os amores volantes nasciam de um prestígio irradiador. Não era o sentimento uma "explosão"? Uma forma de "combustão interna"? Não faltaram testemunhos, até no teatro de Revista, dos riscos que a junção entre a velocidade e a intimidade multiplicavam, na lábia de rapazes enamorados. Os versos humorísticos de Bastos Tigre, em *De pernas p'ro ar*, título bastante malicioso de 1916, sugeriam comicidade e perigo na história entre a costureirinha ingênua e um motorista:

> Quando passa lá em casa
> Eu tinha as faces em brasa,
> Ao vê-lo no auto vermelho
> Mamãe conselhos me dava
> Quem ama como eu amava
> Quer lá saber de conselho?
> [...]
> Foram-se os dias passando
> E tantos beijos foi dando,
> Que eu nem reparava nisso...
> Uma vez beijou-me na boca
> Fiquei tonta, fiquei louca:
> – Pedrinho, não faça isso!
> Uma vez, por meu castigo,
> Saiu a passear comigo,
> Ao terminar o serviço.
> – Vou tocar para a Tijuca!
> Meu Deus, que ideia maluca!
> – Pedrinho, não faça isso!
> Fomos. O auto em disparada
> Devorava a linda estrada!
> De repente – zás – um enguiço.
> Quem passasse ali por perto
> Me ouvia dizer por certo,
> – Pedrinho não faça isso!

Costume difundido também – e se o leitor se lembrar, desde o período colonial – era consultar feiticeiros que formigavam, nas grandes cidades, sobre o futuro amoroso. Na capital, espalhavam-se "do cais à estrada de Santa Cruz". O mais poderoso era um certo "Ojó da rua dos Andradas". Conta-nos João do Rio ter visto "[...] senhoras de alta posição saltando, às escondidas, de carros de praça, como nos folhetins de romances, para correr, tapando a cara com véus espessos a essas casas...". Pôde ele acompanhar, de longe, certo babalorixá que viu entrar em casas de Botafogo e da Tijuca. Em uma delas, mostraram-lhe a fotografia de uma menina. "Ela quer casar com este", respondeu o feiticeiro apontando a fotografia de um advogado. Babalorixás, como pai Adão no Recife ou Martiniano do Bonfim, em Salvador, e a elite branca estiveram fortemente ligados para resolver não só casos políticos, como amorosos.

Esportes: novo padrão de beleza

O corpo ia ficando mais à vontade com a moda dos esportes e da natação. Não se economizavam elegâncias esportivas de beira-mar. Os homens de camisa listrada e de calças até os tornozelos; senhoras e moças, de grossas baetas azuis que as cobria todo o corpo. Nos banhos de rio, era comum nadar desnudo e havia um ritual intitulado "passamento da festa", que consistia em nadar pelado depois de festas, pastoris (bailes em que as pessoas se fantasiavam de pastores e pastoras), danças e teatro, nos subúrbios elegantes à beira dos rios, como o Monteiro, Caxangá e Apipucos, no Recife. Nos banhos de mar, a presença feminina mexia com a cabeça dos homens. Era comum nas casas de banho, usadas para trocar de roupa, encontrar cartazes com os seguintes dizeres: "É expressamente proibido fazer furos nestas cabines a verruma; os encontrados nesta prática devendo ser entregues à ação da polícia". E, nos jornais, observações deste tipo: "[...] curioso ver uma moça, quando é bem acabada, entrar e sair do mar [...] quando sai, e aí está o busilis, a roupa adere ao corpo [...] se nota muito a cintura bem-feita, muito seio bem contornado". Já nas competições de remo, eram os homens que exibiam seus músculos e coragem de afrontar as águas do mar ou de rios. O encontro dos sexos em ocasiões esportivas era, sem dúvida, signo de mudança nas relações sociais.

Daí em diante, o que os homens – pelo menos na elite – passam a desejar não era mais a mulher dona de um corpo-ampulheta, verdadeira construção erguida com a ajuda de espartilhos e anquinhas capazes de comprimir ventres e costas, projetando seios e nádegas. Não era mais a Cinderela, senhora de um pezinho minúsculo, capaz de condensar as maiores fantasias sexuais. As mulheres abandonavam a couraça vestimentar que as tinha simbolicamente protegido do desejo masculino, no século anterior. Desejo, alimentado pela voluptuosidade da espera, do mistério, do jogo de esconde-esconde que as mulheres traduziam com seu corpo. Desejo pela mão coberta por luvas; dos cabelos, com véus e chapéus; dos pés com sapatos finos, do corpo, submerso por toneladas de tecidos só despido por ocasião de bailes, quando os decotes revelavam o verdadeiro desenho de pescoços e ombros.

Tudo isso ficava para trás, pois, desde o início do século XX, multiplicavam-se os ginásios, os professores de ginástica, os manuais de Medicina que chamavam atenção para as vantagens físicas e morais dos exercícios. As ideias de teóricos importantes, como Sabbathier, Amoros, Tissot ou Pestalozzi, corriam o mundo. Uma nova atenção voltada à análise dos músculos e das articulações graduava os exercícios, racionalizando e programando seu aprendizado. Não se desperdiçava mais força na desordem de gesticulações livres. Os novos métodos de ginástica investiam em potencializar as forças físicas, distanciando-se do maneirismo aristocrático da equitação ou do esgrima, ou da brutalidade dos jogos populares.

Mulheres começaram a pedalar ou a jogar tênis, voga importada da Europa. Não faltou quem achasse a novidade imoral, uma degenerescência e, até mesmo, pecado. Perseguia-se tudo o que pudesse macular o papel de mãe dedicada exclusivamente ao lar. Era como se as mulheres estivessem se apropriando de exercícios musculares próprios à atividade masculina. Algumas vozes, todavia, levantaram-se contra a satanização da mulher esportiva. Médicos e higienistas faziam a ligação entre histeria e melancolia – as grandes vilãs da virada do século – e a falta de exercícios físicos. Confinadas em casa, diziam, as mulheres só podiam fenecer, estiolar, murchar. Era preciso oxigenar as carnes e alegrar-se graças ao equilíbrio saudável do organismo. O esporte seria mesmo uma forma de combater os adultérios incentivados pelo romantismo. Afinal, como lembra a historiadora Mônica Schpun, encerradas ou aprisionadas, só restava às mulheres sonhar com amores impossíveis ou tentar seduzir o melhor amigo do marido.

A elegância feminina começou a rimar com saúde. Se a mudança ainda revelava-se hesitante, não demorou muito a se instalar e a se tornar inexorável. Nascia uma nova mulher. "Hoje em dia, preocupada com mil frivolidades mundanas, passeios, chás, tangos e visitas, a mulher deserta do lar. É como se a um templo se evadisse um ídolo. É como se a um frasco se evolasse um perfume. A vida exterior, desperdiçada em banalidades é um criminoso esbanjamento de energia. A família dissolve-se e perde a urdidura firme e ancestral dos seus liames", queixava-se um editorial da *Revista Feminina*. Ela abandonara os penteados ornamentais com ondas conseguidas graças aos ferros de frisar para cortar os cabelos à *la garçonne*. O esporte, antes condenado, tornara-se indicativo de mudanças: "Nosso fim é a beleza. A beleza só pode coexistir com a saúde, com a robustez e com a força" alardeava o autor de *A belleza feminina e a cultura física*, em 1918.

A revolução dos costumes começou a subir as saias e essas brigavam com as botinhas de cano alto que, por sua vez, procuravam cobrir o pedaço da canela exposta. A cintura de vespa, herdada do século anterior, continuava aprisionada em espartilhos. Esses, contudo, tinham melhorado. O dissimulado instrumento de tortura, feito de pano forte e varetas de barbatana de baleia, tão rígidas a ponto de sacrificar o fígado e os rins, mudara. Era, agora, feito de varetas flexíveis de aço. A partir de 1918, ele começa a ser substituído pelo "corpinho". Se os primeiros salientavam os seios como pomos redondos, o corpinho deixavam-nos mais livres e achatados. Ao fim da Primeira Guerra, as chamadas "exuberâncias adiposas" passam a ser contidas, não mais pelo terrível espartilho, causador de danos irreparáveis, mas pela cinta elástica. "Catálogos de roupas brancas, feitas por sofisticadas bordadeiras, revelavam que a vida no *boudoir*, no quarto de vestir e de dormir ganhava novos contornos. Contrariamente às suas antepassadas capazes de passar os dias em roupão branco e desgrenhadas, a mulher dos anos 20 parecia querer seguir à risca os conselhos da *Revista Feminina*, em que a articulista Henriette admoestava:

> Como então, há algumas leitoras que andem em casa sem meias? Há pelo menos 60% de senhoras casadas que pelo menos até a hora do almoço, ficam com o chinelo com que se levantam, o cabelo amarrado com uma fitinha e um roupão "saco" à vontade do corpo! [...] Devemos lembrar-nos que nós, mulheres, fomos criadas para a fantasia. Todas as vezes que nos mostrarmos muito materiais perdemos o encanto que nos acham os homens.

Para além do "corpinho" e de cintas, o corpo começava a se soltar. O famoso costureiro francês Paul Poiret rompe com o modelo de ancas majestosas e seios pesados para substituí-lo por outro. No início do século xx tem início a moda da mulher magra. Não foi apenas uma moda, foi também o desabrochar de uma mística da magreza, uma mitologia da linha, uma obsessão pelo emagrecimento; tudo isso temperado pelo uso de roupas mais próximas do corpo.

Na Europa, de onde vinham todas as modas, a entrada da mulher no mundo do exercício físico, do exercício sobre bicicletas, nas quadras de tênis, nas piscinas e nas praias trouxe também a aprovação de corpos esbeltos, leves e delicados. Tinha início a perseguição ao chamado *enbompoint*, – os quilinhos a mais – mesmo que discreto. O estilo "tubo" valorizava curvas graciosas e bem lançadas. Era a eclipse do ventre. Alguns médicos rebelavam-se contra a moda de tendência masculina que associavam às ideias feministas e ao desprezo pela maternidade. Os cabelos curtos, as pernas finas, os seios pequenos eram percebidos por muitos homens como negação da feminilidade. O movimento, contudo, estava lançado. Regime e musculação começavam a modelar as compleições longilíneas e móveis que passam a caracterizar a mulher moderna, desembaraçada do espartilho e, ao mesmo tempo, de sua gordura decorativa. As pesadas matronas de Renoir são substituídas pelas sílfides de Degas, desejadas pelos "almofadinhas".

Insidiosamente, a norma estética emagrece, endurece, masculiniza o corpo da *garçonne*, deixando, pelo menos nas páginas de revistas, a "ampulheta" para trás.

Os eventos esportivos não só exibiam o novo contorno dos corpos modernos, como eram ocasião de encontros. Os turfísticos, por exemplo, eram a oportunidade de "entrar na sociedade" e de apresentar-se à "nata", espaço para a escolha de um bom partido e para namorar: "As mulheres vão ao Jóquei Clube para exibir-se, para flertar. Os homens para ver as mulheres elegantes e jogar", informa um cronista de jornal.

O eterno casamento

Nas primeiras décadas do século XX, toda a ameaça ao casamento era alvo de críticas. O tema do divórcio, por exemplo, era considerado "imoral"; "a pior chaga da sociedade"; "só em casos excepcionais e depois de rigorosíssimo processo". Mesmo anticlericais, influenciados pelo positivismo, eram contra. Raros os que pensavam como o pernambucano João Barreto de Menezes que dizia ser favorável à sua adoção por "ser consequência advinda do âmago da lei que regula o casamento como um contrato".

De fato, apesar das transformações que chegavam, o Código Civil de 1916 mantinha o compromisso com o Direito Canônico e com a indissolubilidade do vínculo matrimonial. Nele, a mulher era considerada altamente incapaz para exercer certos atos e se mantinha em posição de dependência e inferioridade perante o marido. Complementaridade de tarefas, sim. Igualdade entre homem e mulher, nunca. Ao marido, cabia representar a família, administrar os bens comuns e aqueles trazidos pela esposa e fixar o domicílio do casal. Quanto à esposa, bem... essa ficara ao nível dos menores de idade ou dos índios. Comparado com a legislação anterior, de 1890, o Código traz mesmo uma artimanha. Ao estender aos "cônjuges" a responsabilidade da família, nem trabalhar a mulher podia sem permissão do marido. Autorizava-se mesmo o uso da legítima violência masculina contra excessos femininos. A ela cabia a identidade doméstica; a ele, a pública. Mas não sem um ônus: a de ser honesto e trabalhador em tempo integral. Esse era o papel social que mais valorizava o homem. Quando a falta de trabalho ou qualquer desastre profissional o impedia de ser o único provedor da família,

O Código Civil de 1916 mantém o compromisso com a indissolubilidade do matrimônio. E nele a mulher era inferior perante o marido.

alguns chegavam ao desespero de suicidar-se. O nome "limpo" do pai e provedor era tudo. Ou como resumiu um contemporâneo de nossos avós: "[...] antigamente, o nome representava muito mais do que hoje; era garantia de pessoa de bem... não é questão de dinheiro, é de costumes... é garantia de caráter".

A pá de cal veio com um documento do Vaticano assinado por Pio XI. O pontífice considerava uma "iniquidade abusar da fraqueza feminina" obrigando mães de família a trabalhar "por causa da mesquinhez do salário paterno". Deixar a esposa ganhar a vida fora das paredes domésticas descuidando de deveres próprios e da educação dos filhos era, na visão machista da Igreja Católica, uma vergonha!

Era indisfarçável o conformismo da maioria das mulheres diante da condição de sujeição imposta pela lei e pelos costumes: serva do marido e dos filhos, sua única realização aceitável acontecia no lar. Sua família, como já disse uma historiadora, era "ninho e nó" ao mesmo tempo. Ninho, pois, proteção contra agressões externas, muro contra a invasão de sua privacidade. Mas nó porque secreta, fechada, exclusiva e palco de incessantes tensões. Não era raro que nos penosos e arrastados processos de separação os homens se dissessem humilhados porque as esposas não queriam viver com eles. Invertendo a situação, muitos maridos agressivos e violentos passavam de réu à vítima. A jurisprudência, por seu lado, acreditava que ou "cabia ao homem harmonizar as relações da vida conjugal" – como dizia o jurista Clóvis Bevilácqua – ou que a mulher era muito frágil, inapta, portanto, para chefiar a sociedade conjugal.

No mesmo ano em que foi aprovado o Código Civil da República, publicou-se um manual de economia doméstica com o sugestivo título de *O lar feliz*. E tome conselhos atribuindo a homens e mulheres papéis que a encíclica *Rerum Novarum* enfatizava em 1891: lugar de mulher era em casa, pois só aí ela salvaguardava sua honestidade sexual; só aí ela garantia a prosperidade da família, só aí ela atendia à sua natureza. De forma edulcorada o autor anônimo retomava o bordão:

> [...] à mulher incumbe sempre fazer do lar – modestíssimo que seja ele – um templo em que se culture a Felicidade; à mulher compete encaminhar para casa o raio de luz que dissipa o tédio, assim como os raios de sol dão cabo aos maus micróbios [...]. Quando há o que prenda a atenção em casa, ninguém vai procurar fora divertimentos

dispendiosos ou prejudiciais; o pai, ao deixar o trabalho de cada dia, só tem uma ideia: voltar para casa, a fim de introduzir ali algum melhoramento ou de cultivar o jardim. Mas se o lar tem por administrador uma mulher, mulher dedicada e com amor à ordem, isto então é saúde para todos, é a união dos corações, a Felicidade perfeita no pequeno Estado, cujo ministro da Fazenda é o pai, cabendo à companheira de sua vida a pasta política, os negócios do Interior.

Escolhas para toda a vida

Como será que se escolhiam tais "ministros da Fazenda e ministras do Interior"? Um estudo sobre "paulistas de 400 anos" revela que entre as elites perseverava a preocupação com a endogamia, até por causa da decadência do grupo, substituído na primeira metade do século XX por burgueses estrangeiros e comerciantes enriquecidos. Nome e origem, expressões como "gente como nós" ou "de nossa raça" revelam a preocupação em manter o fechamento do grupo: "– Uma pessoa como eu, no tipo de família em que nasci, não poderia nunca se casar com alguém que não fosse conhecido, quer dizer, de boa família", esclarece uma "paulista quatrocentona" entrevistada pela socióloga Maria Helena Trigo.

A realidade por trás da frase, ou seja, o desejo da elite de garantir a qualidade por "seu sangue", não era apenas uma tradição herdada do século passado ou uma característica paulistana. Mas, sobretudo, brasileira. No Rio de Janeiro, no Recife ou em Belo Horizonte não faltaram os que invocavam genealogias, armas e brasões, nomes importantes ou títulos de nobreza para diferenciar-se pela família e o matrimônio: "– Procurávamos nos dar com gente que tivesse os mesmos costumes [...] não era uma questão de dinheiro, muita gente rica não tinha o mesmo modo de pensar; os mesmos hábitos familiares". E a desqualificação dos que não faziam parte do grupo era inelutável. "– Não ter berço" era acusação comum: "– No meu tempo de Faculdade de Direito já havia moços muito ricos, milionários, já dessa gente nova, dos industriais estrangeiros que estavam ficando ricos". Em suma, pessoas "diferentes". E os diferentes tinham de ser evitados para preservar a velha e conhecida endogamia e, com ela, o prestígio e a tradição de pertencer às famílias fundadoras: "– Meus avós maternos eram primos muito perto", ou "– minha avó, quando ficou viúva, casou-se com um cunhado dela, irmão do primeiro marido... parece que havia interesse que tudo ficasse na família".

Só de forma muito lenta a resistência dessa elite aos casamentos com imigrantes europeus e mesmo com migrantes foi sendo vencida. Apesar de considerados fora da norma, sempre pensava-se na absorção do parceiro: "– Os imigrantes, se tivessem valor, eram bem recebidos. Meu primo casou-se com a filha de um imigrante. No começo a família resistiu, mas depois ela passou a ser uma de nós... parte de nossa família". Imagem fotográfica dessa situação temos graças a pena de Antônio Alcântara Machado. No seu clássico *Brás, Bexiga e Barra Funda*, ele narra a história do amor impossível entre uma jovem descendente de tradicional família paulistana e o filho de um rico capitalista italiano, um Cavaliere Ufficiale, título de nobreza comprado à Coroa da Itália. Depois de muita intriga, desprezo e de uma vantajosa proposta econômica, o pedido de casamento foi aceito: "No chá de noivado [...] Salvatore Melli, na frente de toda a gente, recordou à mãe de sua futura nora os bons tempinhos em que lhe vendia cebolas e batatas, *Olio di Lucca* e bacalhau português, quase sempre fiado e até sem caderneta".

Mania de paulista decadente os tais casamentos entre iguais? Não. Entre as primeiras gerações de imigrantes era comum, também, o casamento intergrupal, pelo menos na primeira geração. Nesse caso, o objetivo era preservar tradições, manter rituais comunitários e assegurar certo patrimônio linguístico e religioso. A figura da "casamenteira", ou *schatchene*, encarregada de promover o enlace de membros da comunidade judaica ou a prática do casamento arranjado pelos pais, o *miai*, comum na comunidade japonesa, ilustram a vigência de soluções ardilosas que miravam a manutenção de antigos costumes.

Clubes comunitários – por exemplo, o Círculo Italiano ou a Sociedade Hispano-brasileira, em São Paulo –, associações de socorro mútuo, teatros, sindicatos e templos frequentados por pessoas de determinada etnia ou de determinada região do país de origem ofereciam a escolha possível para aqueles que preservavam suas microssociedades. Os bairros étnicos também alimentavam os casamentos intergrupais. Corais, bandas e *kerbs*, na colônia alemã, reuniam jovens casadoiros. Afinal, as famílias de imigrantes não só simbolizavam um ponto de apoio básico, mas serviam de lastro para os que tinham ficado na terra de origem. O historiador Boris Fausto acrescenta que as alianças matrimoniais

Retrato da união para toda a vida: o casamento feito de estima e amizade mútuas. Mais respeito do que prazer.

mantinham papel estratégico na busca de ascensão social e de prestígio. Famílias anônimas, aos milhares, ampliaram seus negócios e seus ganhos, mediante a absorção de parentes distantes, mas confiáveis, de genros bem escolhidos e mesmo de conterrâneos escolhidos assumidos como parentes. Descrevendo núcleos de japoneses e seus descendentes na zona rural do estado de São Paulo, a socióloga Ruth Cardoso observou que, às vezes, as famílias abrigavam genros ou parentes jovens da esposa para aumentar seu potencial de produtividade. No Japão seria inaceitável a convivência de duas linhas de descendência – masculina e feminina – na mesma casa. Em jornais como o *Nippo-brasileiro* não é difícil encontrar histórias de *miais* (casamentos arranjados) que deram certo, ou de casais que tiveram de vencer a resistência dos pais para ser felizes. A escola ou a universidade e a mudança para a cidade grande foram elementos importantes para quebrar as regras de endogamia tantas vezes respeitada, em que nem sempre havia amor. Mas havia dever.

E nesse universo urbano e cosmopolita, como reconhecer uma mocinha casadoira? Simples. Ela teria, segundo o jornalista Abelardo Roças, em 1906, o fetichismo da *toilette*, o amor da evidência e a "atividade inquietante da abelha". Mais. Ela teria um olhar mórbido, capaz de fixar dez rapazes ao mesmo tempo; "toda requebros e denguices", vestida sempre de um tom vivo, com gestos lânguidos que

> parecem enlaçar um pescoço idolatrado e invisível, com o busto inclinado até o desequilíbrio e os quadris saltados para trás à semelhança de uma ave pernalta [...] quando vemos esta elegância de cegonha ou de avestruz que caminhou a cidade toda em busca de meio palmo de renda, toda a gente, de todas as bandas, murmura logo: é uma moça casadoira.

As mudanças que o novo século e a "vida moderna" impunha causaram, por sua vez, reações. Uma sólida barreira feita de opiniões de juristas, médicos e da própria opinião pública reagia a tudo o que pudesse ferir as instituições básicas da sociedade, sobretudo a imagem da família e do casamento. Não havia felicidade possível fora deles: marido e mulher transformavam-se em papai e mamãe. O amor conjugal era feito de procriação. Apenas. Nada de paixões infecundas, de amores romanescos, de sentimentos fora de controle. A prole legítima era o único projeto saudável. Seu cuidado, a única meta:

"– as moças, naquele tempo, eram educadas para casar e ser dona de casa... educar os filhos muito bem era responsabilidade das mulheres", diz um dos depoimentos colhidos pela socióloga Maria Helena Trigo. A tríade amor, saúde e felicidade passa a coincidir nos discursos sobre a família enquanto os "amores de sofrimento" eram identificados com doença. Paixões levavam a crimes hediondos que enchiam as manchetes dos jornais. Contra elas – e não há novidade nisso, como já viu o leitor – se constrói uma afetividade conjugal cheia de normas, cheia de regras. Sua marca: a presença de ascetismo e de disciplina, características que há muito pautavam as relações entre os sexos.

Criaturas opostas, biológica e psicologicamente, homens e mulheres eram vistos como "meros reflexos de suas posições físicas no amor: um procura, domina, penetra, possui; a outra atrai, abre-se, capitula, recebe". Os mais diversos discursos sobre a família e o casal – literários, médicos, religiosos e jurídicos – decretam que é no lar, no seio da família que se estabeleciam as relações sexuais desejadas e legítimas, classificadas como decentes e higiênicas. E se o matrimônio era a etapa superior das relações amorosas, "garantidor da saúde da humanidade e da estabilidade social" como queriam alguns autores, nada melhor do que transformá-lo em necessidade para todos. Os solteiros passam então a ser perseguidos por "indisposições mortais". As virgens eram ameaçadas com o risco de perder a tez e os atrativos físicos e os castos, com o risco de escravizarem-se "a paixões sexuais tirânicas".

Símbolo das celibatárias convictas, as *sufragettes*, que lutavam pelo direto ao voto feminino, foram alvo de todos os ataques, até do modernista Oswald de Andrade que as odiava. As feministas, motivo de riso e pena, inspiraram à escritora Carmem Dolores em seu *Jornal de uma feminista*, um retrato patético:

> Sentada diante do espelho, enquanto conversa consigo mesma, mal consegue suportar a própria imagem refletida. Sente-se um absoluto fracasso: os seus esforços de melhoria vão sempre por água abaixo; suas lutas são sempre inglórias. Pensa desolada: "Fito os olhos no vidro sarapintado pelas falhas do aço, fui-me sentindo pouco a pouco penetrada de uma piedade intensa e dolorosa, que me provocava a figura refletida nesse velho cristal; fiquei a olhá-la, como se não a conhecesse, assim, magra e abatida, com esse chapéu usado, essa jaquette surrada, correndo tão cedo à caça do pão – e de súbito um véu se interpôs entre mim e a face murcha que eu contemplava, e esse véu era feito de lágrimas... Lágrimas!" Mas por ventura chora uma feminista? Quando muito faz rir, quando passa pelas ruas a passo dobrado, consultando as horas como um homem, sem sorrir, porque já não tem sorriso sem

faceirice, porque a fealdade das roupas lha veda, e sem o aprumo que devia dar-lhe o sentimento da sua coragem e da sua dignidade, por que sabe que estas coisas só merecem do vulgo o escárneo...

As mulheres eram, então, persuadidas de que não casar era um insucesso. Fazia-se a diferença entre a solteirona – rejeitada para o casamento – e a solteira, ainda não escolhida, mas, casável. As primeiras ficavam conhecidas como formais, deselegantes e retraídas. "Cair no barricão" designava "ficar para tia". Pior. Era uma forma de descensão social, que deprimia as moças maduras. Só lhes restava amores ridículos ou socorro sobrenatural graças às esmolas, trezenas e promessas a Santo Antônio ou a São Gonçalo do Amarante, invocados, como já sabe o leitor, desde os tempos da colônia; o segundo, com um "estufadinho" embaixo da túnica, o qual era alisado para evitar esterilidade:

>Meu Santo Antônio faceiro
>Santo dos mais adorados
>Que, sendo um santo solteiro,
>Cresces o rol dos casados.

Nesse quadro – explicam as historiadoras Maria Lúcia Mott e Marina Maluf –, a esposa virtuosa era aclamada e cercada por comandos morais. Prescreveu-se para ela complacência e bondade, para prever, satisfazer e até adivinhar os desejos do marido; dedicação para compartilhar abnegadamente com ele os deveres que encerrava o casamento; paciência para aceitar suas fraquezas de caráter. E, coroando tudo isso, a virtude maior da amizade indulgente. O avesso dessa santinha era a moça dos tempos modernos, a garota dos Anos Loucos, "[...] uma pobre mariposa: 'esbagachada', cheia de liberdades, de saia curta e colante, de braços dados e aos beijos com homens, com decotes muito baixos, perfumadas com exagero, excessivamente pintadas, 'postas na vida como a figura distante de uma paisagem cubista'", na síntese da *Revista Feminina* de maio de 1918.

Conter os excessos masculinos e equilibrar "a contabilidade de afetos" para a preservação do lar fazia parte do conjunto de deveres da mulher. Para isso era preciso manter-se bela, saudável e praticar a arte de agradar, de encantar, mantendo-se sempre próximas ao ideal de amizade amorosa. O importante era fortalecer as relações, afastando o risco do temido e vergonhoso divórcio. Na busca da "união para toda a vida", o casamento encontra sua razão de ser na "mútua estima e amizade dos esposos" e "[...] seja qual for à maneira pela qual se manifeste é sempre na forma de simpatia, independentemente dos arroubos sentimentais, que se desvanecem com o tempo". Concluindo, o casamento era mais o lugar do respeito do que do prazer. Havia um consenso de que os argumentos do médico italiano Cesare Lombroso estavam certos: "O amor da mulher pelo homem não é um sentimento de origem sexual, mas uma forma destes devotamentos que se desenvolvem entre um ser inferior e outro, superior".

Sexo e matrimônio

Apesar da constatação de Lambroso, crescia entre os médicos – afinal essa é a época de ouro dos higienistas, os especialistas em sanitarismo – a conscientização sobre a necessidade de educação sexual entre os jovens. A inocência e a ignorância de muitas eram contrabalançadas pela violência e pela brutalidade de muitos. O primeiro contato sexual podia ser desastroso para o resto da vida de um casal. O certo, aconselhavam os médicos, era o "defloramento com especial cuidado". Doutores queixavam-se do excessivo pudor das mulheres pois, dizia um deles, o doutor Van de Velde, autor de *Matrimônio perfeito*, a "sorte de um casamento, depende da noite de núpcias". Entre a "violação legal" e certo "estado amável" iniciavam-se as jovens pela leitura de literatura científica, capaz de a "aparelhar-las para o desempenho conjugal". Não foram poucas as que se viram acuadas pelos "instintos bestiais" do jovem marido, longe do carinho e das delicadezas de um amor sublime, tal como era descrito nos romances de Mme. Delly. "Aprender a ser feliz", significava literalmente aprender a ter relações sexuais regradas e contidas.

O doutor Olvarrieta, sensível ao universo feminino, afirmava que os homens deviam aprender a se relacionar sexualmente com suas esposas, desfazendo-se de suas antigas referências sexuais. Insistia, ainda, que muitos casamentos acabavam porque os maridos ignoravam as necessidades sexuais da esposa, acreditando que deveriam evitar

> [...] com sua mulher toda a classe de refinamentos durante o ato sexual, crendo deste modo cumprir mais fielmente as obrigações do marido, já que a alegria, a satisfação, a recreação ficaram nos barcos de suas amigas anteriores. Repeti-las com sua própria mulher, com a que vai ser 'mãe dos seus filhos', seria insensato, equivaleria a tanto como insultá-la, ofendê-la, quiçá, prostituí-la.

A repressão sexual era profunda entre mulheres e estava relacionada com a moral tradicional. A palavra sexo não era nunca pronunciada e saber alguma coisa ou ter conhecimentos sobre a matéria, fazia que elas se sentissem culpadas. Tal distanciamento da vida real criava um abismo entre fantasia e realidade. Obrigadas a ostentar valores ligados à castidade e à pureza, identificadas pelo comportamento recatado e passivo, quando confrontadas com o marido, na cama, o clima de conto de fadas se desvanecia: "Éramos tão inocentes mal informadas que quando se ficava sabendo de alguma coisa era como uma pedra que caía na cabeça e começavam os escrúpulos", diz uma destas nossas antepassadas. "Éramos completamente ignorantes em matéria da vida, para ser pura tinha-se que ser ignorante", explica outra.

Veja o leitor como tais encontros, no limite do "picante", eram descritos na literatura:

> A primeira vez que o moço a possuiu Cláudia achou-se transportada às regiões de ouro das lendas. Ao seu lado, no leito, vendo a sua divina cabeça repousar sobre uma almofada, os olhos brilhando meigamente como duas estrelas em noite sem luar, caiu em êxtase com os dentes cerrados, a língua presa à garganta, os nervos tensos como sob a ação de um excitante poderoso. Cláudia bebia-lhe o olhar. A claridade do quebra luz iluminava a alcova com delicadeza e um crepúsculo. Aos poucos as cabeças se aproximaram e os lábios se uniram num beijo de amor... a nudez dos corpos se confundia em doce amplexo, a cumprir sagrado e eterno rito.

Recato era sinônimo de distinção. Moça de elite, segundo uma paulista quatrocentona, "não tomava iniciativa em procurar o rapaz ... quem se declarava era sempre ele". Só mulheres de reputação duvidosa tomavam iniciativas ostensiva e publicamente. Quanto às centenas de milhares de relações vividas fora do casamento, essas passaram a ser consideradas "imorais". Membros das camadas mais baixas da população, como ex-escravos, operários, imigrantes pobres, negros e mulatos que vivessem em amancebamentos, concubinatos ou ligações consensuais eram acusados de "conduta indecente". Em 1913, a obra anônima *O problema sexual*, esclarecia que "[...] no concubinato dissipam-se sensações de que temos necessidade para o casamento, para as grandes ações de nossa existência, para reacender a chama da vida", em razão de que "todas as forças das nossas faculdades amatoriais" devem ser reservadas para "aquele amor", pois é muito longa a vida "para ser suportada com um amor valetudinário", ou seja, enfermo, débil.

A nova mulher: cabelos curtos, saltos baixos e cigarros. Seu programa preferido eram as farras nas *garçonnières* dos amigos.

A nova mulher e as uniões livres

Depois da Primeira Guerra Mundial, o Ocidente conhece uma crise sem precedentes. Era preciso reinventar o mundo. Durante uma década a Europa mergulhou em um fervilhamento intelectual inédito e no turbilhão dos chamados Anos Loucos. A ciência dá saltos aproximando continentes e as tecnologias modernas invadem a vida cotidiana com o rádio, o telefone e a aviação. O símbolo desses tempos é a *garçonne*: de saia curta, que deixa aparecer as pernas cobertas com meias de seda, chapéu *cloche*, saltos baixos e cigarreira. O maiô faz-se mais colante em praias e piscinas. A emancipação não chega só com a moda: os jovens oferecem *surprise parties,* prática vinda dos Estados Unidos, onde se dança *fox-trot, charleston* e o tango, importado dos vizinhos argentinos. Esse simulacro invocador do ato sexual era, então, considerado um verdadeiro escândalo. "Fêmeas da burguesia", acusa a escritora feminista e anarquista Pagu, descem de Higienópolis e dos bairros ricos para a "farra das *garçonières* e dos *clubs*". O *flirt*, do século anterior, uma prática sem maiores consequências, tornava-se mais avançado. Moças e rapazes raramente chegavam às mesmas conclusões sobre os limites e os objetivos da brincadeira. Onde parar? As que se recusavam a ir muito longe logo ganhavam apelidos: *allumeuse,* ou a que acende. As que cediam eram as fáceis.

Poucas como Ercília Nogueira Cobra, inspiradas nas *sufragettes* europeias, ousavam dizer que "[...] a mulher que teve intercurso com homens antes de casada é tão honrada como o homem nas mesmas condições, uma vez que ela tenha uma profissão e viva honestamente de seu trabalho".

Mas tudo indica que a avaliação dessas modernas criaturas não era das melhores. A desconfiança em relação à "nova mulher" era total. O modernista Menotti Del Picchia não escondia seus receios de homem conservador. "Caso ou não caso?", indagava em 1920. "Eis o dilema que arrepia a espinha do celibatário", e ponderando, arrematava: "[...] os moços com razão andam ariscos [...] será justo que um moço trabalhador entregue seu nome nas mãos de uma cabecinha fútil e doidivanas? [...] antigamente, as mulheres não serelepavam no asfalto, irrequietas e sirigaitas; não saíam sozinhas [...] nem se desarticulavam nos regamboleios do maxixe".

Ícone desse período – e da mudança dos tempos – foi a pintora Tarsila do Amaral. Seu primeiro casamento, em 1906, fora arranjado e, posteriormente anulado, com um primo de sua mãe, o farmacêutico André Teixeira Pinto. Mulher deslumbrante, crescida em fazendas de café e educada na Europa, Tarsila teria uma vida frenética e turbulenta ao lado do segundo marido, Oswald de Andrade, com quem inicia um relacionamento ao final de 1922, depois da Semana de Arte. A união tem fim em 1929. Oswald apaixonou-se por Pagu, apelido de Patrícia Galvão, amiga e frequentadora da residência do famoso casal "Tarsiwald". Seu desejo era separar-se para casar com Pagu, mas sabia que o pai dela, homem severo e conservador, jamais permitiria a aliança. Eis que – conta-nos a escritora Ana Luísa Martins – em fins de 1929, Pagu comunica a Oswald que está grávida. Ele concebe um plano, simplesmente diabólico, para afastá-la de casa: um falso casamento, com padre e tudo, com um amigo seu. Tarsila e ele mesmo, Oswald, seriam os padrinhos. Finda a cerimônia, os recém-casados dirigem-se para Santos, de onde supostamente seguiriam viagem para Paris. Oswald segue-os, troca de lugar com o "marido" e junto com Pagu, segue para a Bahia. Tarsila soube da notícia por um "feiticeiro", certo Antenor, que frequentava sua casa. Ficou arrasada e não perdoou ou jamais quis Oswald de volta, quando esse, arrependido, tentou uma reconciliação. De 1931 a 1933 viveu com o médico nordestino Osório César, ao lado de quem atravessou uma "fase socialista", com direito à viagem à União Soviética e a debates com grupos de esquerda.

Ao iniciar um relacionamento com o intelectual e jornalista Luís Martins, carioca da Tijuca e 20 anos mais moço do que ela, em 1933, escandalizou a todos. A abundância de relacionamentos e separações além da conduta independente e desafiadora de Tarsila era uma bofetada na cara da provinciana moral familiar que médicos e juristas tentavam colocar de pé. Sua correspondência, enviada a Luís Martins, em cujas cartas se despedia assinando Truly, e dizendo, "Aí vai meu coração cheio de saudades", é um documento pungente dos amores apaixonados desses Anos Loucos.

Tarsila não estava só. As "uniões livres" e a crítica às relações monogâmicas indissolúveis também faziam parte da bandeira dos anarquistas, bem entranhados nos sindicatos operários e intelectuais. O divórcio, em seu entender, facilitaria aos casais a separação definitiva, quando desejada, sendo, portanto, um instrumento de felicidade. O "amor livre", por sua vez, daria lugar à plena manifestação das emoções entre homens e mulheres. Em lugar do contrato de casamento efetuado diante da Igreja e do Estado, a "livre união" significaria a possibilidade de se definir livremente o tipo de relação amorosa mais adequada para cada qual. Sem mencionar o homossexualismo, os anarquistas afirmavam em um número da *Voz do trabalhador*:

> Amor livre [...] é um todo formado pelo homem e pela mulher que se completam, que buscam a vida em comum, sem dependência de códigos ou leis que determinem as suas funções, juntando-os por simples convenção social. Vivem juntos porque se querem, se estimam no mais puro, belo e desinteressado sentimento de amor.

Indo além, anarquistas consideravam, igualmente, o fim da valorização burguesa da virgindade, o direito ao prazer sexual, o direito à maternidade consciente, sem contar suas acusações de que a prostituição era decorrente da exploração capitalista do trabalho, com tendência a desaparecer em um mundo socialmente justo. A mulher não nascia com "taras hereditárias no sistema nervoso", como queriam alguns eugenistas, mas pobre e desprovida de educação. Uma pioneira a reivindicar o amor e o sexo fora do casamento foi a já citada Ercília Nogueira Cobra. Em um ensaio precoce, publicado em 1924, intitulado *Virgindade anti-higiênica*, defende abertamente seus princípios, enquanto, ao mesmo tempo, o Código Civil previa a nulidade do casamento quando constatada pelo marido a não virgindade da noiva. *Virgindade inútil*, de 1927, conta a história de uma órfã que, por não arranjar casamento em seu meio, foge e se torna uma cortesã. Grávida, resolve ter a criança, sozinha, a quem dá o nome de Liberdade. Inquirida sobre a aparência da filha, responde que essa não se parece com o pai, mas com outra moça com quem tivera relações sexuais durante a gravidez.

Outra notável feminista e anarquista, Maria Lacerda de Moura, autora de *Amai e não vos multipliqueis*, não hesitava em expor, com precocidade:

> A ciência costuma afirmar que a mulher é uma doente periódica, que a mulher é útero. Afirma que o amor para o homem é apenas um acidente na vida e que o amor para a mulher é toda a razão de ser de sua vida e ela põe nessa dor o melhor de todas as suas energias e esgota o cálice de todas as suas amarguras, pois o amor é consequência lógica, inevitável, de sua fisiologia uterina. Há engano no exagero de tais afirmações. Ambos nasceram pelo amor e para o amor.

A vida em cidades como Rio de Janeiro e São Paulo, devidamente "civilizadas" pelas reformas urbanas, deixava espaço para que sobretudo entre os membros das elites intelectuais houvesse espaço para experimentar ou mesmo representar novas formas de sedução amorosa:

> E o café regurgita... vaga, indistinta,
> De rua em rua, a turba ondula
> [...]
> Cosido com o portal, displicente, impassível
> Um cigarro no lábio, um vulgo espera alguém
> De súbito, um toc-toc de bota apressada
> Uma mão em luva, um perfume, um rumor.

Na mesma época em que Olegário Mariano registra suas impressões na poesia, J. Carlos, inspirando-se nos novos costumes e na sociedade do seu tempo, cria a célebre personagem "Melindrosa" e, logo depois, seu companheiro "o Almofadinha", dupla que representava os casais modernos. Também modernas, bem ao sabor da estação, eram as personagens do romance *Enervadas,* de Mme. Crysanthème, colaboradora regular do *Mundo Literário*: Lúcia, "enervada" pois sofria de "ânsia de gozar a vida, de não perder um bom pedacinho dela, de amar exaltadamente, de aborrecer, depois, fastidiosamente o que ontem adorara". Sua amiga, Madalena Fragoso, "bela, de uma beleza de flor doente", que principiava a se picar com morfina e depois, viciada em cocaína; Maria Helena que "amava outras mulheres", vestida como homem, o que lhe dava ares "de um adolescente insexuado"; Laura que "evocava suas recordações de amor que se sucediam como pratos de um longo menu de restaurante baixo", e, finalmente, Margarida, bem casada e mãe de muitos filhos que assim define as "enervadas": "Mas também, vocês só falam em amores, em cocaínas, em tangos, e moléstias". O marido de Lúcia é Júlio, um almofadinha dançarino de *shimmy*. Em torno da insatisfação de um casamento – o de Lúcia e Júlio – fruto de total futilidade, gira grande parte da história.

Moderno, igualmente, foi o *best-seller* mais vendido na República Velha, *Melle Cinema*, de Benjamim Constallat: 175 mil exemplares, em um retrato de amores, entre as elites, nos Anos Loucos. A heroína, a jovem Rosalina, é filha de um ex-ministro corrupto que viaja para Paris, a fim de gastar o dinheiro que ganhara. O fio condutor da história leva da Cidade-Luz, a cigarros, amantes, cocaína, prostituição disfarçada que a faz ganhar uma "baratinha vermelha", até à volta ao Rio, onde, na calma da praia de Paquetá, encontra o amor de um artista. Ele é suficientemente interessante para atraí-la, contudo, é excessivamente puro para que o romance dê certo. Rosalina é a antítese das paulistanas de 400 anos que se educavam para casar e obedeciam pai e mãe até encontrar marido:

"Ela, *Melle Cinema*; ela a *garçonne* americana; ela, a pequena leviana do século do *shimmy*; ela, a criaturinha 1923, educada ao som do *jazz*; ela a pequenina impudica e pecadora; profissional do *flirt*, da dança e do sorriso – ela, ela, mãe de família! Um louco absurdo". Os amores de *Melle Cinema* não eram certamente os mesmos de uma parte substancial da burguesia.

Os crimes passionais

O aparato da Justiça coloca à disposição do historiador um número ilimitado de processos daquele tempo no qual as paixões, levadas às últimas consequências, deixaram suas marcas. Mulheres são acusadas por seus companheiros de "se adulterar". Dedo em riste, eles são definidos por elas como "vagabundos", possuidores de péssimo gênio, "ébrios"; e, na resposta deles, elas são taxadas de "sem moral", "decaídas", relaxadas e dadas a brigas com vizinhos. Não poucos casais criavam filhos gerados por outro homem e, em muitas famílias, os irmãos não se pareciam uns com os outros. As mulheres abandonam ou são abandonadas quando os maridos partiam para trabalhar em outra localidade, longe da família. A "desvirginada" era uma vergonha. Ela impedia a moça pobre de fazer um bom casamento, sublinhando o bordão de que "a virgindade é um cristal que não devia ser quebrado à toa".

O crime passional era uma modalidade de violência bastante presente nas camadas desfavorecidas. E sobre suas consequências havia duas escolas. Os criminalistas clássicos, para quem mesmo no paroxismo da mais violenta paixão não ocorria suspensão das faculdades que ajudavam a discernir o bem do mal. E os adeptos da Escola Positivista Italiana, liderada por Lombroso, que despojavam de responsabilidades o criminoso passional, cujo tipo puro seria masculino. Certas paixões – explicavam – identificam-se com determinadas formas de loucura, podendo anular a vontade, deduzindo-se daí a responsabilidade penal. Ferri, criminalista dessa escola, explicava que:

> A última categoria é a dos criminosos por impulso de uma paixão antissocial, como o amor e a honra. Para esses indivíduos toda a penalidade é evidentemente inútil no ponto de vista do contraimpulso psicológico, pois as próprias condições de tempestade psíquica, sob as quais eles cometem o crime tornam impossível toda a influência intimidante da ameaça legislativa.

Tal tipo de crime, embalado na onda de autores românticos com sua ênfase no amor e na paixão, justificava-se na proximidade com a loucura. O italiano Gabrielle D'Annunzio é um, entre tantos autores, cuja obra está cheia de situações em que o amor e o ciúme estão na raiz dos gestos mais impulsivos. Psicólogos e juristas preocupavam-se em mostrar que o chamado crime passional era uma mera expansão brutal do instinto sexual que cabia à civilização controlar, sendo esse instinto ativo no homem, enquanto na mulher ele se manifestava pela passividade. E a convicção da inércia feminina era tão forte que, mesmo cometendo gestos horríveis, elas vão sendo lentamente excluídas dos piores castigos. Exemplo emblemático dessa maneira de pensar é o da prostituta Anita Rodrigues, que atinge seu amante com vitríolo, um ácido extremamente corrosivo, em 1915. Tida por mulher ordeira, que tinha pelo "ofendido grande afeição", Anita se vê explorada, humilhada e, sob a ameaça de abandono, por não prover seu cáften e amante, César Virtulli, de quantias vultosas. Tal fato, segundo o advogado de defesa, lhe teria despertado "a ferocidade do ciúme pela tirania da paixão". Ele se utiliza de um argumento muito em voga, nesses tempos: o da loucura momentânea. É interessante percorrer, nas linhas do processo, a forma como o amor podia tornar-se uma arma, nas mãos de "uma pobre artista atirada ao comércio do amor":

> Calcando dores e sofrimentos que se confortavam, muitas vezes, nos braços do ente caro, neles Anita Teodora Rodrigues descobriu um oásis com uma larga sementeira de esperanças que se lhe havia de destrançar na mais luxuriante vegetação de venturas [...]. Imaginar que os embalos de um tal êxtase nesse enlevo supremo mergulhava-se em arroubos d'alma, quando então seu amante César Virtulli que lhe roubara enganadoramente as carícias e o afeto, a carne estuante delas saciado, sem as costumeiras compensações que ela as não queria e rebatia, César Virtulli consertou em abandoná-la, o que de fato fez. Eis que se vendo ingratamente repelida, magoada no seu amor-próprio, o espírito convulsionado explodiu, coando-se através das estratificações das suas condições orgânicas, físicas e sociais. Desencadeou-se, assim, a procela arrebatadora da erotomania; o ciúme derivando de desordens nervosas anteriores; a ideia fixa, o delírio transitório irrefreável; finalmente a privação absoluta dos sentidos e inteligência [...]. Atirada ao comércio de seu próprio corpo, teria encontrado em César Virtulli um homem que envolvendo com seus carinhos, ardentes beijos, afetuosos e lúbricos abraços este organismo impenetrável às sensações do prazer e do gozo e recolhendo o rescaldo de seus sentimentos atormentados, pode despertar no fundo de um coração já amortecido, as doçuras de um amor puro e meigo e os transportes de uma verdadeira paixão.

Paixões contrariadas podiam obscurecer a razão e eis como Anita,

> [...] abandonada por seu amante, insensível a todas as tentativas de reconciliação, ferida em seu amor-próprio, impelida pelo ciúme, concebeu uma reação. A dor e o desespero teriam lhe lançado em seu espírito fraco e doentio, a ideia fixa da vingança que transmigrou do cenário fisiológico para o patológico, que transformando-se em ideia delirante explodiu na noite de 30 de maio, impelindo seu braço hesitante ao vitriolamento do amante.

Pobre César... Pouco restou dele depois do gesto feito com o tal "braço hesitante". Quanto a Anita, depois de longos debates que pendiam para sua absolvição, foi punida com prisão por dois anos. Fora vítima de uma paixão erótico-patológica. Como ela, outras tantas mulheres atiraram, esfaquearam e mataram seus amantes, companheiros, concubinos. Outras, na defesa da virgindade ou da fidelidade conjugal, também não hesitaram em lançar mão de armas brancas – as facas de cozinha eram muito úteis – ou de fogo, para manter limpa a sua honra. Aí tinham de enfrentar o machismo de juízes que achavam que a conivência da vítima em acender o desejo masculino era total. Era o fantasma das *allumeuses*. A mulher tinha de apresentar as marcas mais profundas possíveis de sua resistência, para provar inocência. Já eles, as matavam a pauladas, a facadas, aos murros, muitas vezes rasgando-lhes o sexo.

Outro quadro: na série jornalística "No jardim do crime", publicada na *Gazeta de Notícias*, João do Rio relata sua visita à Casa de Detenção da capital, onde entrevista "assassinos por amor". Ouve Salvador Firmino, negro sexagenário, que lhe conta como matou Silvéria, por quem deixara sua mulher e a qual o deixara por certo Herculano. Ouve Abílio Sarano que lhe declara de chofre, "matei minha mulher". Era o personagem do Crime do Catete; "[...] dias depois de nosso casamento minha esposa confessou-me que tinha sido gozada por um negociante amante de sua mãe". Ouve Alfredo Paulino, que se casara aos 16 anos e matara o rival em sua própria casa. Entrevista Herculana que, depois de insultada – "ele me disse uma porção de nomes" – cortara a garganta do amante enquanto esse dormia, acendera todas as velas que encontrara e começara a cantar. E conclui o jornalista: "Com os corações em sangue, vi uma coleção de assassinos, desde um velho lamentável até uma criança honesta, postos fora da sociedade pelo desvario, pela loucura que a paixão sopra no mundo".

Entre os crimes passionais, o mais debatido era o cometido como reação ao adultério. Apoiado na tradição machista e patriarcal, o crime seria predominantemente masculino. Nessa tradição, honra manchada lavava-se com sangue. Já o adultério masculino normalmente provocava acomodação por parte das mulheres, em especial nas camadas médias e burguesas, temerosas de uma ruptura que as obrigasse a mudar de vida. Entre nós, de acordo com o Código Penal de 1890, só a mulher era penalizada e punida por adultério, com prisão celular de um a três anos. O homem só era considerado adúltero no caso de possuir concubina teúda e manteúda, e isso era considerado um assunto privado. E mesmo assim...

Veja o leitor esse exemplo, acontecido na capital em 1913: Certo Raul Machado, 30 anos, casado, pai de família, vai jantar na casa de sua amante, Ermelinda Lucila de Almeida, de 25 anos e casada. O repasto é interrompido pela chegada abrupta da mulher de Raul: Maria Augusta de Brito Machado. Enfurecida, ela quebra a mesa do jantar e passa a ser agredida por marido e amante. No depoimento que deu à Polícia, Raul se justificou:

> Que sua amásia levantou-se e correu para a sala da frente e ele depoente procurou segurar e subjugar a sua senhora, a fim de que ela não quebrasse toda a louça.
> Que esta vendo-se segura gritou por socorro, acudindo grande massa de povo no jardim da casa. Que um dos praças (guardas) convidou-o a vir a esta delegacia. [...] atribui o ferimento de sua esposa a um fragmento de louça ou a haste do guarda-chuva.

Apesar de Ermelinda ter afirmado ter sido agredida, mostrando as marcas que lhe deixara a amante do marido, e embora uma testemunha tivesse visto Raul espancá-la, ele é absolvido, reconhecendo a Justiça o caráter privado da questão. Adultério masculino era sinônimo de problema de foro íntimo; o feminino, de crime e escândalo.

A fidelidade continua bem diferente para ele e ela. Obrigatória para a mulher, era impossível de ser mantida pelo homem cuja sexualidade era excessivamente exigente, não admitindo perder uma única oportunidade de "sedução". Esperava-se compreensão diante de tais deslizes e pecadilhos por parte das esposas. Se, para os homens, o livre exercício da sexualidade era incentivado, entre as mulheres, era condenado. A "pureza" era tudo.

Enquanto na fábrica: o amor "visto de baixo"

A afirmação já citada da feminista Maria Lacerda de Moura: "Ambos, homens e mulheres, nasceram pelo amor e para o amor" seria realidade para todos? Ao mesmo tempo em que o país passava a crise do café, a crise das Bolsas de 29, a criação de pequenas indústrias, na base da pirâmide formava-se nova classe com regras próprias de organização. Nela, os "casamentos", ou melhor dizendo, as uniões, eram precoces, as uniões, consensuais e concubinatos eram regra embora sujeitos à instabilidade e a circulação de crianças, "bastardas", na casa de parentes e familiares, bastante comum. Longe de ser fruto de "ignorância" ou "irresponsabilidade", como acusavam médicos higienistas e juristas, essa classe trabalhadora possuía uma cultura diversa daquela das elites. Uma cultura popular que se chocava, muitas vezes, com a das camadas dominantes. Era difícil, se não impossível, adaptar-se à camisa de força dos valores burgueses quando se tinha de sobreviver em condições tão árduas.

No mundo do trabalho, cada vez mais urbano ou industrializado, a confusão entre a mulher fácil e a esposa e mãe era enorme. Por um lado, embora as mulheres correspondessem à grande parcela da força de trabalho e esses fossem tempos de forte militância em favor dos seus direitos, a mentalidade machista era muito arraigada. Mesmo entre anarquistas e comunistas, a fábrica, espaço de trabalho para milhares de imigrantes e seus descendentes, era considerada um "lupanar", um "bordel, um "antro de perdição". A maior parte da imprensa operária atacava as mulheres que deixavam seus lares para trabalhar no seu ganha-pão. Não poucas operárias tinham de provar em casa que trabalhavam em "serviço honesto". Outras contavam com o depoimento de amigos e colegas para testemunhar que "na fábrica, se comportava bem...". O jornal *A Razão,* em editorial de 29 de julho de 1919, repetia argumentos já conhecidos pelo leitor. Seduzidas pelas facilidades do mundo moderno, pelo discurso radical do feminismo e do anarquismo e convivendo de perto com o submundo da prostituição, as mulheres deixariam de ser mulheres: "O papel de uma mãe não consiste em abandonar seus filhos em casa e ir para a fábrica trabalhar, pois tal abandono origina, muitas vezes, consequências lamentáveis".

De fato, algumas dessas consequências eram dramáticas para as casadas ou noivas. O assédio de chefes e patrões não era raro. É da operária Luiza Ferreira de Medeiros o depoimento sobre o cotidiano na Fábrica Têxtil Bangu, no subúrbio do Rio de Janeiro, durante a Primeira Guerra:

> Mestre Cláudio fechava as moças no escritório para forçá-las à prática sexual. Muitas moças foram prostituídas por aquele canalha. Chegava a aplicar punições de dez a quinze dias pelas menores faltas, e até sem faltas, para obrigar as moças a ceder a seus intentos. As moças que faziam parte do sindicato eram vistas como meretrizes, ou pior do que isso: eram repugnantes.

Com a crescente incorporação das mulheres ao mercado de trabalho e à esfera pública, lembra a historiadora Margareth Rago, a questão do trabalho feminino era motivo de discussão com outros temas que envolviam as mulheres: virgindade, casamento e prostituição. Enquanto o mundo do trabalho cabia como uma luva na metáfora do "cabaré", o lar era valorizado como o espaço sagrado da "santa e rainha do lar", do "reizinho da família". Com o vertiginoso crescimento urbano das primeiras décadas do século, o mundo do trabalho passou a ser visto como algo profundamente ameaçador para as mulheres e não faltavam críticos dessa situação:

> São Paulo caminha para uma perdição moral [...]. Outrora, em suas ruas onde só se encontravam famílias e casas habitadas por quem tem o que fazer, se veem hoje, caras impossíveis, mostrando, embora cobertas pelo *cold cream* e pelo creme Simon, polvilhado pelo pó de arroz, os sulcos que não se extinguem, deixados pelo deboche e pelas noites passadas em claro libando, em desenvolta moralidade, as taças de *champagne* falsificado, entre os pechisbeques do falso amor.

Junto ao clamor pela "volta ao lar" dessas que não se sabia se trabalhadoras direitas ou prostitutas disfarçadas, corria também a preocupação de médicos, como o dr. Potyguar de Medeiros, com a educação como meio de escapar ao ineroxável meretrício. Em seu estudo de 1921, *Sobre a phrophylaxia da syphilis*, dizia que as jovens trabalhadoras não tinham meios para se defender das armadilhas do mundo moderno.

Nas habitações coletivas que se erguiam nas cidades em crescimento, nas pensões, nos porões ou casebres de favelas, casais se faziam e desfaziam ao sabor das necessidades de uma população itinerante. Elas são o espaço de outra moral, de outra família e, por conseguinte, de outros afetos e amores. Uma série de fatores somava-se para que as mulheres pobres garantissem sua autonomia: a ausência de propriedade, os entraves burocráticos, a dificuldade de homens pobres se fazerem, como os burgueses, de únicos mantenedores da família. Não deviam ser poucas a pensar, com a mulata Rita Baiana, do romance *O cortiço*, de Aluísio de Azevedo: "Casar? Protestou Rita. Nessa não cai a filha do meu pai! Casar! Livra! Para quê? Para arranjar cativeiro? Um marido é pior que o Diabo, pensa logo que a gente é escrava! Nada! Qual! Deus te livre! Não há como viver cada um senhor e dono do que é seu!".

Amor e samba

Pois as Ritas multiplicavam-se. Depois da política saneadora que tomou conta das capitais no fim do século XIX, momento em que negros e seus descendentes, considerados perigosos, serão perseguidos, pois, Rita e seus companheiros passarão a ser vistos como símbolos de uma cultura. Entre os anos 30 e 40 do século XX, a figura do mulato sambista, malandro, esperto e cheio de ginga juntou-se à da mulata cabrocha, faceira e sensual. Mulatos e mulatas passam a sintetizar uma cultura alegre e descontraída, calcada em ingredientes como a sexualidade e a musicalidade. Nasce desse caldo uma das manifestações culturais mais privilegiadas para a análise das relações entre homens e mulheres: a música popular brasileira. A maior parte dos letristas é homem. Mas, enquanto em outras formas de discurso ele procura transmitir uma imagem de superioridade, aqui, ele abre o coração. Sincero, confessa sua angústia, sua fraqueza, sua dor, seu desejo.

O gênero musical que se convencionou chamar samba – como analisou o estudioso Ruben Oliven – se desenvolve no Brasil quando se começa a formar a sociedade urbano-industrial. O tema do salário, leia-se dinheiro – lembro ao leitor que esse é um mundo novo para segmentos subalternos – e, sobretudo, o tema da mulher são uma constante. Segundo o sambista Noel Rosa, "[...] antes a palavra samba tinha um único sinônimo: mulher... agora, o malandro se preocupa no seu samba, quase tanto com o dinheiro como com a mulher" e conclui – "são as únicas coisas sérias deste mundo". Tal associação aparece no famoso samba de Orestes Barbosa e Antônio Nássara, *Caixa econômica*, gravado em 1933:

> Você quer comprar o seu sossego
> Me vendo morrer num emprego
> Pra depois então gozar

> Esta vida é muito cômica
> Eu não sou Caixa Econômica
> Que tem juros a ganhar
> E você quer comprar o quê, hem?
> Você diz que eu sou moleque
> Porque não vou trabalhar
> Eu não sou livro de cheque
> Pra você ir descontar
> Se você vive tranquila
> Sempre fazendo chiquê
> Sempre na primeira fila
> Me fazendo de guichê
> E você quer comprar o que, hem?

A mulher é o elemento propulsor do enredo desse samba. É ela que acusa o narrador de ser moleque por não trabalhar. E ele se defende acusando-a de ser uma consumidora insaciável e ter um caráter predador, pois quer o ingresso do homem no mundo do trabalho e do dinheiro para sustentá-la. No imaginário masculino, tal como ele aparece na MPB, a mulher figura como pivô do conflito entre a necessidade de trabalhar e o prazer. Ela tem dois papéis. Primeiro, o de representante do mundo da ordem, da família, do emprego e, finalmente, da monotonia cotidiana. No polo oposto, é fonte de desejo e prazer. Mas, nessa condição, ela é, paradoxalmente, perigosa, pois se deslizar para a desordem e passar à "piranha" pode mesmo abandonar o malandro, transformando-o no seu avesso: o otário. Incrível a precocidade do gênero musical em captar, no berço, um dos principais problemas das relações amorosas, na segunda metade do século XX: "a grana".

Outro especialista do assunto sugeriu a predominância de três imagens femininas em letras de samba que analisou: a doméstica, a piranha, a onírica. A primeira seria a mulher passiva e submissa, voltada para o lar, a serviço do homem, organizadora de suas relações sociais e cotidiano. A segunda é a de vida fácil, desfrutável, que satisfaz o homem em sua boêmia, mas que traz o vezo da traição, desorganizando sua vida social. A terceira é a inexistente, ideal, pois construída com imagens românticas.

O paradigma da doméstica é representada por *Emília*, gravado em 1941, de Wilson Barbosa e Haroldo Lobo e em *Ai que saudades da Amélia*, do mesmo ano, de Mario Lago e Ataulfo Alves, cujas letras o leitor há de gostar de lembrar:

> Eu quero uma mulher
> Que saiba lavar e cozinhar
> Que, de manhã cedo,
> Me acorde na hora de trabalhar
> Só existe uma
> E sem ela eu não vivo em paz
> Emília, Emília, Emília
> Eu não posso mais
> Ninguém sabe igual a ela
> Preparar o meu café
> Não desfazendo das outras
> Emília é mulher
> Papai do céu é quem sabe
> A falta que ela me faz
> Emília, Emília, Emília
> Eu não posso mais.

Ou

> Nunca vi fazer tanta exigência
> Nem fazer o que você me faz
> Você não sabe o que é consciência
> Não vê que eu sou um pobre rapaz
> Você só pensa em luxo e riqueza
> Tudo o que você vê, você quer
> Ai, meu Deus, que saudades da Amélia
> Aquilo sim é que era mulher.
> Às vezes passava fome ao meu lado
> E achava bonito não ter o que comer
> E quando me via contrariado, dizia:
> "meu filho, que se há de fazer"
> Amélia não tinha a menor vaidade
> Amélia é que era mulher de verdade.

O caráter doméstico das personagens, sua submissão e identificação com a mulher "do lar" é total. Mas elas correspondem a um padrão não mais existente, um padrão que deixava saudades, deixava um vazio; elas não mais estão. O poder dessas mulheres era o de dar "colo" ao homem. Colo que fosse feito de amor incondicional, de leite vital, enquanto eles se sentem inseguros e frágeis. No samba de Ataulfo Alves, de 1940, *A mulher faz o homem*, ela é vista como o motor do movimento masculino. Poderosa, encorajadora, sem ela, ele não tem forças para lutar. Derivada de imagens tão substantivas para a vida masculina, a mulher só apresenta um grande perigo: ela pode abandoná-lo. E como? Ora, em tempos em que o dinheiro tem tanta importância, o abandono está associado à falta dele. O samba *Oh! Seu Oscar*, de Ataulfo Alves e Wilson Batista, gravado em 1939, é emblemático dos esforços feitos pelo homem para dar um alto padrão de vida à mulher, que mesmo assim, "ingrata", o abandona. É o otário por excelência: em retribuição aos seus esforços, ganha a traição:

> Cheguei cansado do trabalho
> Logo a vizinha me falou:
> – Oh! Seu Oscar
> Ta fazendo meia hora
> Que sua mulher foi-se embora
> E um bilhete assim deixou
> O bilhete assim dizia:
> "Não posso mais
> Eu quero é viver na orgia."
> Fiz tudo para ter seu bem-estar
> Até no cais do porto eu fui parar
> Martirizando o meu corpo noite e dia
> Mas tudo em vão
> Ela é da orgia
> É... parei!

A onírica está representada no choro *Noite cheia de estrelas* de Nego Dudu, ou Cândido das Neves, ferroviário, compositor e letrista do tango que fez sucesso na voz de Vicente Celestino:

> Lua...
> Manda a tua luz prateada
> Despertar a minha amada
> Quero matar meus desejos
> Sufocá-la com os meus beijos
>
> Canto
> E a mulher que eu amo tanto
> Não me escuta, está dormindo
> Canto e por fim
> Nem a lua tem pena de mim
> Pois ao ver que quem te chama sou eu
> E entre a neblina se escondeu

Lá no alto a lua esquiva
Está no céu tão pensativa
As estrelas tão serenas
Qual dilúvio de falenas
Andam tontas ao luar
Todo o astral ficou silente
Para escutar
O teu nome entre as endechas
A dolorosas queixas
Ao luar

Cantavam-se, também, as tensões conjugais nascidas do casamento civil, alertando para as armadilhas da vida matrimonial. Veja-se este maxixe de Guimarães Passos:

José casou com Maroca
E o Antônio casou-se com Fina
Foi cada um pra sua toca
Numa alegria Divina
No primeiro mês, abraços
Beijos, venturas, carinhos...
E andavam, dados os braços
E eram as casas dois ninhos
Depois arrufos e brigas;
E tédio em cada consorte
E aí! Ambas as raparigas
Tiveram a mesma sorte
E ambos com fúria guerreira
Tiveram ira profunda
José dava na primeira
E o outro dava... na segunda

Mas o compositor por excelência da dor de cotovelo, intérprete do que foi chamado de "filosofia da cornitude", foi Lupicínio Rodrigues. Em *Nervos de aço*, gravado pela primeira vez em 1947, resplandece a fragilidade masculina em virtude do abandono:

Você sabe o que é ter um amor
Meu senhor?
Ter loucura por uma mulher
E depois encontrar este amor

Meu senhor?
Nos braços de outro qualquer
Você sabe o que é ter um amor
Meu senhor?
E por ele quase morrer?
E depois encontrá-lo em um braço
Que nem um pedaço
Do seu pode ser?
Há pessoas com nervos de aço
Sem sangue nas veias
E sem coração
Mas não sei se passando o que eu passo
Talvez não lhes venha qualquer reação
Eu não sei se o que trago no peito
É ciúme, despeito, amizade ou horror
Eu só sei que quando a vejo
Me dá um desejo de morte ou de dor.

Centrado na questão do abandono, Lupicínio fala da mulher por quem tem um amor sem limites. A dor do abandono é tão grande que mesmo os possuidores de "nervos de aço, sem sangue nas veias e sem coração", aguentariam o sofrimento do narrador. Esse é o estado de coisas que gera o desejo de *Vingança*, música gravada com o Trio de Ouro:

Eu gostei tanto, tanto quando me contaram
Que lhe encontraram chorando e bebendo na mesa de um bar
E que quando os amigos do peito por mim perguntaram
Um soluço cortou sua voz, não lhe deixou falar
Ah, mas eu gostei tanto,
Tanto quando me contaram
Que tive mesmo que fazer esforço
Pra ninguém notar
O remorso talvez seja a causa do seu desespero
Você deve estar bem consciente do que praticou
Me fazer passar essa vergonha com um companheiro
E a vergonha é a herança maior
Que meu pai me deixou
Mas enquanto houver força em meu peito
Eu não quero mais nada

> Só vingança, vingança, vingança aos santos clamar
> Você há de rolar como as pedras
> Que rolam na estrada
> Sem ter nunca um cantinho de seu
> Pra poder descansar.

Esse é um grande momento da MPB: *Dorinha, meu amor, Fita amarela, Gosto que me enrosco, Jura, Sofrer é da vida* e outras eram canções na boca de pobres e ricos a falar de amor, mostrando a influência de grupos antes excluídos na representação dos sentimentos. E mais, mostrando que certo vocabulário – de gestos e palavras – começa a fazer parte dos diálogos amorosos: "O cavalheiro segura / a cavalheira com jeito / Pouco abaixo da cintura / E vai chamando ela ao peito / Ela, a cara toda terna / Gruda na cara do meço / e depois, perna com perna / caem os dois no pererecko / mas eu gosto é quando a gente / Incói o corpo e... mergúia".

Na década de 1940, famílias inteiras postavam-se na frente do rádio para ouvir essas e outras músicas ou as esperadas novelas. Com as músicas, havia uma curiosidade enorme sobre as estrelas do rádio, pois os fãs só conheciam sua voz. Para saciar tal curiosidade, surgiu a *Revista do Rádio* com a cobertura sobretudo da vida amorosa dos ídolos "em cartaz". A separação de Herivelto Martins e Dalva de Oliveira, por exemplo, prodigalizou um fogo cruzado entre dois gigantes da cultura popular, que tinham desfeito uma união antes apaixonada. Foi um vaivém de músicas e de acusações. Os "Mexericos da Candinha", coluna da *Revista do Rádio*, encarregava-se de lavar a roupa suja dos casais. Na sessão de entrevistas não faltavam elogios à vida familiar, à casa dos artistas, a seus planos de casamento, valorizando o padrão moral mais burguês possível. Por exemplo, a revista perguntou aos artistas qual a melhor profissão para a mulher.

Joana D'Arc, da rádio Tupi, respondeu: "A de esposa, porque é o mais belo cargo e o que a mulher pode exercer com facilidade e segurança".

Saint Clair Lopes (que fazia a voz do personagem Sombra), respondeu: "Qualquer profissão serve para a mulher, desde que ela não abdique de seus direitos de dona do lar, a dona da casa". Em toda a parte, o recado aos amantes, esposos e namorados era sempre o mesmo: mulheres, em casa. Homens, na rua.

Amor nas telas

Tal fenômeno não se faz só graças ao *gramophone*, ao rádio, aos discos Philips e aos programas de auditório. Sentimentos ligados à traição e ao amor saltam daí para o cinema. Depois da Primeira Guerra Mundial, com o colapso da indústria cinematográfica europeia, Hollywood passa à frente da cena. Os grandes estúdios e o *star system* exportavam-se mundialmente. Nos filmes que destacavam o relacionamento afetivo como eixo principal, a maioria das personagens femininas era apresentada em situação de triângulo. Casais secundários personificavam, por vezes, a normalidade. As tramas ficcionais eram semelhantes: duas personagens se batem pelo amor de uma terceira. Depois do triângulo esclarecido, os maus eram punidos e os bons pares, felizes para sempre. Outro traço comum? O casamento como solução para qualquer problema. É por meio dele que personagens de grupos sociais diferentes se encontram.

Tipos femininos criados pelas atrizes Clara Bow, Alice White, Colleen Moore incentivavam imagens sobre "garotas modernas", misto de alegria, mocidade, *jazz* e *cocktails*! Theda Bara e Greta Garbo arrasavam com sua malícia singular; eram o símbolo da mulher-mistério. Todos se apaixonavam por tais musas, até Carlos Drummond de Andrade que lhe dedica um poema: "*Os 27 filmes de Greta Garbo*": "um dia, não importa em sonho, imaginei, maquiei, vesti, amei Greta Garbo. E esse dia durou quinze anos". Certas representações do universo cinematográfico começam a encher a cabecinha das nossas meninas modernas. A palavras francesas como *coquetterie*, literalmente a preocupação de se valorizar para agradar, e *allure*, distinção de porte, somam-se outras, em inglês, influência do cinema: *sex appeal* e *it*. A primeira dispensa tradução; a segunda, referia-se ao "quê" de sedutora que havia em cada mulher. "*It* é um dom de atração [...] uma qualidade passiva, que atrai a atenção e desperta o desejo. A mulher deve possuir o *it* para atrair o homem" explicava o articulista de *Cinearte*, em 1928. Já o s*ex appeal*, segundo o mesmo cronista, definia-se pelo físico "atraente e perfeito, pelas atitudes provocantes, o olhar liquefeito e perigoso, no andar lento e sensual, nos lábios contornados e convidativos. As que têm [isso] os homens seus escravos são". A "malícia", outro ingrediente indispensável ao sucesso feminino, era sugerida por subentendidos na estética cinematográfica. Pois as mulheres passam a ser escolhidas por seu *it, sex appeal, allure* e *coquetterie*. O importante era agradar. Já os homens tinham de se mirar em Rodolfo Valentino, Clark Gable – o "rei de Hollywood" – ou Humphrey Bogart e sua fala arrevesada para terem alguma chance.

Grande sucesso nesses anos, a influenciar o imaginário amoroso, mundo afora, foram os musicais. Centrado no par amoroso, bebendo nos mitos do amor cortês – do qual já falamos ao leitor – e na lenda da distante princesa, ele vai ser habilmente transformado pelo cinema americano. Nesta versão – explica o historiador Nicolau Sevcenko – o casal amoroso se torna uma entidade autônoma, que existe em um contexto autorreferido, em que tudo o que acontece ao seu redor só tem sentido em virtude de sua relação – cômico-dramática – amorosa. É como se eles existissem à parte da sociedade, tendo como único nexo explicativo seu comportamento e das outras pessoas que orbitam à volta de sua ligação apaixonada. Assim eles se indispõem sucessivamente contra seus pais e familiares, contra seus amigos e circunstantes, contra hierarquias e convenções sociais, enfim, se batem contra tudo que possa interferir em sua relação amorosa. O par amoroso só se realiza voltado para si mesmo e contra a sociedade que o cerca. Paradoxalmente, lembra o historiador, o amor torna-se um fermento antissocial, sugerindo a emancipação das cadeias tradicionais de autoridade.

Assim, a "máquina de difusão do amor" que é o cinema proporciona uma espécie de valorização do casal solidário, em um mundo em transformação. Eles dançam, cantam, sapateiam, abraçam-se, pulam, flutuam no ar e os problemas se desvanecem. Quanto ao público, ele chora, canta junto, sai do cinema, compra o disco e, se tem a sorte de um braço para afagar, tanto melhor.

Anjos e demônios também invadem o imaginário das telas de cinema. Embora as representações, sobretudo femininas, convidassem a novos padrões de comportamento, até mesmo amorosos, elas aqui se chocavam com a mentalidade patriarcal que via nas *vamps* ou vampiras, o avesso da mulher ideal. A diva fatal, envolta na fumaça da cigarilha, em turbantes e pijamas de seda, exótica e perturbadora, enchia, graças a técnica do *close-up*, a tela e a imaginação. Ademais, *vamps* eram sempre mulheres possuidoras de curvas avantajadas e insinuantes, enquanto as ingênuas eram frágeis, delicadas "como *biscuits*", magras e de feições angelicais.

De uma dessas mulheres-anjo, Tamar Moema, protagonista do filme *Saudade*, um articulista da revista *Cinearte*, deixou-nos, em 1930, um retrato: "Tamarzinha é assim. Pequenina. Morena. Mais simples do que o lírio. Mais suave do que um beijo de amor. Humilde. Fala pouco. É para a alma. Não para o sangue. Ela é um lar. Uma aliança novinha, num dedo bonito. A grinalda de noiva. O verdadeiro amor!". E assim, o cinema e seus subprodutos na forma de revistas, clubes de fãs e coleção de fotos, ajudavam a reforçar uma ideia de que existiam dois tipos de mulher: a boa e a má. A primeira, identificadas com o casamento e com a felicidade. A outra era para "usar e jogar fora".

O namoro...

A propósito de um braço para afagar, vamos ver a quantas andavam os namoros. Segundo o sociólogo Thales de Azevedo, pioneiro nos estudos sobre esse tema entre nós, a modernização das grandes cidades e a institucionalização do *footing*, tudo mudou. O bonde e o elétrico socializaram os namoros. A praça do Ferreira em Fortaleza, as alamedas de São Paulo, a rua 15 de Novembro em Curitiba, a rua Chile em Salvador, a rua da Praia em Porto Alegre, o largo do Palácio em Florianópolis, a avenida Rio Branco no Rio de Janeiro, eram as artérias por onde circulavam milhares de homens e mulheres entre o *footing* e o *flirt*. Uns e outros eram alvos das "trepações" isto é, de comentários indiscretos e brejeiros. Passear de um café ao outro, de uma loja chique a outra, de uma praça a um jardim era ocasião para um primeiro comércio de olhares, aparentemente casuais, de sorrisos, de gestos significativos. Seria a primeira vez que as moças estariam se expondo deliberadamente, ainda que de modo dissimulado, à conquista tendo em vista o namoro. Nesse exercício, caminhando ao lado de outras jovens, em geral de mãos ou braços dados, a moça interessada em arranjar namorado via diferentes rapazes, avaliava seus tipos, tentava decifrar seus sinais e signos exteriores, comparava-os até decidir-se por um deles e com ele estabelecer – quase sempre furtivamente – sem que as companheiras percebessem, uma relação preliminar. Nas cidades do interior, nos domingos após a missa, ia-se "tirar uma linha" e começar um namoro sério.

Palavra guarda-chuva, no *flirt* cabiam várias práticas que João do Rio teve a pachorra de classificar:

> Há o *flirt* do bond com contatos misteriosos e frases breves sem olhares. O maior prazer do amor é tocar, é pegar. Há o *flirt* imperativo que começa por ódio e que acaba no prazer delicioso de duas carnes que se correspondem. Há o *flirt* passatempo, quando não se tem o que fazer e se espera o outro. Há o *flirt* casado. Oh! Esse! É possível esperar tudo? Há o *flirt* solteiro, sem ponto terminal. Há o *flirt* contínuo, o sujeito que algumas damas trazem como as luvas, sempre opacos, sempre ácidos, sempre tristes. Há o *flirt* exasperante que alguns chamam branco e toma às vezes a cor da congestão. Há o *flirt* galanteio: – Como está bonita, hoje! – Acha? – Acho. Há o *flirt* má-língua, o *flirt* inteiramente puro, ela e ele admirando a beleza e procurando um meio de senti-la; há o *flirt* poliglota, em que ele estudou na Áustria, na Suíça, na Inglaterra e ela por lá passou depois de ter frequentado o Sion. Há o *flirt* outonal, o último *flirt* da idade de amar, já sem reflexão, dos quarenta anos loucos de paixão.

Uma vez, captada a atenção, o candidato passava a exibir uma variedade de sinais, por meio dos quais se comunicava, a distância com sua bem amada: flores à lapela do paletó, lenço disposto de maneira convencionada no bolso do peito, movimentos com a bengala; ela respondia carregando flores de várias espécies e também com diferentes cores de vestido. Baforar um charutão significava, não te dou bola; limpar o suor do rosto: "quantos trabalhos me dás"; passar com a ponta da bengala para cima: "Estou de ponta contigo"; braço em decúbito: dor de cotovelo; coçando o nariz: "lá vem gente". Botão de rosa com espinho: "temo, mas espero". Lírio: "começo a amar". A tulipa: "declaro-me"; o mirto: "amo-te!" Chamava-se a essa fase do namoro "estar na chumbação".

O próximo passo era um baile, uma festa, onde pudessem se encontrar e mais... se tocar. O narrador é Olavo Bilac:

> Ele e ela agora dançam juntos, e juntinhos no vão da janela, estão agora continuando a conversa começada durante a dança. Na sala, continua a dança, ou há conversas animadas; e muitas velhas namoradeiras aposentadas, e muitos rapazes invejosos murmuram, olhando o par feliz; "Descaramento! Aquela sirigaita e aquele sujeito não têm vergonha: estão dando sorte a vista de todos!...". Ele e ela, porém, não escutam essa murmuração malévola, e continuam a conversar, baixinho, num zumzum de besouros. Juramentos, protestos, promessas, entrevistas combinadas, a janela ouve tudo isso discretamente, como uma cúmplice complacente e muda. Daqui a pouco tudo aquilo acabará na igreja, se não houver briga, que atrapalhe os planos do casal de pombinhos, e se o pombo-calçudo não abandonar a rola incauta, deixando-a naquela triste situação "que a faria ameaçar: "se me esqueceres bebo um copo de ácido fênico". A este estágio do namoro chamava-se "grelação".

João do Rio, por sua vez, definia o flerte como um brinquedo torturante, no qual "[...] o homem deseja, mas teme as responsabilidades, a mulher quer, mas recua diante da desilusão". Enquanto isso, Afrânio Peixoto, em seu romance *Esfinge,* publicado em 1911, retrata os namoros nas rodas mais aristocráticas, nos quais a excitação residia em não ser descoberto. As trocas de olhares, os meio sorrisos, os ditos irônicos, as declarações, os passeios por matas e ruas desertas – a história se passa em Petrópolis – as dissimulações diante dos mais velhos e dos abelhudos, as mãos dadas, os beijos roubados, os abraços de despedida: eram aventuras perigosas que davam ao namoro um calor mais intenso do que a aproximação prudente dos namoros comuns.

A transformação do *flirt* para o namoro propriamente dito não ocorre sempre; há moças que se deliciam e divertem apenas flertando de modo sucessivo e até simultâneo com mais de um rapaz. Aquela passagem, explica Thales de Azevedo, faz-se a contar de um contato direto, em que o assentimento, nem sempre manifesto de forma aberta, é inferido do fato de a moça concordar em conversar, permitindo, depois, ser acompanhada na rua, marcando, por último, novo encontro à porta, à janela ou a certa distância da casa. Esse primeiro passo, às vezes necessita da ajuda ou da mediação de uma alcoviteira, ou *onze-letras* – chamada de *cocada,* na Bahia, de *pau de cabeleira,* noutros lugares, de *doce de pera,* no Rio Grande do Sul – que se empenha em facilitar a comunicação, os contatos, os encontros. Uma tia, uma prima ou madrinha podiam fazer o contato. O processo podia acelerar-se com beijos furtados nas matinês dos cinemas e mais fundos, nos quintais. Quando o namoro amadurecia e chegava a ser conhecido da família da moça, assumia o caráter de compromisso, condicionado pelo consentimento dos pais. Houve tempo em que, nessa altura, o rapaz tinha de se declarar, exprimindo verbalmente seu amor, a paixão e a intenção de casar-se.

Todo um dispositivo de controle se colocava, então, em funcionamento a fim de preservar a reputação e a honra da moça, representada pela virgindade, bem supremo de troca no matrimônio burguês. Para evitar tentativas eróticas, os passeios eram acompanhados e só duravam até nove horas da noite, limite para voltar para casa. O tiro das nove, disparado em um velho forte de Salvador, por exemplo, era um marco para os namorados da cidade recolherem-se. No caso de defloramento ou gravidez o "desastre" era punido com casamento imediato ou sentença judicial.

Qualquer condescendência com experiências sexuais antes do matrimônio que tivessem resultado em um "passo falso", em uma "queda", mesmo com o próprio namorado ou noivo, reduzia a zero a chance da festa, com bolo, véu e grinalda. Sobre esse assunto, já anotara Antonio Candido, que com muito poucas exceções, a mulher que perdeu a virgindade ou consegue manter o sucedido em segredo, e tudo lhe corria bem, ou só tinha três alternativas: a prostituição discreta, se fosse pobre, o celibato ou um casamento arranjado.

Durante o noivado, alguns passavam a usar um anel de compromisso no dedo anular da mão direita. O par de comprometidos, na sua nova condição, ganhava maior liberdade de ação, deixando de ocultar a relação, agora exibida em convenções. O rapaz podia frequentar a casa da namorada em dia e hora estabelecidos. Um pretendente em boas condições financeiras podia precipitar tudo e passar direto ao pedido de casamento. Em algumas situações, cabia ao namorado acompanhar a família da namorada, com a obrigação de protegê-la e pagar algumas despesas. Tais dádivas eram bem-vindas, pois consolidavam a relação. Acabar um namoro adiantado era motivo de vergonha para a família e de crise emocional para a moça que ficava desvalorizada: *levar a lata, tomar taboca, levar a tábua* eram equivalentes verbais de ser desprezada.

Das noivas era exigida pureza: virgindade e nada de contatos com o sexo oposto. Já os noivos sérios tinham de se comportar como tal. Em uma das cartas que escreve, de Belo Horizonte, à sua noiva em 1928, Afonso Arinos conta que em uma reunião social a que estivera presente:

> As mães me apresentaram às jovens. Eu, porém, estive procedendo de forma a merecer todos os seus louvores. Só queria que você me visse, meu amor. Arranjei a primeira oportunidade para declarar que era noivo. Depois, recusei a ideia de dançar com as pequenas que já queriam 'arranjar um assustado para aproveitar a banda de música'. Não só não dancei, como não conversei com nenhuma delas, com receio de que você não gostasse. Porque eu sou do golpe de contar tudo o que faço, e contaria se tivesse conversado. Levei conversando com uma velha de 80 anos, surda e irmã do Sebastião Mascarenhas, casado com uma irmã de minha avó materna.

No outro lado da moeda, avesso das "puras", as "mundanas" e "artificiais" eram sinal de problema. Festas e bailes sem medidas, o convívio social em lugares fechados, a promiscuidade de contatos físicos ou a excessiva coqueteria feminina horrorizavam os médicos higienistas preocupados, então, com nova percepção dos corpos, voltada para a vida ao ar livre, natural e saudável. É deles a ideia de perseguir os "artifícios", especialmente os cosméticos, utilizados para esconder "defeitos físicos" que pudessem interferir no momento da escolha de uma namorada. As "mundanas", que faziam o possível e o impossível para atrair atenções eram alvo de reprimendas vindas de todos os lados. Eram consideradas "artificiais" as que usavam recursos externos, como trajes da moda e cosméticos, mas também as que tinham um comportamento corporal – poses e gestos – considerado excessivamente estudado. A hostilidade diante dos abusos dos artifícios vinha da vontade de limitar os apelos sexuais da aparência.

Mas não só. Havia também a hostilidade nascida do medo da sedução feminina, bem explorada na literatura. Em *Vertigem,* romance de Laura Villares, publicado em 1926, o personagem de Eduardo Vargas suicida-se porque Luz, puríssima como um anjo, recusa seu amor. Ela é órfã, sem família e sem dinheiro; ele é rico, advogado, dono de situação social importante, além de sustentar várias amantes ao mesmo tempo. O poder do anjo em forma de mulher? A propalada falta de artifícios. Vamos conhecê-la de perto:

> Luz mora na mesma pensão que Liliane, uma das amantes de Eduardo. Numa noite, a heroína está sozinha no quarto de sua amiga, onde ela toca piano. A lâmpada está apagada, ela chora. Eduardo entra no quarto sem que Luz se dê conta:
> "Mas estava sonhando?
> Alguém acariciava-lhe o corpo, umas mãos delicadamente apertando-lhe os seios... uma força imperiosa e doce dobrou-a como um junco para trás e antes que ela tivesse tempo de fazer um gesto, ou dizer uma palavra, uns lábios cálidos, ávidos, sorveram sobre a boca semiaberta um longo, profundo beijo, sápido de lágrimas e voluptuoso até o sofrimento.
> Desvairada, libertou-se como pôde, sentindo as unhas entrar na carne do violentador e depois de uma luta breve, percebeu com vergonha e ira que o desconhecido tentava alcançar com afã o botão da eletricidade.
> – Não... peço-lhe, não acenda a luz!... – suplicou – eu... não quero, proíbo-lhe...
> – Bem me parecia que não era Liliane! Respondeu-lhe uma voz emocionada – Deixe que acenda e que veja a quem devo pedir perdão!
> – Não, por piedade, só lhe poderei perdoar se me deixar sair assim, às escuras...
> Estavam parados os dois, um perto do outro e as mãos fortes do homem agarravam ainda uma mãozinha fria como gelo.

Ela via somente um vulto escuro e sentia o olhar do desconhecido tentar adivinhá-la toda, como uma carícia de fogo.

Após um breve silêncio, a custo, soltou-se e fugiu.

Depois desse encontro às escuras, um fascinado Eduardo faz o possível para encontrar Luz e conquistar seu amor. Comparada às outras mulheres do romance, ela é a encarnação da natureza feminina, sem nenhum artifício. Jamais atirada ou ousada, é, em sua ingenuidade, a encarnação da mulher cujos desejos e sensualidade são "naturais". Direta e verdadeira, Luz conquista, por meio de sua inocência, o amor do homem mais solicitado, homem que nunca amou embora tenha tido em seus braços todas as demais mulheres. É por causa da "recordação divina de um beijo", recordação que o fustiga sem que consiga aceder à dona de tão ambicionada boca, que Eduardo põe fim à vida.

Anos 30, 40 e 50

Ao fim dos anos 30 e 40, a urbanização e a industrialização traziam mais novidades. Novidades impostas de forma desigual em todo o país, somadas ao êxodo campo-cidade, acabavam por diluir as redes tradicionais de sociabilidade, democratizando as relações afetivas. Antonio Candido soube bem resumi-las:

> Impondo-se a participação da mulher no trabalho da fábrica, da loja, do escritório, a urbanização rompe o isolamento tradicional da família brasileira, rica ou pobre, e altera de maneira decisiva o *status* da mulher, trazendo-o cada vez mais para perto dos homens. As consequências imediatas podem ver-se nos novos tipos de recreação e de namoro que atualmente implicam contato muito mais frequente e direto entre rapazes e moças, tanto entre gente comum quanto na burguesia. O hábito de ir a danças, ao cinema, e o costume universal do *footing* estão destruindo (pela substituição por processos mais íntimos), a organização tradicional do namoro com bilhetes, palavras bonitas, serenatas, *chaperon*s. E acima de tudo estão modificando a iniciativa para o casamento, transferindo-a dos pais para as próprias partes interessadas, uma vez que com a dissolução do sistema de parentesco, está se tornando cada vez mais uma questão individual e não de grupo.

Os meios rurais não ficaram atrás. A convivência aumentava em toda a parte e era o fim dos namoros por sinais, que, em Pernambuco, causaram admiração à Maria Graham. O namoro pulara a janela. Fora da porta para a rua. O contato físico estreitava-se. No cinema e nas revistas multiplicavam-se as fotos de artistas, olhos nos olhos, perdidos de "paixão". Nas telas, os beijos eram sinônimo de final feliz. Beijos tornam-se mais demorados, uma verdadeira arte da sucção bucal instala-se e todos a imitam. O de Regis Toomey e Jane Wyman em *You are in the army now*, de 1941, demorou três minutos e cinco segundos: um recorde. Beijar também passa a ser sinônimo de namorar. O carro tornou-se uma opção para os hotéis onde um casal só entrava exibindo atestado matrimonial. Mesmo nos círculos mais modernos, porém, algumas diferenças permaneciam: a do namoro sério, para casar, e o outro, em que o objetivo era a satisfação imediata. Há mudanças? Sim. As pessoas começam a beijar-se, a tocar-se e a acariciar-se por cima das roupas. A anágua e a combinação, por exemplo? Obrigatórias. Mas tudo o que parecia pôr um fim à sexualidade culpada convive, infelizmente, com conveniências hipócritas, com a vergonha do próprio corpo.

Nossos homens continuavam presos aos tradicionais esquemas: aqueles que achavam muita facilidade por parte de suas escolhidas se desencantavam. No século da velocidade, lembra Thales de Azevedo, as mulheres muito "dadas", "pensando que a dar muito, muito agrada", acabavam sem atrativos nem mistérios: "Quanto amor desperdiçado, que desilusão tremenda! Tudo gasto no noivado, não resta nem um bocado, que nos atraia ou nos prenda". A longa espera, as dificuldades, a recusa em nome da pureza eram os ingredientes que atraíam o sexo masculino.

Depois da Segunda Guerra Mundial, o país viveu um momento de ascensão da classe média. Ampliava-se, sobretudo para as populações urbanas, as possibilidades de acesso à informação, ao lazer e ao consumo. O carro popularizou-se, assim como a piscina de clubes, o cinema, as excursões e as viagens. Jovens podiam passar mais tempo juntos e a guarda dos pais, baixou. Filmes americanos seduziam brasileiros e não foram poucos que aprenderam a beijar vendo Humphrey Bogart e Lauren Bacall, casal de amantes na vida real.

As revistas femininas tinham então um papel modelar no que dizia respeito à vida amorosa. Revistas como *Querida*, *Vida Doméstica*, *Você*, *Jornal das Moças* ou sessões femininas no *O Cruzeiro* tinham um tremendo impacto como formadores de opinião. Um exemplo do que publicavam?

Teste do Bom Senso

Suponhamos que você venha a saber que seu marido a engana, mas tudo não passa de uma aventura banal, como há tantas na vida dos homens. Que faria você?

    1. Uma violenta cena de ciúme.
    2. Fingiria ignorar tudo e esmerar-se-ia no cuidado pessoal para atraí-lo.
    3. Deixaria a casa imediatamente.

Resposta

A primeira resposta revela um temperamento incontrolado e com isso se arrisca a perder o marido, que após uma dessas pequenas infidelidades, volta mais carinhoso e com certo senso de remorso.

A segunda resposta é a mais acertada. Com isso atrairia novamente seu marido e tudo se solucionaria mais inteligentemente.

A terceira é a mais insensata. Qual mulher inteligente que deixa o marido só porque sabe de uma infidelidade? O temperamento poligâmico do homem é uma verdade; portanto, é inútil combatê-lo. Trata-se de um fato biológico que para ele não tem importância.

Em meados do século XX – segundo a historiadora Carla Bassanezi, que estudou as revistas e as relações entre homens e mulheres dessa época – continuava-se a acreditar que ser mãe e dona de casa era o destino natural das mulheres, enquanto a iniciativa, a participação no mercado de trabalho, a força e o espírito de aventura definiriam a masculinidade. Quanto às formas de aproximação e compromisso, o flerte – agora aportuguesado – continuava como o primeiro passo de um namoro mais sério. Regras mínimas para os encontros eram bem conhecidas. O rapaz devia ir buscar a moça em casa e depois levá-la de volta – mas, se ela morasse sozinha, ele não poderia entrar; o homem sempre pagava a conta; "moças de família" não abusavam de bebida alcoólica e, de preferência, não bebiam; conversas ou piadas picantes eram consideradas impróprias; os avanços masculinos, abraços e beijos deviam ser firme e cordialmente evitados; a moça tinha de impor respeito. Não importavam os desejos ou a vontade de agir espontaneamente – nos conta Carla Bassanezi – o que pesavam ainda eram as aparências e as regras, pois, segundo conselho das tais revistas, "[...] mesmo se ele se divertir, não gostará que você fuja dos padrões, julgará você leviana e fará fofoca a seu respeito na roda de amigos". Durante os chamados Anos Dourados, aquelas que permitissem liberdades "[...] que jamais deveriam ser consentidas por alguém que se preze em sua dignidade", acabavam sendo dispensadas e esquecidas, pois "[...] o rapaz não se lembrará da moça a não ser pelas liberdades concedidas".

O verdadeiro amor era com a dona de casa, rainha do lar, o complemento doméstico do marido.

O tempo de namoro seguia alguns padrões, não devendo – como no início do século – durar muito, levantando suspeitas sobre as verdadeiras intenções do rapaz, nem tão pouco que precipitasse decisões sérias e definitivas. Além disso, o namoro muito longo comprometia a reputação da moça que se tornava alvo de fofocas maldosas. A opinião do grupo era tão importante quanto a do namorado ou da namorada. E a cobrança da sociedade para que os pombinhos se decidissem também contava pontos:

> O homem que não pensa em casar-se [...] não merece outra coisa a não ser o despeito e a indiferença das mulheres, principalmente daquela que foi enganada em seus sentimentos mais puros [...] se ela o despede não faz mais do que adiar um rompimento inevitável [...] a atitude que toda a mulher deve tomar diante deste homem é de repúdio imediato e enérgico,

alertava o *Jornal das Moças* em seu número de 10 de fevereiro de 1955.

O noivado já era o compromisso formal com o matrimônio. Era um período de preparativos mais efetivos para a vida em comum. O ideal? Usar coroa, véu, grinalda e cauda quilométrica, como Grace Kelly, cujo casamento circulou o mundo, graças à fotografia. Era, também, um período em que o casal se sentindo mais próximo do casamento, poderia tentar avançar nas intimidades. Cabia especialmente à jovem refrear as tentativas desesperadas do rapaz, conservando-se virgem para entrar de branco na igreja:

"Evite a todo custo ficar com seu noivo [...] a sós quando deixam-se levar pela onda dos instintos para lastimarem mais tarde, pela vida toda [...] vocês cometem o crime de roubar ao casamento, sensações que lhe pertencem correndo, o risco de frustrar a vida matrimonial", sublinhava *O Cruzeiro*, no mesmo ano. Era terminantemente proibido ter relações sexuais. Nada de "cair" ou "proceder mal" – eufemismos para o ato. Quer por confiar no noivo, quer por temer que ele fosse se "satisfazer nos braços de mercenárias". O resultado era sempre ruim: "do romance tão auspiciosamente começado restarão pessoas desiludidas e infelizes".

Nas mesmas páginas de revistas, liam-se as críticas às liberdades do cinema, do *rock'n roll*, dos bailes de Carnaval, e das "danças que permitem que se abusem das moças inexperientes". Valorizavam-se as fitas que ressaltassem bons costumes e personagens bem comportados circulando em lugares bem frequentados. Em alta: "a juventude saudável que sabe se divertir – sem escandalizar – e à brotolândia que dá exemplo de amor aos estudos e à família". No mundo adulto, perseguiam-se as transformações juvenis e a rebeldia. A preocupação era com "meninos e meninas que bebem cuba-libre, frequentam o Snack Bar em Copacabana, usam blusa vermelha e *blue jeans*, mentem para os pais, cabulam as aulas, não pensam no futuro e não tem base moral para construir um lar". Temiam-se as "lambretices e escapadas para a escuridão do Aterro" (do Flamengo). A tensão entre as mudanças desejadas pelos jovens e o velho modelo repressivo era tanta que uma leitora escreve a *O Cruzeiro*, desesperada:

> [...] quando uma mulher sorri para um homem é porque é apresentada. Quando o trata com secura é porque é de gelo. Quando consente que a beije, é leviana. Quando não permite carinhos, vai logo procurar outra. Quando lhe fala de amor, pensa que quer 'pegá-lo'. Quando evita o assunto, é 'paraíba' Quando sai com vários rapazes é porque não se dá valor. Quando fica em casa é porque ninguém a quer [...]. Qual é o modo, pelo amor de Deus, de satisfazê-lo?

As adolescentes eram incentivadas a ler obras da conhecida Biblioteca das Moças, da Editora Nacional, sucesso absoluto entre os anos 40 e 60, cujos textos davam asas à imaginação de quem sonhava com um príncipe encantado. Nessas histórias, a heroína era permanentemente possuidora do mais nobre caráter, baseado na moral católica mais rígida. Nos casamentos aí relatados, a mulher era sinônimo de honra na virtude e pureza; e o homem, de honra baseada em seu bom nome. O herói e a heroína eram sempre belos e perfeitos; ela, com sua simplicidade e candura, encantava pela "delicadeza da alma". Alma que não se "deixava macular por nenhum sopro deletério". Ele, forte, elegante, distinto, viril, por vezes arrogante e sedutor, mas, sempre, de muita força de caráter. No casamento, como no namoro e no noivado, a mulher não se oferece, nem mesmo age por si, até porque "inexperiente do mundo", fica esperando ser descoberta pelo parceiro que a beneficia com sua proteção e uma situação que representa ascensão social. Importante: embora não conheça bem esse companheiro, ela confia, entretanto, na simpatia que este lhe inspira e, com certeza, se transformará em amor. As heroínas "se impõem" e "vencem" por suas qualidades morais, permeadas de valores religiosos. Foram 158 títulos "água com açúcar" do tipo: *Boas esposas, Alma em flor, O sentimento do amor, Meu vestido cor do céu.*

O prospecto da editora lembrava que

> [...] a coleção *Menina e Moça* é constituída de pequenos romances que encantam e prendem pelo enredo, oferecendo ao mesmo tempo às suas leitoras oportuna advertência moral e ricos ensinamentos pelo que encerram de observações sobre a vida e a humanidade. São romances atraentes, em que palpita a alma simples e sonhadora da juventude, envolta nas ciladas a que vive exposta a criatura humana, desde o alvorecer da existência. Nem fantasia exagerada, nem sensacionalismo, nem pieguice...

Outros livros, não mais dirigidoss às mocinhas, mas às esposas, ensinavam a estas a se portar, a se vestir, advertindo contra todo e qualquer excesso de cuidados com pessoas estranhas. A "senhora casada" não poderia jamais preferir outra companhia à de seu marido, nunca procurar seduzir corações masculinos, manter correspondência secreta ou esconder alguma coisa do cônjuge, pois tudo isso concorreria para ameaçar sua "respeitável posição", assim como para alimentar sua infelicidade.

Enquanto elas consumiam tal literatura cor-de-rosa, completamente fora da realidade, eles devoravam os quadrinhos eróticos de Carlos Zéfiro, *nom de plume* do pacato funcionário público Alcides Caminha. Conhecidos por "catecismos", pois cabiam no bolso da calça, comprados às escondidas ou disputados à tapa, tais quadrinhos feitos a bico de pena continham todo o universo erótico masculino. Os títulos ambíguos só faziam aumentar a curiosidade: *Boas Entradas, Aventuras de João Cavalo, O viúvo alegre,* e *A pagadora de promessas,* entre outras. Nas posições mais escabrosas, "boazudas" com o corpo de violão responsabilizavam-se pelos prazeres solitários que, no mais das vezes, acabavam no banheiro, melando páginas e combatendo espinhas. As leituras mostram, contudo, os universos distintos nos quais se concebiam o amor e o sexo.

Regras e advertências não foram suficientes para barrar algumas pioneiras que fugiam ao padrão estabelecido. Essas transgrediam fumando, lendo coisas proibidas, explorando sua sexualidade nos bancos dos carros, discordando dos pais e, abrindo mão da virgindade e, por vezes, do casamento, para viver um grande amor. A moda do "existencialismo" chega às praias tropicais. Lê-se Sartre e Boris Vian. *O segundo sexo*, de Simone de Beauvoir, torna-se a bíblia das moças que se vangloriavam de "certo desgosto em viver", aproveitando para compensá-la com prazeres. Prazeres que acabaram em filhos que criaram sozinhas.

Algumas escaparam à pecha de levianas e malfaladas, de serem chamadas de "vassourinha" ou "maçaneta" mantendo as aparências de moça respeitável. Outras sofreram e foram abandonadas em consequência de comportamentos "indevidos ou ilícitos". Tais comportamentos podiam até mesmo inspirar muitos admiradores, mas essas jovens não casariam, pois "[...] o casamento é para a vida toda e, nenhum homem deseja que a mãe de seus filhos seja apontada como doidivanas". Já as que se comportavam como "moças de família", não usando roupas sensuais, evitando ficar à sós no escuro, saindo só na companhia de um "segurador de vela", essas tinham mais chance de fazer bom casamento.

Mantendo a velha regra, eram os homens que escolhiam e, com certeza, preferiam as recatadas, capazes de enquadrar-se nos padrões da "boa moral" e da "boa família". A "moça de família" manteve-se como modelo das garotas dos anos 50 e seus limites eram bem conhecidos, embora as atitudes condenáveis variassem das cidades grandes para as pequenas, nos diferentes grupos e camadas sociais. No censo de 1960, 60,5% da população dizia-se casada no civil e no religioso.

Em contrapartida, relações sexuais de homens com várias mulheres não só eram permitidas, como frequentemente desejadas. Tinha-se horror ao homem virgem: inexperiente. Os rapazes procuravam aventuras com as "galinhas ou biscates" com as quais desenvolviam todas as familiaridades proibidas com as "moças de família". Sua virilidade era medida pelo número e desempenho nessas experiências:

> [...] ir à zona era preservar a menina de sociedade [...] o que o namorado não podia fazer com a namorada fazia lá. Tinha que ser lá, não podia ser com a namorada. E as meninas sabiam disso [...] naquela época a gente não tinha ciúme nem nada. Pensávamos; é uma fulana da vida, é menina da zona, a gente separava bem a vida que ele pudesse ter lá e essa com a gente aqui,

diz certa entrevistada em depoimento colhido por Carla Bassanezi.

Havia também o fantasma do "aproveitador", que abusaria da ingenuidade feminina, deixando, ao partir, o coração e, pior, a honra em pedaços. Outro horror era o "mulherengo", já comprometido, mas insaciável em seus apetites. A contrapartida da "moça de família" era o "bom rapaz", "bom caráter, correto e respeitador" que jamais passaria dos limites da decência. Mas, se os ultrapassasse, estava perdoado: afinal, era a "natureza do homem", falando mais alto.

Imprensa conselheira

A escolha do cônjuge já era então assunto dos enamorados. Mas só em tese, pois na prática a influência familiar e do círculo de amigos era fortíssima. Acreditava-se que dificilmente um casamento realizado contra a vontade da família desse certo. O "bom partido" era o rapaz honesto e trabalhador, capaz de manter a família com conforto. "Amor e uma cabana" só na música. "Se a fome batesse na porta, o amor pularia pela janela". O amor era importante para vida em comum? Sim. Mas não só. Uniões em que houvesse diferenças de classes, problemas familiares e dificuldades financeiras não tinham garantia de dar certo, nem com muito amor.

Prova das dificuldades criadas por tais situações é a carta enviada por Ana Maria Coelho de Freitas a Luís Martins, jornalista sem recursos que, como já visto pelo leitor, vivera com uma mulher muito mais velha do que ele, durante duas décadas: Tarsila do Amaral. Nesse caso, o casal de enamorados enfrentou as dificuldades e se uniu.

> Meu querido Luís
> [...] Estou ansiosa para encontrar com você; tenho passado noites péssimas e ando desesperada por tudo: a enorme pena de magoar Tarsila, de fazê-la sofrer tanto, a tristeza de ver mamãe e papai tão inocentes, tão à margem do que está acontecendo, a sua aflição. Tudo me deixa amargurada. Vivo tão descontrolada que não consigo conter as lágrimas. Na rua, num ônibus, quando percebo já estou com os olhos cheios d'água [...]. Às vezes tenho vontade de contar tudo a papai, mas ao mesmo tempo tenho muito medo. Acho mesmo que seria loucura fazê-lo, porque no pé em que estão as coisas qualquer complicação transtornaria tudo. Tenho medo também que descubram qualquer coisa...

Embora fosse senso comum que as "mulheres vivem para o amor", bem como que o romantismo e a sensibilidade seriam características eminentemente femininas, restava perguntar, qual amor? Que amor era esse? A herança de séculos impunha-se: um amor domesticado; feito de razões. Nada de paixões que violassem a lei e a ordem. Impossível romper com os moldes tradicionais da felicidade ligada ao casamento legal, à prole legítima. Alguns deslizes podiam ser tolerados em nome da abnegação feminina, mas errar por paixão? Nunca.

O amor verdadeiro e digno era feito de juízo. A paixão – se o leitor ainda se lembra do período colonial – era loucura passageira, impossível, "sentimento insensato que jamais poderá concretizar-se numa união legal". Nutrir afeto por aventureiros de má reputação, pessoas irresponsáveis, comprometidas ou desquitadas não era nem digno de pena. Era errado, mesmo. Mas isso mais valia para as mulheres, pois os homens podiam cultivar suas amizades clandestinas sem desestabilizar a ordem moral. Milhares de histórias tristes, nas revistas e nos filmes, inspiradas na "vida real", encarregavam-se de bombardear as pretensões de quem quisesse fugir à norma.

Tanto assim que, raros os que se casavam com as "defloradas" por outro. No próprio Código Civil previa-se a anulação do casamento no caso do noivo, "induzido a erro essencial", ter sido enganado. E mesmo quando apaixonados, os rapazes temiam que a moça em questão tivesse dado ao outro os carinhos que agora lhe dava.

Uma vez "unidos pelo matrimônio", os ajuizados cônjuges viviam uma relação assimétrica. Vejamos sobre isso o que aconselhava *O Cruzeiro*, em abril de 1960:

> A felicidade conjugal nasce da compreensão e da mútua solicitude entre os esposos. Em uma união feliz, os cônjuges se complementam, porque cada um tem o seu papel naturalmente definido no casamento. E de acordo com esse papel natural chegamos a acreditar que cabe à mulher maior parcela na felicidade do casal; porque a natureza dotou especialmente o espírito feminino de certas qualidades sem as quais nenhuma espécie de sociedade matrimonial poderia sobreviver bem. Qualidades como paciência, espírito de sacrifício e capacidade para sobrepor os interesses da família aos interesses pessoais. Haverá mulheres de espírito avançado que recusem esta teoria sob pretexto de que o casamento, nesse caso, não é compensador. A estas, [...] responderiam as esposas felizes – provando o quão compensador é aceitar o casamento como uma sociedade em que a mulher dá um pouquinho mais.

O bem-estar do marido era a medida da felicidade conjugal e essa adviria, em consequência, de um marido satisfeito. E, para tal bem-estar, qual a fórmula? Seu primeiro componente eram as "prendas domésticas". Afinal, a mulher conquistava pelo coração e prendia pelo estômago. Outro quesito: a reputação de "boa esposa" e de "mulher ideal". Quem era essa? A que não criticava, que evitava comentários desfavoráveis, a que se vestisse sobriamente, a que limitasse passeios quando o marido estivesse ausente, a que não fosse muito vaidosa nem provocasse ciúme no marido. Mas era fundamental que ela cuidasse de sua boa aparência: embelezar-se era uma obrigação: "A caça já foi feita, é preciso tê-la presa" ou "Um homem que tem uma esposa atraente em casa esquece a mulher que admirou na rua". Jamais discutir por questões de dinheiro, aliás, o melhor era não discutir por nada. A boa companheira integrava-se às opiniões do marido, agradando-o sempre:

"Acompanhe-o nas suas opiniões [...] quanto mais você for gentil na arte de pensar, tanto maior será o seu espírito no conceito dele. Esteja sempre ao seu lado, cuidando dele, animando-o [...] reconhecendo seus gostos e desejos", aconselhava o *Jornal das Moças* em outubro de 1955. "A mulher tem uma missão a cumprir no mundo: a de completar o homem. Ele é o empreendedor, o forte, o imaginoso. Mas precisa de uma fonte de energia [...] a mulher o inspira, o anima, o conforta [...] a arte de ser mulher exige muita perspicácia, muita bondade. Um permanente sentido de prontidão e alerta para satisfazer às necessidades dos entes queridos". Os conselhos das revistas chegam a minúcias:

> Não telefone para o escritório dele para discutir frivolidades.
> Não se precipite para abraçá-lo no momento em que ele começa a ler o jornal.
> Não lhe peça para levá-la ao cinema quando ele está cansado.
> Não lhe peça para receber pessoas quando não está disposto.
> Não roube do seu marido certos prazeres, mesmo que estes a contrariem como fumar charuto ou deixar a luz do quarto acesa para ler antes de dormir.

Insatisfações femininas? Eram desqualificadas. Certa Yolanda dos Santos escreveu ao *O Cruzeiro* queixando-se da falta de assistência do marido. Eis o que obteve como resposta:

> É da natureza do homem, principalmente daquele que é bem-sucedido em seu trabalho, viver mais para a carreira do que para o lar. Procure suprir com seu equilíbrio e bom senso a lacuna deixada pela falta de assistência do marido. Não lhe guarde rancor [...] ele não faz isso para magoá-la [...] e certamente confia muito em você.

Brigas entre o casal? A razão era sempre do homem. Mas se razões houvesse, melhor para as mulheres resignarem-se em nome da tal felicidade conjugal. A melhor maneira de fazer valer sua vontade era a esposa usar o que a historiadora

Problemas no casamento? Nada de psicanalistas ou de tranquilizantes.
Resolviam-se por meio dos conselhos de revistas femininas.

chamou de "jeitinho": assim o marido cedia, sem saber. E, mais importante, sem zangar-se. Nada de enfrentamentos, conversa entre iguais ou franqueza excessiva. Se quisesse comprar um vestido, realizar uma viagem ou recuperá-lo depois de um *affair* extraconjugal, que usasse o jeitinho. Nada de ser "exigente ou dominadora". O melhor era sempre colocá-lo em primeiro lugar, agindo de forma "essencialmente feminina". O "temperamento poligâmico" dos homens justificava tudo: "[...] mantenha-se no seu lugar, evitando a todo o custo cenas desagradáveis que só servirão para exacerbar a paixão de seu marido pela outra [...] esforce-se para não sucumbir moralmente, levando tanto quanto possível uma vida normal, sem descuidar do aspecto físico". Afinal, no entender dessas conselheiras sentimentais, "o marido sempre volta".

A grande ameaça que pairava sobre as esposas, como já visto, eram as separações. Além do aspecto afetivo, as necessidades econômicas – pois a maioria das mulheres de classe média e alta dependia do provedor – e do reconhecimento social – as separadas eram malvistas – pesavam a favor do casamento a qualquer preço. Lembra ainda Carla Bassanezi que outra máxima do casamento, versão anos 50, era: "Liberdade para os homens!". Maridos não deviam ser incomodados com suspeitas, interrogatórios ou ciúme por suas esposas. Permitir que eles saíssem com amigos, relevar as conquistas amorosas e aventuras e atraí-los com afeição eram procedimentos aconselhados para quem quisesse manter uma boa vida conjugal. Os conselhos vinham do *Jornal das Moças*: "Mais do que orgulho o seu dever é mais forte [...] passe uma esponja sobre um desvio, uma leviandade tão próxima dos homens. Caso contrário, quando ele a abandonar, acha que seu ataque de nervos, a sua crise de orgulho secará as suas lágrimas?".

Enquanto elas se esfalfavam para mantê-los felizes, eles não se privavam das tradicionais liberdades: "casos" ou "cachos" com os quais se encontravam em hotéis, como o Serrador, bares e clubes, os cafés frequentados por putas, como o *Cu da mãe*, os puteiros famosos, como *Bucetinha de Prata*, na rua Alice, os demais na Corrêa Dutra e Conde Lage, a meio caminho entre o Centro e a Zona Sul – tudo no Rio de Janeiro –, a paixão pelas "certinhas" do jornalista Stanislaw Ponte Preta, mulheres curvilíneas com biquínis minúsculos, as vedetes do teatro Rebolado, cujas peças sugeriam um mundo diverso daquele proposto pelo *Jornal das Moças*: "Tem bububu no bobobó", "Vem de ré que eu tô em primeira", as "jambetes" desenhadas por Lan, o manuseio de notas conhecidas, como "brasileira" – a efígie da República era a amante de um senador – ou "voando para o Mangue", 5$000 réis, valor de um "programa" no bairro do mesmo nome – cuja efígie era Santos Dumont.

Já as esposas infiéis não deveriam esperar nenhuma compreensão, nenhum gesto de ajuda, nenhuma indulgência. Elas eram fortemente criticadas, quando não punidas. O crime passional enchia as páginas de jornal, sobretudo quando se tratava de "gente bem", sem contar que a infidelidade feminina estava associada a instintos maternos de péssima qualidade. Segundo a imprensa da época, adúlteras eram mães ineptas para criar seus próprios filhos:

> [...] que atitude deve tomar um marido que se sabe enganado? Permanecer ao lado de quem o atraiçoa seria indigno de sua parte [...] mesmo porque não se pode exigir de um marido que viva com uma mulher que lhe é infiel. Não pode haver harmonia num clima de indignidade. Num caso desses, o pai tem que fazer da fraqueza das crianças a sua armadura de coragem para enfrentar sozinho as responsabilidades que deveriam ser enfrentadas a dois.

A afinidade sexual parece ter sido um fator menos importante no ideal de felicidade conjugal. A esposa era antes de tudo o complemento do marido no cotidiano doméstico. O bom desempenho erótico de uma mulher casada estava longe de contar. As revistas silenciavam sobre o assunto, uma delas apenas – *Querida* – assinalando que a independência financeira e o maior acesso às informações favoreceriam o interesse feminino pela "satisfação física". Nas páginas de *O Cruzeiro*, por exemplo, faziam-se breves alusões ao "ajustamento sexual da união feliz", seguida de considerações do tipo: "[...] é tolice pensar que a satisfação sexual solucionará todos os problemas da vida do casal, pois que na verdade, a harmonia sexual é que depende de outras condições". A certa mineira queixosa, a conselheira sentimental lembrava que "não adianta ser apenas boa dona de casa e mãe devotada", deixando de "cumprir com os deveres conjugais".

A única possibilidade de separação dos casais na década de 1950 não dissolvia os vínculos conjugais nem admitia novos casamentos. Em 1942, foi introduzido no Código Civil o artigo 315, que estabeleceu a separação sem dissolução de vínculo, ou seja, o desquite. Desquitados de ambos os sexos eram vistos como má companhia, mas as mulheres sofriam mais com a situação. As "bem casadas" evitavam qualquer contato com elas. Sua conduta ficava sob a mira do juiz e qualquer passo em falso lhes fazia perder a guarda dos filhos. As posições antidivorcistas, como já vimos, eram majoritárias. Uma "segunda chance" tinha pouca possibilidade de se efetivar. Mesmo assim, a proporção de separações cresceu nos censos demográficos entre as décadas de 1940 e 1960. Na burguesia, também se tornou mais comum que cônjuges separados, seguissem tocando a vida, reconstituindo seus lares mediante contratos formais ou uniões no exterior.

Amor entre iguais

E os homens que amavam homens e as mulheres que amavam mulheres? Discretos, quando não perseguidos, e vítimas de toda a sorte de preconceitos, esses grupos tiveram de viver seu amor nas sombras, pelo menos até os anos 60. Não faltaram tratamentos médico-pedagógicos sugeridos – agregados a religião –, como remédios para a "inversão sexual". O transplante de testículos, por exemplo, era uma dessas receitas "científicas" para o "problema". Outra era a convulsoterapia, ou injeção de insulina para "curar" o que se considerava, então, um comportamento esquizofrênico. Outra opção era o confinamento em hospícios psiquiátricos. A despeito do sofrimento e da incompreensão a que eram submetidos, homossexuais buscaram espaço para seus relacionamentos e, na medida do possível, para viver seus amores. Ouçamos o depoimento de Zazá, "pederasta", como se dizia na década de 1930, que, menino, vai morar em São Paulo:

> Comecei a amar um rapaz moreno, de olhos negros, gracioso! E a minha paixão foi crescendo! Eu ia morrendo de amor. Que coisa sublime o amor! Mais que amor, mais que loucura, eu tinha por ele! Quantos ciúmes! Até da sua sombra! Se eu brigava e me separava dele, era por umas horas apenas, porque eu não resistia à separação e logo corria a implorar-lhe que não me deixasse. Eu morreria se ele abandonasse a mim.

O interessante, sublinha o historiador James Green, é que entre a década de 1930 e a de 1960, houve alterações significativas na composição e no desenvolvimento das subculturas homossexuais em grandes centros, como Rio de Janeiro e São Paulo, centros que acabavam por atrair migrantes homossexuais de todo o Brasil. A pressão que sofriam em suas localidades de origem, para arrumar namorada ou casar, levava muitos homossexuais a profundas crises familiares ou de saúde, obrigando-os a partir rumo à cidade grande. Ir para os centros em busca de trabalho, mas, sobretudo, para escapar à pressão familiar, era a meta para muitos.

Em *Frederico Paciência*, escrito em 1924 e revisto várias vezes antes de sua publicação póstuma em 1947, Mário de Andrade narra a história romântica de dois estudantes que se separaram sem consumar seus desejos, exceto por alguns beijos e abraços furtivos. A distância geográfica porá um fim na relação, permitindo ao autor expressar, em um dos personagens, o alívio diante da possibilidade de ter de se assumir como homossexual. Alívio de muitos que se viam constrangidos por seu meio familiar e social. Alívio, segundo vários autores, autobiográfico.

Nos anos 40, multiplicaram-se as opções de vida noturna, com bares e pontos de encontros exclusivos. No Rio, a chamada Bolsa de Valores, em um trecho da praia de Copacabana em frente ao hotel Copacabana Palace, ou o Alcazar, agrupavam os jovens que se exibiam, escolhiam, conversavam e namoravam. Em São Paulo, o Paribar e o Barba-Azul, agregavam jornalistas, intelectuais e estudantes, em uma fauna animada e sem preconceitos. Cinemas, como o Art-Palácio, ofereciam um espaço onde homossexuais podiam encontrar um parceiro para encontro furtivo ou iam "à caça", em territórios como o largo do Arouche e do Paiçandu ou na avenida Nossa Senhora de Copacabana, onde os banheiros públicos abrigavam amores rápidos. Fã-clubes de cantores de rádio e de artistas de cinema aproximavam os casais que iam torcer por Marlene, Nora Ney ou Emilinha Borba. Travestis glamurosos encantavam a imprensa e o público nos bailes de Carnaval. Apesar de poder circular livremente e de desenvolveram uma rede de sociabilidades bastante animada, a "fechação" ou qualquer manifestação de afeto era reprimida em público. Sobravam os pequenos apartamentos onde se recebiam amigos, namorados ou casos.

No cenário urbano encontrava-se todo o tipo de parceiro. A preferência pelo bofe ou "homem verdadeiro" que não assumia a identidade homossexual era marcante. "Gosto ainda da praia do Flamengo. Mais bofe, mais homem do que em Copacabana, mais humilde, mais gostoso" – já dizia um homossexual a um pesquisador, nos anos 50. Para muitos, o alvo era o tal "homem verdadeiro", "quente" e o desafio consistia em tentar seduzi-los, com drinques ou dinheiro. Invertendo o papel tradicional de passivos, os homossexuais iam à luta para conquistar sua presa, investindo todo seu potencial sedutor.

Convencer uma pessoa a fazer sexo era apenas uma etapa do processo de sedução. Depois, era preciso encontrar um lugar para ir. Os que não tinham um teto, eram obrigados a usar os espaços públicos. "Não havia hotéis específicos para gays como agora. Transava-se em hotéis improvisados, mas também frequentados por heterossexuais. Hotéis mais baratos sempre permitiam hospedar dois caras por uma noite, às vezes passava-se o fim de semana. Na rua 7 de setembro, lembro, havia um hotelzinho chamado São Tião, a gente ia com muita discrição e ficava hospedado com um cara", narrou um depoente.

Casamentos, nessa época? Em uma obra publicada em 1947, *Homossexualismo masculino*, texto apresentado em um seminário sobre Medicina Legal, o autor Jorge Jaime, apesar do caráter preconceituoso – "Coitados! Infelizes, só adoram machos e por eles se apaixonam" – propõe algo inédito: os homossexuais deveriam ter o direito de se casar.

> Existem milhares de invertidos que vivem maritalmente com indivíduos do seu próprio sexo. Se fosse concedido o casamento entre homens não se criaria nenhuma monstruosidade: apenas, se reconheceria por um estado de direito, um estado de fato [...]. A união legal entre doentes é um direito que só os países ditatoriais negam. Se os leprosos podem casar entre si, porque devemos negar esse direito aos pederastas? Só porque aos normais repugna um ato de tal natureza?

Tinha uma lógica curiosa, Jorge Jaime. O casamento entre homossexuais teria outras vantagens, além de sinalizar a anormalidade do casal: evitaria a prostituição masculina, impedindo, ao mesmo tempo, que jovens inocentes se casassem com "invertidos". Em tom liberal, Jaime defende:

> Um uranista só é feliz na convivência dos homens que lhes saciam os instintos. E muitos homens sentem-se mais felizes quando têm relações com uranistas do que com mulheres. Então, por que não os proteger legalmente? O Direito foi posto na Terra para regular interesses recíprocos. Hoje mais do que em época alguma, tem evoluído muito o conceito de família e já se acha mais importante a felicidade que a moral.

Mas a pá de cal não tarda. Jaime prossegue implacável, "Mas haverá realmente felicidade onde existem fissuras anais e líquidos contendo gonococos?".

Seus argumentos são os mesmos de seus colegas, da geração anterior. Homossexualismo é doença.

Os rígidos códigos morais da época acentuavam, entre casais e pelo menos até os Anos Dourados, a dupla *bofe e boneca*. As bonecas estavam em busca de bofes, ou rapazes como parceiros e companheiros, sabendo que a maioria de seus "maridos" acabaria por deixá-los em troca de casamentos e filho. Agildo Guimarães, editor do jornal *O Snob,* relembra que os bofes não se consideravam homossexuais, e as bonecas estavam interessadas em "homens verdadeiros":

> Em algumas relações de bichas e bofes, o casal se juntava só nos fins de semana, ou se reunia à noite na casa de um amigo ou num hotel para ter relações sexuais. A maioria não morava junto. A bicha era a dona da casa. O bofe fazia coisas de homens, consertos. A bicha não fazia porque não sabia ou porque deixava ele fazer. A bicha cozinhava, arrumava a casa. Alguns bofes não eram tão bofes assim e ficaram junto com bichas durante muitos anos. Outros bofes se casaram e mantiveram relações sexuais eventualmente porque eram casados. Gostavam ou da pessoa ou da relação homossexual. Eu acho que eles tinham uma tendência homossexual, só, mas devido à sociedade tinham medo de se declarar.

Nesse mundo de bonecas e bofes a ideia de dois bichas praticando sexo era tão repugnante para as bonecas quanto para a população heterossexual a a ideia de casais homossexuais. Era incompreensível para as bonecas que dois homens quisessem se amar. "Bicha era bicha. Bofe era bofe. Bicha não podia ser bofe e bofe não podia ser bicha. Mas conhecemos um casal, onde os dois eram bofes. Era um escândalo, um absurdo. A bicha sempre tinha que ficar passiva", explicava Guimarães sem, aparentemente, se dar conta de que a rigidez dos papéis vigorava, também, no mundo dos amantes heterossexuais. E, como nesse outro mundo, não faltavam os decálogos de conselhos amorosos:

Os dez mandamentos da bicha:

1. Amar todos os homens;
2. Nunca ficar com um só;
3. Evitar falar no futuro;
4. Quanto mais intimidade na cama, melhor;
5. Fingir sempre que ama um só;

6. Nunca esquecer os bofes casados;
7. Beijar todos os bofes;
8. Evitar falar em dinheiro;
9. Não querer as mariconas;
10. Casar só por uma hora.

Ao fim da década de 1960, o binômio bicha e bofe começa a dar lugar a papéis mais complexos. Surge a palavra "entendido" para designar o homossexual que não assumia nem um nem outro papel de gênero, mas que transitava bem de um para o outro. Entendidas eram também como se autodenominavam as tríbades. Cenas de homossexualismo feminino já tinham sido sugeridas em *Melle Cinema*, romance dos Anos Loucos já conhecido do leitor. O já citado *Vertigem*, assinado por Laura Villares conta os amores da cocote francesa Liliane Carrère pela paulista Luz Alvarenga, enquanto outras obras, não muitas, mas menos importantes apresentam personagens também em uma dupla: "As viciadas", lésbicas em tempo integral. E as eventuais: heterossexuais que, de tempos em tempos, se entregavam a uma mulher. Para além da literatura, pouco se sabe sobre o universo amoroso das homossexuais femininas e mesmo Luís Mott, autor de livro específico sobre o assunto, reconhece a falta de informações para esses Anos Dourados. O preconceito contra a mulher homossexual era brutal: perda dos filhos, no caso das casadas; insegurança econômica, no caso das remediadas, brutal pressão familiar para que arranjassem namorados, noivos e maridos. Mulheres brilhantes, como a arquiteta Lota Macedo Soares e a poetisa americana Elizabeth Bishop, tiveram de viver sua relação às escondidas. Muitas burguesas fugiram para o interior. Petrópolis, no Rio de Janeiro, acolheu alguns casais. Não foram poucas as espancadas por pais, maridos ou filhos revoltados com a situação. Não foram poucos os suicídios em que um bilhete deixado aos parentes revela o desespero de jovens, massacradas com a intransigência familiar. É preciso esperar o fim da década de 1970 para as "enrustidas" começarem a atuar politicamente e a falar de seus amores.

A revolução sexual. Mas qual?

Entre as décadas de 1960 e 1970 eclode o fruto tão lentamente amadurecido: a chamada "revolução sexual". Nessa história, novo ato se abre com o desembarque da pílula anticoncepcional no Brasil. Livres da sífilis e ainda longe da aids, os jovens podiam experimentar de tudo. O *rock'and'roll,* feito sobre e para adolescentes, introduzia a agenda dos tempos: férias, escola, carros, velocidade e, o mais importante, amor! A batida pesada, a sonoridade e as letras indicavam a rebeldia diante dos valores e da autoridade do mundo adulto. Um desejo sem limite de experimentar a vida *hippie*, os cabelos compridos se estabeleciam entre nós. As músicas de Bob Dylan, Joan Baez exportavam, mundo afora, a ideia de paz, sexo livre, drogas como libertação da mente e, mais uma vez, amor. Os países onde boa parte da população adotava o protestantismo – Estados Unidos, Inglaterra e Holanda – consolidavam uma desenvoltura erótica antes desconhecida. Tudo isso, somado ainda a transformações econômicas e políticas, ajudou a empurrar algumas barreiras.

Insisto, só algumas. Nas capitais e nos meios estudantis, os jovens vão escapando às malhas apertadas das redes familiares. Encontros em torno de festas, festivais de música, atividades esportivas, escolas e universidades, cinemas e, após a Segunda Guerra, a multiplicação de boates e clubes noturnos deixam moças e rapazes cada vez mais soltos. Saber dançar tornou-se o passaporte para o amor. *Banho de lua* e *Estúpido cupido*, na voz de Celly Campello, representavam tentativas de adaptação deste mundo, um mundo novo que se esforçava para ser rebelde.

A moral sexual flexibilizava-se e casais não casados eram cada vez mais aceitos, já podendo circular socialmente. A sexualidade ainda era vivida como um pecado, aos olhos da Igreja, mas um número crescente de católicos – e, em 1950, 93,5% da população brasileira declarava-se apostólica romana – começava a acreditar que amor e prazer podiam andar juntos. O Concílio do Vaticano II e a encíclica *Gaudium et Spes* convidavam a olhar o mundo com simpatia e compreensão. Falava-se em paternidade responsável, em planificação familiar por meio de métodos naturais e, muito importante, em amor conjugal: o amor entre esposos como um bem incalculável para os filhos, a interação entre amor físico e espiritual e a renovação contínua do amor. Uma agenda, sem dúvida, revolucionária e generosa para seu tempo.

Por influência dos meios de comunicação e, sobretudo, da televisão, o vocabulário para dizer o amor passa a evitar eufemismos. Embora na década de 1960 ainda se utilizasse uma linguagem neutra e distante para falar de sexo – mencionavam-se, entre dentes, "relações" e "genitais" –, devagarzinho se caminhou para dizer coito, orgasmo e companhia. Os adolescentes ainda eram "poupados", pelos adultos, de informações mais diretas. As relações no cotidiano dos casais começaram a mudar. Ficava longe o tempo em que os maridos davam ordens às esposas como se fossem seus proprietários. Um marido violento não era mais o dono de ninguém, apenas um homem bruto.

Carícias generalizavam-se e o beijo mais profundo – o beijo de língua ou *french kiss* – antes escandaloso e mesmo considerado um atentado ao pudor passava a ser sinônimo de paixão. Na cama, novidades. A sexualidade bucal, graças aos avanços da higiene íntima, estende-se a outras partes do corpo. Esse fica inteiro à mercê dos lábios. As preliminares tornam-se mais longas. As sucções mais profundas. A limpeza do corpo e certo hedonismo alimentam carinhos antes inexistentes. O cheiro da pele torna-a atraente, envolvendo o desejo. No quarto, a maior parte das pessoas ficava nua. Mas os prazeres da boca degustavam-se no escuro. O pudor obrigava a não se mostrar despido. Amar ainda não era se abandonar totalmente. É bom não esquecer que os adultos dos anos 60 foram educados por pais extremamente conservadores. Regras de pudor muito estritas lhes devem ter sido inculcadas. Na moda, a minissaia começava a despir os corpos. Lia-se William Reich, segundo o qual o nazismo e o stalinismo teriam nascido da falta de orgasmos. A ideia de que o casal, além de amar, devia ser sexualmente equilibrado, capaz de gozar com o parceiro, começa a ser discutida por alguns "pra frente". Era o início do direito ao prazer para todos, sem que as mulheres fossem penalizadas ao manifestar seu interesse por alguém.

Era o início do fim de amores que tinham de parar no último estágio: "quero me casar virgem"! Deixava-se para trás a "meia-virgem", aquela na qual as carícias sexuais acabavam "na portinha". As mulheres começavam a poder desobedecer às normas sociais, parentais e familiares.

Acabado o amor, muitos casais buscavam a separação. Outros optavam por ter "casos". E, desse ponto de vista, o adultério feminino era uma saída possível, para quem não ousasse romper a aliança. Muitos "casos", sobretudo nas elites, sustentavam casamentos burgueses e sólidos. Maridos e mulheres, com vidas paralelas, encontravam nas *garçonniéres*, apartamentos secretos para encontros amorosos, o espaço para relações afetivo-sexuais que já não existiam no matrimônio. "Tinha-se um caso" com o melhor amigo do marido ou com a melhor amiga da mulher. O importante era não dividir os patrimônios: o material

Ainda longe do beijo de língua ou do *french kiss*, o beijo dos enamorados dos anos 40 e 50 limitava-se a colar os lábios.

e o simbólico. O patrimônio simbólico bem representado em nomes de família tradicional, em posições profissionais de projeção, em carreiras públicas, enfim, no *status* que seguia impoluto, sem a mancha do divórcio, do lar desfeito ou da consciência pesada.

E avanços para o casal, existiriam? Quem responde é o antropólogo Marko Monteiro. Suas pesquisas sobre a imprensa dos anos 60 e 70 revelam mudanças e permanências. Um exemplo: em 1969 nasce a revista *Ele Ela*, que tinha como público-alvo o casal moderno de classe média alta. E nasce em um contexto cultural conturbado, no qual discussões sobre o uso de LSD, a revolução sexual e o feminismo davam o tom do debate público. O periódico tenta firmar-se, desde seu primeiro número, como veículo de discussão desses novos valores e novas dinâmicas sociais. As relações entre os sexos eram um elemento importante da pauta editorial. Sua proposta abordava assuntos de interesse para o "casal moderno", que compreendia que o mundo estava mudando. A revista destaca-se por levar a um público amplo questões até então pouco exploradas pela mídia, como feminismo e homossexualidade. Mas nem sempre defendia tais "novidades", como veremos a seguir.

Segundo o antropólogo, a revista sempre foi, de alguma maneira, simpática aos ventos de modernidade que sopravam no período, os quais pregavam uma ideia genérica de emancipação feminina, incluída na liberalização dos costumes promovida pela chamada revolução sexual. Nesse sentido a revista mostrava-se receptiva à noção de emancipação feminina, mesmo que valorizando ideais como a pureza, a integridade e a fidelidade da mulher. Os trechos que seguem são um exemplo dessa receptividade inicial da revista. Veja o leitor, por exemplo, o artigo intitulado "A mulher de 15 anos":

> Quase um século se passou desde as primeiras reivindicações femininas. Chegamos a 1970. Desde 1959 foi desencadeado um processo denominado Revolução sexual, que abrange todas as formas de comunicação e se faz cada vez mais forte e presente, sendo o elemento mais persecutório para adolescentes. Impressionados, se preocupam em ser imagens do sexo e despertar nos outros desejo e insinuações sensuais. O trabalho feminino virou rotina, assim como fumar em público, fatos inconcebíveis antigamente. A pílula anticoncepcional diária, mola importante na Revolução sexual, está perto de ser ultrapassada pela injeção anticoncepcional com duração de seis meses. A mulher deixou de baixar a cabeça ao dizer sim, ao dizer eu quero, eu posso, eu vou fazer.

O ressurgimento do movimento feminista no início da década de 1970 marca a mudança mais drástica nos discursos sobre gênero na revista. Essa, que antes usava as noções de "mulher liberada" ou "emancipação da mulher", aludindo à revolução sexual, era, agora, confrontada com um movimento feminista radical, atuante e mundializado, irradiando dos Estados Unidos e da Europa e invadindo paulatinamente terras brasileiras. Mas a revista *Ele Ela* questionava, e muito, os resultados desse movimento. Um exemplo é o artigo "A mulher de verdade", que traz o depoimento de uma ex-militante feminista que abandona o movimento, denunciando a "opressão feminina" e apelando para as concepções tradicionais de masculinidade e feminilidade, que se tornam lema para a crescente oposição ao feminismo, especialmente forte no país. Vemos então o surgimento de discursos como o de que as feministas não são mulheres de verdade, são mal-amadas e masculinas:

> Em todas ou quase todas líderes feministas com quem convivi nos últimos 3 anos, nunca vislumbrei qualquer sinal de verdadeira feminilidade. É verdade que muitas se pintam, algumas se vestem razoavelmente, poucas são felizes nas suas relações com os homens. [...] No fundo, há um ressentimento mal disfarçado em relação ao sexo masculino.

Já em 1971 o discurso tradicional transforma o homem em vítima e busca salvá-lo da destruição, como afirma o artigo "Homem, com orgulho":

> De uns dez anos para cá, ser macho é sinônimo de grosso, cafona e superado. As minorias se somam e formam um todo quando o assunto é derrubar o homem-homem. Contra estes preconceitos é preciso que alguma coisa seja feita. E já – antes que as minorias o destruam e ele passe a ser um marginal da história e da vida.

Vemos a identidade masculina começar a ser problematizada. A revista não deixa de lado, em sua discussão sobre a mudança dos costumes, o impacto que tais transformações causam no homem. Uma delas diz respeito ao efeminamento do homem moderno, no artigo "Até que ponto o homem é feminino?": "No início, somente os rapazes duvidosos davam à boa apresentação o cuidado que era próprio das mulheres. Hoje, a maioria dos homens demora mais diante do espelho e submete-se a tratamentos quase femininos".

Esses questionamentos à masculinidade, entretanto, não se radicalizam até que surgem, no discurso da revista, o movimento feminista contemporâneo e o movimento gay, ou *Gay Power*, ao que a revista se refere como o "poder alegre". O movimento gay, ao buscar dar visibilidade e legitimidade para o "amor entre pessoas do mesmo sexo" – como diz a revista –, causou um impacto na hegemonia da masculinidade tradicional. Mas ao contrário do feminismo – tratado quase como uma curiosidade – a homossexualidade e qualquer expressão sua nunca teve aceitação sendo invariavelmente tachada de "desvio" e de "doença". Embora a revista se visse forçada, em sua proposta de dar conta da questão, informando sobre as quantas andava o *gay power* nos Estados Unidos e na Europa, a tradição conservadora falava mais alto.

O preconceito ao abordar os temas do movimento gay era tão forte que a maneira mais simpática e neutra com a qual a revista se refere ao tema é "a mais discutida e possivelmente a mais disseminada forma de desvio do comportamento sexual humano". No artigo "As tristezas do Poder Alegre" a linguagem utilizada é propositadamente irônica em diversos trechos, quase ridicularizando as pretensões do movimento, como mostra a chamada. Numa tradução literal, preferia chamar os gays de "alegres":

> De uns tempos para cá, e aproveitando as reivindicações do grupos minoritários da sociedade, surgiu um movimento que a si próprio se intitulou de "poder alegre". Na verdade, não se trata de um poder, nem chega a ser alegre. O movimento procura legalizar o homossexualismo, conferindo-lhe um *status* de absoluta normalidade humana. Aqui, analisamos a dura realidade dos fatos.

Seja na imprensa, na música, no cinema ou na televisão os temas amor, casamento e sexualidade apareciam de forma a mostrar os conflitos que a sociedade vivia. A mulher conquistava novos espaços na sociedade e, assim, não "pegava bem" restringi-la ao antigo papel de esperar em casa pelo bem-amado. Porém, qual era a nova relação, o que se esperava do novo casal? Essas representações ocorrem de diferentes maneiras, como veremos em seguida.

Vida doméstica, passividade? Sim. Pois essa revolução tinha sua face oculta: o discurso normativo, a pressão do grupo, a culpa, a diferença entre mulheres certas – as que "não davam" – e erradas – "as que davam". A distinção entre namorada e amada, por exemplo, fica claramente expressa na canção musicada por Carlos Lyra, em que Vinicius de Morais dirigi-se de maneira delicada à primeira: "Se você quer ser minha namorada... somente minha... exatamente esta coisinha, essa coisa toda minha". Mas o que enternece é o "jeitinho de falar devagarinho... me fazer muito carinho, chorar bem de mansinho", tudo envolvido em sensibilidade, retraimento, timidez. Já a "amada", que se entrega "pra valer", fazendo com os braços o ninho, "no silêncio de depois", é outra figura feminina fadada às dificuldades reais, como "o caminho triste"!

Além da música e do cinema, também a televisão que invadira 4,61% dos domicílios brasileiros em 1960 continuva martelando o ideal do amor romântico. *Alô Doçura,* série de episódios sobre um "casal feliz", protagonizado por John Herbert e Eva Wilma foi o maior sucesso da extinta TV Tupi, ficando no ar por 11 anos. Começava também a indústria de fabricação de novelas. Em 1963, por exemplo, estreia a primeira novela diária exibida na televisão brasileira, estrelada por Tarcísio Meira e Glória Menezes, encarnando o modelo paradigmático do herói e da heroína apaixonados. Em 1964, casais acompanhavam eletrizados os obstáculos impostos a Albertinho Limonta e Teresa Cristina, respectivamente, Amilton Fernandes e Guy Loup, para ver realizado o sonho do beijo final no *happy end* de *O direito de nascer:* do início ao fim, literalmente uma novela mexicana. Seguiram-se *O sheik de Agadir,* drama pesado e romântico que projetou a escritora Glória Magadan como a "maga" das novelas, seguida de Janete Clair. O público jovem bebia nas telinhas um novo universo amoroso, cada vez mais retratado em linguagem coloquial e em cenários urbanos.

Sua vida me pertence, a primeira novela não diária, levada ao ar em 1951, chamou atenção por um beijo ardente, segundo a socióloga Esther Hamburguer. O beijo, signo iconográfico do amor, seguia encarnando a sensualidade máxima nas novelas. A timidez na representação da relação amorosa correspondia à fidelidade que se tinha a algumas ideias: a do casamento estável, a do espaço público destinado aos homens e o privado, às mulheres. Vinte anos depois, as câmaras captavam as transformações. O beijo cede espaço aos aposentos íntimos dos personagens, ilumina quartos e camas, disputa com gestos que remetem ao orgasmo: uma mão que se abre como que em um espasmo. As histórias têm como pano de fundo incesto, prazer e sexo antes do casamento, segundas uniões, separações e crises.

Se o sexo antes do casamento parecia uma convenção recorrente nas novelas, seu sentido vai se alterando lentamente. E ele muda, precisamente, porque se desvincula da procriação e do casamento. O rude garimpeiro protagonista de *João Coragem*, apaixonado, mantém relações sexuais com Lara-Diana-Márcia, filha de um rico fazendeiro, antes de se casarem; ela grávida e o pai, contrariado. Em *Selva de pedra*, Cristiano e Simone também incursionam em terreno proibido antes de oficializarem a união. O ato sexual era sugerido pela presença do herói se vestindo no quarto da heroína. Os casais que viviam em pecado, como Potira e Jerônimo, de *Irmãos Coragem*, são punidos com a morte exatamente como nos "causos exemplares" retratados do período colonial. Já em *Estúpido cupido* debate-se o uso da pílula e na minissérie *Malu mulher* a personagem principal separa-se do marido por estar insatisfeita no matrimônio. Mas transgressões têm limite, até nas novelas. Pelo menos até os anos 70 nada se relativizava e os papéis esperados na vida real, valores e tradições, se repetem, dramaticamente, nas telinhas.

Estruturas de longa duração continuavam presentes e em plena década de 1970, o lar ainda era o lugar da mulher e a vida pública, a rua, do homem, como demonstram estudos das pesquisadoras Cynthia Sarti e Maria Quartim de Moraes. As revistas femininas continuavam a investir na figura da mãe, da dona de casa. Só que agora ela enfrenta o desmoronamento da figura da "rainha do lar", tão forte nos anos 50. Questionada pelos filhos, desvalorizada por mulheres mais jovens, ela teme ser trocada "por duas de vinte" – como ocorre na novela –, se angustia por não saber onde errou, para não ter alcançado a felicidade prometida no casamento. Nessas publicações não faltam colunas com o sugestivo título de "Como salvei meu casamento"! Na outra ponta, dirigidas às mulheres que abraçaram a revolução da pílula, periódicos falam em oferecer informações que permitem a essas liberadas "entrar no fechadíssimo clube das cabeças que pensam, decidem e julgam". Só que para fazê-lo, elas têm de ter cabelos esvoaçantes, olhar penetrante e corpo sedutor.

O casal continua a ser o ponto de referência, nele o homem – como dantes – é o juiz por meio do qual as mulheres são avaliadas. Ele é o objetivo, a razão de ser da mulher, como comprovam as páginas de revistas:

Pronunciada pelo homem que ama, a frase eu te amo significa para uma mulher que:

1) Ela existe como mulher.
2) Ela é uma mulher e ele aceita sua feminilidade
3) Ela é atraente, sexual e intelectualmente
4) Ele gosta dela como ela é.

Graças à resposta de número um, ficamos sabendo que a existência da mulher depende da comprovação masculina. Por isso, ela tem de concentrar sua energia em agradá-lo, servi-lo, satisfazê-lo. Fora disso não há salvação. As relações amorosas passam, pois, por excessivos cuidados com a aparência, o peso, a beleza, a maneira de vestir. Elas se fazem à custa de esforços para tomar conta da melhor forma do "seu" homem – do estômago aos problemas cardíacos; essas revistas bombardeiam métodos eficientes para "agarrar e manter", é óbvio, o dito cujo. As mulheres investem na busca de um "casamento feliz".

O movimento de idas e vindas das conquistas femininas é evidente nas páginas das revistas, que muitas vezes retomam pensamentos que pareciam superados. Já no fim dos anos 70, em resposta à carta de uma leitora, uma famosa publicação enumerava recomendações para as mulheres estreitarem o relacionamento com seus maridos que nada ficariam a dever àquelas do *Jornal das Moças* de 30 anos antes.

> A mulher deve procurar, sempre que possível, não se despir na frente do marido, pois se o fizer com muita frequência ele se acostumará com sua nudez e passará a não valorizar seu corpo.
>
> Sempre que puder, vista uma camisola com decotes insinuantes. Mas faça uma surpresa: prepare-se no banheiro e apresente-se a ele somente quando estiver pronta. O resultado será muito positivo, pois geralmente, o homem gosta desse tipo de surpresa.
>
> A mulher deve ler jornais, revistas e livros para se inteirar dos acontecimentos do mundo. Isso facilitará o diálogo com o marido.
>
> A mulher deve ter sensibilidade para escolher o melhor momento a fim de comentar certos tipos de assunto com seu marido, tentando compreendê-lo nos seus dias de mau humor.
>
> A casa precisa ser o ambiente favorito do seu marido. Mude de vez em quando a disposição dos móveis e objetos. Mantenha a casa limpa e organizada. Muitas vezes, o marido, ao encontrar a casa desarrumada, tem vontade de voltar para a rua.

Apesar do movimento *hippie*, dos Beatles, da revolução de costumes, dos Rollings Stones, de todas as mudanças, enfim, a maneira de ver o homem, de perceber seu pendor para o descompromisso, de reagir diante de seu "medo de se amarrar", permanecia tal qual viam, percebiam e reagiam suas avós. Vejamos o exemplo dessa página de revista: "Existe no homem – em todos eles – um enorme gosto pela liberdade. E mais que isso, pela possibilidade de transar muitas mulheres. É claro, qualquer relacionamento mais firme e sério ameaça essa necessidade, por assim dizer quase instintiva". Como se não bastasse, argumentos "científicos" servem de base para explicar a "passividade da mulher":

> A estrutura emocional e afetiva de um homem e uma mulher, embora bastante semelhantes, tem algumas diferenças básicas. Pela própria conformação física e muscular de que é dotado, o homem é mais ativo, ousado e aventureiro do que a mulher. Ele tem, biologicamente, o instinto de conquista e desde os tempos pré-históricos se empenhou em lutar para dominar o ambiente e a natureza [...] a função da maternidade dotou a mulher em termos psicológicos, de uma estrutura emocional passiva – em compensação, mais resistente – e a tendência à aventura, ao domínio da natureza, estão menos presentes em sua personalidade.

E a quem cabe culpar a dupla moral masculina, nessa altura já velha de 500 anos? Para variar, à mulher, é claro: "Parece, na verdade, que o novo comportamento de algumas mulheres – mais livres e sempre prontas para responder aos convites mais ousados – influi bastante para estimular a já natural tendência masculina ao não comprometimento", sentencia uma revista feminina.

Quem é essa mulher "mais livre"? Aquela que deseja, nos anos 70, viver a liberação sexual. Cada vez mais parecida com as mulheres fotografadas nas revistas masculinas, ela é extremamente provocativa. Não porque queira. Mas porque o homem assim a deseja. Conhecedora, pelo menos em tese, de milhares de técnicas sexuais, é o oposto de sua avó do início do século. Leitora ávida dos conselhos de psicólogos, médicos e terapeutas sexuais, ela domina, ou crê dominar, todos os saberes exóticos. Ela é um objeto sexual que gosta de seu papel. Alguma preocupação com o emocional ou o afetivo? Zero. O fundo musical da cena pode ser um hit da época: "*I can't get no satisfaction*", do grupo Rolling Stones. Esse é o seu castigo. E tal como nas novelas da televisão, ela acaba só.

A vitória do indivíduo?

Em tempos de tantas mudanças, como fica o papel da tradicional família católica brasileira? Sua função de agência poderosa de moralização da sociedade, ainda que muito presente, vai cedendo espaço para o individualismo que hoje vivemos. A família deixara para trás o patriarcalismo da centúria anterior enquanto ajudava a consolidar o casamento romântico que dera os primeiros passos no século XIX. Agora, homens e mulheres ouviam e seguiam o coração. Quando muito, pais recomendavam aos filhos que tivessem cuidado com as escolhas afetivas, evitando o "mau passo". Os espaços nos quais se elegia o futuro marido ou esposa se ampliavam: círculos de parentes e amigos, sim. Mas não só. Também se escolhia caras-metades nos clubes, no emprego, na turma da rua, do bairro ou do clube, nas escolas e nas faculdades, nos partidos políticos, nas atividades esportivas etc. As iniciativas masculinas de namoro seguiam um crescendo: olhares tórridos, mão na mão, rosto colado, braços dados, beijo na boca. "Mão na coisa"? Ainda não! Menina que não se controlasse continuava "galinha". Nas classes médias, os rapazes iniciavam-se com prostitutas, empregadas domésticas, primas pobres. Para casar, virgem, de preferência. Não era esse, contudo, o único critério: ela tinha de ter assunto, charme, saber conversar. Buscava-se também o companheirismo e a interlocução.

O diálogo passa a modelar as relações no casamento. Extinguiam-se as relações verticais entre marido e mulher. O entendimento em torno da educação dos filhos, do orçamento doméstico e da rotina cotidiana era fundamental. As mulheres sentem-se divididas entre o desejo de trabalhar e o de continuar sendo a rainha do lar. Diminui a tolerância com relação às infidelidades masculinas. Os filhos, em número cada vez menor, ocupam o centro da vida familiar. Os comportamentos racionalizam-se e, ainda que haja resistência por parte da Igreja Católica, usam-se preservativos para manter a família pequena. Antes da pílula anticoncepcional, o método era o *Ogino-Knaus* (a famosa "tabelinha"). Amor-paixão e prazer sexual passam a ser cada vez mais valorizados e a modernização da família e da moral se irradia até a base da sociedade.

Nas últimas décadas do século XX teve início um outro movimento, fruto de séculos de transformações: o que procurou separar a sexualidade, o casamento e o amor. Foi o momento de transição – muito lenta – entre o "amor idílico" dos avós para a "sexualidade obrigatória", dos netos. Ninguém mais queria casar-se sem "se experimentar"; jovens consideradas por seus parceiros "frígidas" são por isso descartadas dos jogos amorosos; as mulheres começam a discutir e a falar sobre orgasmo. O domínio da reprodução, graças à pílula, vai consolidar essa liberação. A ciência vai se impondo sobre a ideia de pecado sexual.

Em toda a história do amor, o casamento e a sexualidade estiveram sob controle; controle da Igreja, da família, da comunidade. Só o sentimento, apesar de todos os constrangimentos, continuava livre. Podia-se obrigar indivíduos a viver com alguém, a deitar com alguém, mas não a amar alguém. Apesar dos riscos da aids – descoberta popularizada nos anos 80 –, a sexualidade foi desembaraçada da mão da Igreja, separada da procriação graças aos progressos médicos e, mais, foi desculpabilizada pela psicanálise e mesmo exaltada. De forma oposta, a ausência de desejo é que passa a ser perseguida. O casamento, fundado sobre o amor, não é mais obrigatório e ele escapa às estratégias religiosas ou familiares; o divórcio não é mais vergonhoso e os cônjuges têm o mesmo tratamento perante a lei. A realização pessoal coloca-se acima de tudo: recusamos a frustração e a culpa. Mas tudo isso são conquistas ou armadilhas? Os historiadores de amanhã o dirão.

A transformação das cidades e os transportes coletivos passam a ser palco das mais variadas técnicas de aproximação e namoro. Nas palavras do poeta:

"Mas há ainda o namoro do bonde para a janela... Namorar assim chama-se grelar, no calão do namoro. Este namorado é o melhor freguês das companhias de bonde. Às quatro horas da tarde, já a menina está à janela, penteada e faceira, com uma fita na trança e uma rosa no colo à espera dele. E lá vem o bonde. Já de longe, o olhar dele vem esticado, comprido, comendo a janela... O bonde passa e o olhar vai virando, virando, virando, esticando em sentido contrário; é um olhar de borracha um olhar de puxa-puxa um olhar que nunca mais acaba... E a cena repete-se três, quatro, cinco vezes por dia. Há namorados de bonde, que fazem cotidianamente vinte viagens, dez para cima e dez para baixo. Quando o bonde é da carris urbanos ou da Vila Isabel ainda a despesa é pequena... Mas quando é de Botafogo ou da Muda, são quatro mil réis por dia, cento e vinte mil réis! A quantas obrigas, Amor."

Olavo Bilac, *Revistas Kosmos*, 1906.

O jornal libertário *A Plebe* serviu de tribuna para polêmicas sobre as ideias de Giovanni Rossi, anarquista e idealizador da colônia Cecília, fundada no Brasil em 1890. A experiência da colônia Cecília era vista por Rossi não só como uma oportunidade de aplicar os princípios socialistas à produção, mas também à organização do coletivo, às relações pessoais e até às relações amorosas, que deveriam assentar, segundo ele, no amor livre. No seu livro *Un Episodio d' Amore nella Colonia Cecilia*, ele procurou sistematizar a sua experiência pessoal, apontando, contudo, as dificuldades de se alterar o comportamento e a moral convencional a respeito das relações entre sexos. Enquanto isto, nas páginas do periódico anarquista, vários autores, incluindo-se a feminista Maria Lacerda de Moura expressavam suas opiniões a respeito da liberação feminina e da moral sexual.

Amor Livre

Virgens: erguei o olhar que as sombras do convento
Acostumou a andar cerrado para a luz
Deixai um instante só os êxtases da cruz
E enchei-vos deste sol que brilha turbulento
[...]
Vinde gozar a vida em toda a plenitude
E não faneis assim a vossa juventude
Com sonhos infantis duma banal pureza
[...]
A virgindade é quase um crime. Cada seio
Deve florir num seio tal como a terra em flores
Vencer o preconceito e os falsos vãos pudores
Em que vos abismais num subitâneo enleio

[...]
Como na antiga Grécia, esteta, rediviva
Ó virgens desnudai a vossa carne altiva
E fecundai, após, num sopro de energia.
E vós homens do amor e vós que a desejais,
Arrancai-lhes da fronte as coroas virginais,
Beijai-as livremente à grande luz do dia.

C. Leite. A Plebe, 21.10.1917.

Carta de Tarsila do Amaral a seu companheiro Luís Martins, prevendo o fim da relação na qual fora trocada por Ana Maria Coelho de Freitas.

"Santa Teresa do Alto, 19.1.52

Meu Luís muito querido

Na fazenda tudo bem. Nada de notícias desagradáveis. A casa limpa, Zilda, gorda e serena, me esperando. A piscina limpíssima, o jardim capinado, uma lua azulada pela casa, num tom festivo. Só faltava você, deitado no divã da sala grande junto à janela, rodeado de livros. Quantas saudades!

Daqui a pouco seguirei para a estação sem o Dito porque não quer ir a São Paulo, visto estar melhorando.

Estou ansiosa por ler a sua anunciada carta. Meu coração bate de frio, sem saber o que ela encerra, enquanto eu digo: "Coragem! Tarsila, coragem!"

MARTINS, Ana Luísa. Aí vai meu coração. São Paulo: Planeta do Brasil, 2003.

Nascido em 1913, Marcos Vinicius de Melo Moraes – o Vinicius de Moraes – é considerado pelos críticos o bardo mais amoroso da contemporaneidade. Cantava o amor, sem pieguices e, ainda hoje, no século XXI, arranca suspiros. Esse poema, escrito em 1938, foi reproduzido em vários livros e virou uma canção em parceria com Tom Jobim:

Soneto da Separação

De repente do riso fez-se o pranto,
Silencioso e branco como a bruma

E das bocas unidas fez-se espuma
E das mãos espalmadas fez-se espanto.
De repente da calma fez-se o vento
Que dos olhos desfez a última chama
E da paixão fez-se o pressentimento
E do momento imóvel fez-se o drama.
De repente, não mais que de repente
Fez-se de triste o que se fez amante
E de sozinho o que se fez contente.
Fez-se do amigo próximo o distante
Fez-se da vida uma aventura errante
De repente, não mais que de repente.

Vinicius de Moraes. *Antologia poética*. 3. ed. Rio de Janeiro: Editora do autor, 1960.

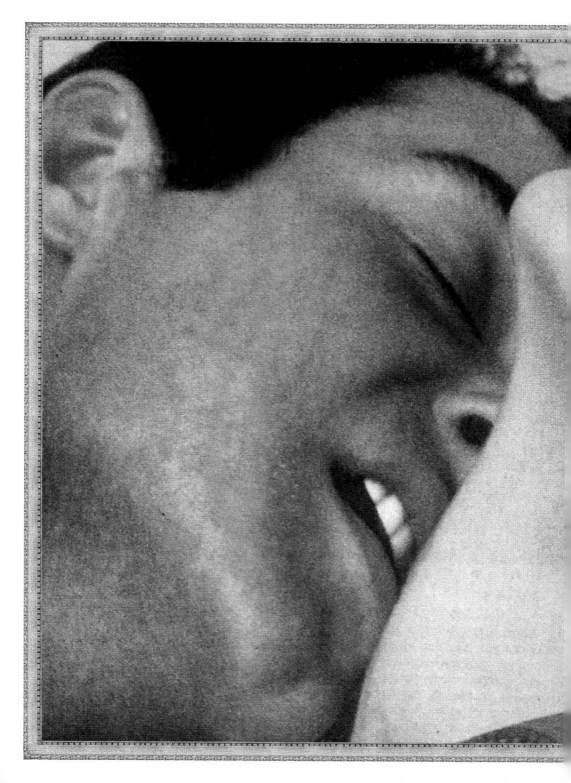

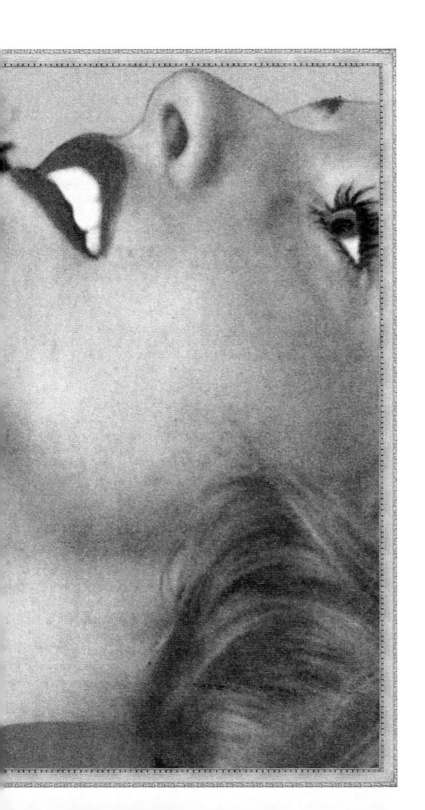

500 ANOS DE AMOR

Conclusão

A sexualidade e o amor têm cronologias próprias, cronologias que escapam, aparentemente, aos fatos políticos e econômicos. Impossível contar sua história à luz dos temas que habitualmente preenchem os livros sobre história do Brasil. Dentro, contudo, das transformações pelas quais passou a sociedade brasileira poderíamos expor o seguinte: o que se assistiu no decorrer do tempo foi uma longa evolução que levou da proibição do prazer ao direito ao prazer. Fomos dos manuais de confessor que tudo interditavam aos casamentos arranjados, policiados, acompanhados, passo a passo por familiares zelosos. E desses, ao impacto das revoluções que ao fim da década de 1960 exportaram mundo afora lemas do tipo "Ereção, insurreição" ou "amai-vos uns sobre os outros", sem contar o movimento *hippie* com o lema "Paz e Amor".

Desde então, o amor e o prazer tornaram-se obrigatórios. Hoje, o interdito inverteu-se. Impôs-se a ditadura do orgasmo. O erotismo entrou no território da proeza e o prazer tão longamente reprimido tornou-se prioridade absoluta, quase esmagando o casamento e o sentimento. Passou-se do afrodisíaco à base de plantas para o sexo com receita médica, graças aos famosos remédios para disfunção erétil. Passou-se da dominação patriarcal à liberação da mulher.

Entre nós, durante mais de quatro séculos os casamentos não se faziam de acordo com a atração sexual recíproca. Contavam mais os interesses econômicos e familiares. Entre os mais pobres, o matrimônio, ou a ligação consensual, era uma forma de organizar o trabalho, a sobrevivência. Não há dúvidas, leitor, de que o labor incessante e árduo não deixava muito espaço para a paixão sexual. Sabe-se que entre casais, as formas de afeição física, como beijos e carícias, eram raridade. Para os homens, contudo, eram muitas as oportunidades de manter ligações extraconjugais.

Vimos que há séculos o chamado amor romântico, nascido com os trovadores medievais, fundou a ideia de uma união mística entre os amantes. A idealização temporária, típica do amor-paixão, juntou-se ao apego mais duradouro do objeto de amor. O amor romântico, que começa a exercer sua influência a partir de meados do século XIX, inspirou-se em ideais desse tipo e incorporou elementos do amor-paixão. Não foi à toa, lembram especialistas, que o nascimento do amor romântico coincide com a aparição do romance: ambos têm em comum nova forma de narrativa. Aquela em que duas pessoas são a alma da história, sem referência necessária a processos sociais que existam em torno delas.

Na base da ideia de amor romântico, associava-se, pela primeira vez, amor e liberdade como coisas desejáveis. O leitor há de se lembrar que os trovadores cantavam também as possibilidades de libertação do amor-paixão, do amor louco; mas só no sentido de que ele quebrava as rotinas, invertia os deveres. Já as ideias contidas no amor romântico, ao contrário, apontam os laços entre a liberdade e a realização pessoal. Essa mudança se instala no Brasil ao lado de outras: a modernização e a urbanização do país. A reorganização das atividades cotidianas ocasionou uma reorganização profunda da vida emocional que ainda está por ser estudada. Ambas, contudo, ajudaram a sepultar, devagarzinho, antigas tradições referentes à escolha dos pares e às formas de dizer o amor.

Por trás da ideia libertadora, porém, os sociólogos revelam que se acumulam as vítimas, os perdedores. A liberdade amorosa tem contrapartidas: a responsabilidade e a solidão. E exatamente porque se colhem os frutos dessa última, se compreende melhor, hoje, que o passado não foi só feito de trevas. A tradição não é apenas, como querem seus críticos, opressiva, sufocante e despótica. Ela funciona como uma barreira útil para a comunidade. É por meio da tradição que se entende que a família, a criança e a procriação funcionam e se perpetuam como fonte de profunda emoção.

O resultado dessa longa caminhada? Especialistas afirmam que queremos tudo ao mesmo tempo: o amor, a segurança, a fidelidade absoluta, a monogamia e as vertigens da liberdade. Fundado exclusivamente no sentimento que sobrou do amor romântico, o sentimento mais frágil que existe, o casal está condenado à brevidade, à crise. Mais. A liberdade sexual é um fardo para os mais jovens. Muitos deles têm nostalgia da velha linguagem do amor, feita de prudência, sabedoria e melancolia, tal como viveram seus avós. Hoje, a loucura é desejar um amor permanente, com toda a intensidade, sem nuvens ou tempestades. Em uma sociedade de consumo, o amor está supervalorizado. E o sexo tornou-se nova teologia. Só se fala nisso e se fala mal, com vulgaridade. Sabemos, depois de tudo, que o amor não é ideal, que ele traz consigo a dependência, a rejeição, a servidão, o sacrifício e a transfiguração.

Em poucas palavras: há grande contraste entre o discurso sobre o amor e a realidade de vida dos amantes. O resultado? Escreve-se cada vez mais sobre a banalização da sexualidade e o desencantamento dos corações enquanto o amor mantém-se um sentimento sutil e importante que continua a fazer sonhar, e muito, muitos homens e mulheres.

Bibliografia

ALBUQUERQUE, Samuel Barros de. *Memórias de Dona Sinhá*. Aracaju: Typografia Editorial, 2005.
ALENCASTRO, Luís Felipe de (org.); NOVAIS, Fernando (dir.). *História da vida privada no Brasil*. Império: a corte e a modernidade nacional. São Paulo: Companhia das Letras, 1997.
ALMEIDA, Aluísio de. *A vida cotidiana da capitânia de São Paulo, (1722-1822)*. São Paulo: Pannartz, 1975.
AMARAL, Amadeu. *Tradições populares*. São Paulo: Hucitec, 1976.
ANTUNES, Madalena. *Oiteiro*. Memórias de uma sinhá moça. Natal: A. S. Editores, 2003.
ARAÚJO, Emanuel. *O teatro dos vícios*. Transgressão e transigência na sociedade urbana colonial. Rio de Janeiro: José Olympio, 1993.
ARAÚJO, Rosa Maria Barbosa de. *A vocação do prazer*. A cidade e a família no Rio de Janeiro republicano. Rio de Janeiro: Rocco, 1993.
ÁRIÈS, Philippe. *História social da criança e da família*. Rio de Janeiro: Jorge Zahar, 1981.
AZEVEDO, Thales de. *Regras do namoro à antiga*. São Paulo: Ática, 1986.
BASSANEZI, Carla. *Virando as páginas, revendo as mulheres*: relações homem-mulher e revistas femininas (1945-1964). Rio de Janeiro: Civilização Brasileira,1996.
_____. Mulheres dos anos dourados. PRIORE, Mary Del (org.). *História das mulheres no Brasil*. São Paulo: Contexto, 1997.
BASTIDE, Roger. *Les Ameriques Noires*. Estudos Afro-brasileiros. Paris/São Paulo: L'Harmattan/ Perspectiva, 1996/1983.
BERNARDES, Maria Teresa C. Caiubi. *Mulheres de ontem?* Rio de Janeiro, século XIX. São Paulo: T. A. Queiroz, 1988.
BERQUÓ, Elza. Arranjos familiares no Brasil. SCHWARCZ, Lilia (org.). *História da vida privada no Brasil*. Contrastes da intimidade contemporânea. São Paulo: Companhia das Letras, 1998.
BOLOGNE, Jean-Claude. *Histoire de la pudeur*. Paris : Olivier Orban, 1986.

BOSERUP, Esther. *The conditions of the agricultural growth*: the economics of agricultural changes under population pressure. London: Allen and Uniwin, 1965.

BOXER, Charles. *O império colonial português*. Lisboa: Edições 70, 1981.

BRUSCHINI, Maria Christina; ROSEMBERG, Fúlvia (orgs.). *Entre a virtude e o pecado*. São Paulo: Fundação Carlos Chagas/Rosa dos Ventos, 1992.

BUENO, Alexei. *Antologia pornográfica de Gregório de Mattos a Glauco Mattoso*. Rio de Janeiro: Nova Fronteira, 2004.

BURKE, Peter. *Cultura popular na Idade Moderna*. São Paulo: Companhia das Letras, 1989.

CÂMARA CASCUDO, Luís da. *Cinco livros do povo*. Rio de Janeiro: José Olympio, 1953.

_____. *História dos nossos gestos*. São Paulo: Global, s./d.

CAMPOS, Alzira Arruda. *O casamento e a família em São Paulo Colonial*. São Paulo: USP, Tese de Doutorado, 1986.

CANDIDO, Antonio. The Brazilian family. SMITH, Lynn; MERCHANT, Alexander (ed.). *Brazil, portrait of half continent*. New York: The Driden Press, 1951.

CARNEIRO, Henrique. *A Igreja, a Medicina e o amor*. São Paulo: Xamã, 2002.

_____. *Amores e sonhos de flora*: afrodisíacos e alucinógenos na botânica e na farmácia. São Paulo: Xamã, 2002.

CASTRO, Maria Werneck de. *No tempo dos barões*. Histórias do apogeu e decadência de uma família no ciclo do café. Rio de Janeiro: Bem-te-vi, 2004.

CASTRO, Yeda Pessoa de. *A língua mina-jeje no Brasil*. Um falar africano em Ouro Preto do século XVIII. Belo Horizonte: Fapemig/Fundação João Pinheiro/Secretaria do Estado da Cultura das Minas Gerais, 2002.

CORRÊA, Mariza. *Crimes da paixão*. São Paulo: Brasiliense, 1981.

_____.*Colcha de retalhos*. Estudos sobre a família no Brasil. São Paulo: Brasiliense, 1982.

COSTA PINTO, L. A. *O negro no Rio de Janeiro*: relações de raça numa sociedade em mudança. Rio de Janeiro: Editora da UFRJ, 1998.

CUNHA, Maria Teresa Santos. *Armadilhas da sedução*: os romances de Mme. Delly. Belo Horizonte: Autêntica, 2005.

DANTAS, Júlio. *O amor em Portugal no século XVIII*. Porto: Chardron, 1917.

DENIPOTI, Cláudio. A gloriosa asneira de casar-se: amor e casamento no início do século. *Revista Regional de História*. Ponta Grossa: Departamento de História/UEPG, vol. I, 1996.

D'INCAO, Maria Ângela (org.). *Amor e família no Brasil*. São Paulo: Contexto, 1998.

DRAGONETTI, Roger; GROSRICHARD, Alain; BADIOU, Alain. *De l'Amour*. Paris: Flammarion, 1999.

DUBY, Georges (dir.). *Le chevalier, la femme et le prêtre*. Paris: Hachette, 1981.

_____. *Histoire de la vie privée*. De l'Europe féodale à la Renaissance. Paris: Seuil, 1985.

ENGEL, Magali. *Meretrizes e doutores*: saber médico e prostituição no Rio de Janeiro. São Paulo: Brasiliense, 1989.

ESTEVES, Martha. *Meninas perdidas*: os populares e o cotidiano do amor no Rio de Janeiro da *belle époque*. Rio de Janeiro: Paz e Terra, 1989.

FALCI, Miridan Knox. Mulheres do sertão nordestino. PRIORE, Mary Del (org.). *História das Mulheres no Brasil*. São Paulo: Contexto, 1999.

FAOUR, Rodrigo. *Revista do rádio*. Rio de Janeiro: Relume-Dumará, 2002.

FAUSTO, Boris. *Crime e cotidiano*. A criminalidade em São Paulo (1890-1924). São Paulo: Brasilense, 1984.

_____. Imigração: cortes e continuidades. SCHWARCZ, Lilia (org.). *História da vida privada no Brasil*. Contrastes da intimidade contemporânea. São Paulo: Companhia das Letras, 1998.

FEBVRE, Lucien. *Amour sacré, amour profane.* Paris: Gallimard, 1944.

_____. Pour l'histoire d'un sentiment. CHARTIER, Roger (org.). *La sensibilité dans l'histoire.* Paris: Gerard Monfort, 1987.

FLANDRIN, Jean-Louis. *Le sexe et l'Occident.* Paris: Seuil, 1981.

FLORENTINO, Manolo; GÓES, José Roberto. *A paz nas senzalas:* famílias escravas e tráfico atlântico. Rio de Janeiro: Civilização Brasileira, 1997.

FIGUEIREDO, Luciano Raposo. *Barrocas famílias:* vida familiar em Minas Gerais no século XVIII. São Paulo: Hucitec, 1997.

FOUCAULT, Michel. *História da sexualidade.* Rio de Janeiro: Graal, 1979.

FREYRE, Gilberto. *Casa-grande e senzala.* Rio de Janeiro: José Olympio, 1973.

_____. *Sobrados e mucambos.* Rio de Janeiro: José Olympio, 1977.

_____. *Ordem e progresso.* Rio de Janeiro:José Olympio, 1981.

GIDDENS, Anthony. *The transformation of Intimacy.* Sexuality, Love and Eroticism in Modern Societies. Oxford: Polity Press/Blackwell, 1992.

GÓES, José Roberto. *O cativeiro imperfeito.* Um estudo sobre a escravidão no Rio de Janeiro da primeira metade do século XIX. Vitória: Secretaria da Justiça e da Cidadania, 1993.

GOODY, Jack. *Family and marriage:* the development of marriage and family in Europe. Cambridge: Cambridge University Press, 1983.

GREEN, James. *Além do Carnaval:* a homossexualidade masculina no Brasil do século XX. São Paulo: Unesp, 1999.

HAMBÚRGUER, Esther. Diluindo fronteiras: a televisão e as novelas no cotidiano. SCHWARCZ, Lilia (org.). *História da vida privada no Brasil.* Contrastes da intimidade contemporânea. São Paulo: Companhia das Letras, 1998.

HOLANDA, Sérgio Buarque de. *Antologia de poetas coloniais.* São Paulo: Perspectiva, 1979.

JAQUIER, Claire. *L'erreur des désirs:* Romans sensibles au XVIII siécle. Paris: Payot, 1998.

LARA, Silvia Hunoldt. *Campos da violência.* Escravos e senhores na capitânia do Rio de Janeiro, 1750-1808. São Paulo: Paz e Terra, 1988.

LEBRUN, François. *La vie conjugale sous l'Ancien Régime.* Paris: Armand Collin, 1975.

LEITE, Dante Moreira. *O amor romântico e outros temas.* São Paulo: Conselho Nacional de Cultura/Comissão de Literatura, s/d.

LEITE, Miriam Moreira. *Livros de viagem:* 1803-1900. Rio de Janeiro: Editora da UFRJ, 1997.

LIMA, Lana Gama. *Mulheres, adúlteros e padres:* história e moral na sociedade brasileira. Rio de Janeiro: Dois Pontos, 1987.

_____. *A confissão pelo avesso: o crime de solicitação no Brasil colonial.* São Paulo, USP, Tese de Doutorado, 1990.

LONDOÑO, Fernando Torres. Concubinato, escândalo e Igreja na colônia. *A outra família.* Petrópolis: Loyola, 1999.

LOPES, Antônio Herculano (org.). *Entre Europa e África, a invenção do carioca.* Rio de Janeiro: Topbooks, 2000. (Edições Casa de Rui Barbosa.)

MACFARLANE, Alan. *Marriage and Love in England.* Oxford: Blackwell, 1987.

MALUF, Marina; MOTT, Maria Lúcia. Recônditos do mundo feminino. NOVAIS, Fernando (dir.). *História da vida privada no Brasil.* República: da *Belle Époque* a era do rádio. São Paulo: Companhia das Letras, 1998.

MARCÍLIO, Maria Luíza. *Caiçara:* terra e população. São Paulo: Paulinas/Cedhal, 1986.

MARTINS, Ana Luísa. *Aí vai meu coração.* São Paulo: Planeta do Brasil, 2003.

MELLO E SOUZA, Laura de. *O diabo e a terra de Santa Cruz*. São Paulo: Companhia das Letras, 1986.

_____. (org.); NOVAIS, Fernando, (dir.). *História da vida privada no Brasil*. Cotidiano e vida privada na América portuguesa. São Paulo: Companhia das Letras, 1997.

MELO, Vitor Andrade de. *Cidade esportiva*. Primórdios do esporte no Rio de Janeiro. Rio de Janeiro: Faperj/Relume-Dumará, 2001.

MENEZES, Lená Medeiros de. *Os estrangeiros e o comércio do prazer nas ruas do Rio de Janeiro (1890-1930)*. Rio de Janeiro: Arquivo Nacional, 1992.

MONTEIRO, Marko. *Revistas masculinas e pluralização da masculinidade nos anos 60 e 90*. Campinas: Unicamp, Tese de Mestrado, 2002.

MOTT, Luís. *O lesbianismo no Brasil*. Porto Alegre: Mercado Aberto, 1987.

_____. *Sexo proibido*: virgens, gays e escravos nas garras da Inquisição. Campinas: Papirus, 1988.

NOVAIS, Fernando. Nem preto, nem branco, muito pelo contrário: cor e raça na intimidade. SCHWARCZ, Lilia (org.). *História d vida privada no Brasil*. Contrastes da intimidade contemporânea. São Paulo: Companhia das Letras, 1998.

NOVAES, Fernando A.; MELLO, João Manuel Cardoso de. Capitalismo tardio e sociabilidade moderna. SCHWARCZ, Lilia, (org.). *História da vida privada no Brasil*. Contrastes da intimidade contemporânea. São Paulo: Companhia das Letras, 1998.

OLIVEIRA, Albino José Barbosa de. *Memórias de um magistrado do império*. São Paulo: Companhia Editora Nacional, 1943.

OLIVEN, Rubem George. A malandragem na música popular brasileira. *Violência e Cultura no Brasil*. Petrópolis: Vozes, 1989.

ORSINI, Elizabeth. *Cartas perto do coração*: uma antologia do amor. Rio de Janeiro: Rocco, 1999.

PESAVENTO, Sandra Jatahy. *O cotidiano da República*: elite e povo na virada do século. Porto Alegre: Editora da UFRGS, 1994.

QUERINO, Manuel Raimundo. *Costumes africanos no Brasil*. Rio de Janeiro: Civilização Brasileira, 1938.

QUINTANEIRO, Tânia. *Retratos de mulher*. O cotidiano no olhar dos viajeiros do século XIX. Petrópolis: Vozes, 1996.

PALMA-FERREIRA, João. *Novelistas e contistas portugueses dos séculos XVII e XVIII*. Lisboa: Imprensa Nacional/Casa da Moeda, 1999.

PEDRO, Joana. Mulheres do Sul. PRIORE, Mary Del (org.). *História das mulheres no Brasil*. São Paulo: Contexto, 1997.

PINHO, Wanderley. *Salões e damas do II reinado*. São Paulo: Martins, s/d.

PRIORE, Mary Del. *Ao sul do corpo*: condição feminina, maternidades e mentalidades no Brasil Colonial. Rio de Janeiro: José Olympio, 1989.

_____ (org.). *História das mulheres no Brasil*. São Paulo: Contexto, 1999.

_____.; VENÂNCIO, Renato. *O livro de ouro da história do Brasil*. Rio de Janeiro: Ediouro, 2000.

_____.; _____. *Ancestrais*: uma introdução à história da África atlântica. Rio de Janeiro: Campus, 2004.

RANUN, Orest. *Histoire de la vie Privée, de l'Europe Féodale a la Renaissance*. Paris: Seuil, 1999.

RAGO, Margareth. *Do cabaré ao lar*: a utopia da cidade disciplinar. Rio de Janeiro: Paz e Terra, 1985.

RIBEIRO, Luis Filipe. *Mulheres de papel*. Um estudo do imaginário em José de Alencar e Machado de Assis. Rio de janeiro: Topbooks, 1998.

RICHARD, Guy; LE GUILLOU, Annie Richard. *Histoire de l'Amour*. Paris: Privat, 2002.

ROUGEMONT, Denis de. *L'Amour et l'Occident*. Paris: Gallimard, 1939.

SALIBA, Elias Thomé. *Raízes do riso*: a representação humorística na história brasileira. São Paulo: Companhia das Letras, 2004.

SÂMARA, Eni. *As mulheres, o poder e a família em São Paulo, século XIX*. São Paulo: Marco Zero, 1989.

SANT'ANA, Afonso Romano de. *O canibalismo amoroso*. São Paulo: Brasiliense, 1985.

SARTI, Cynthia; MOARES, Maria Quartim de. Aí a porca torce o rabo. BRUSCHINI, Christina; ROSEMBERG, Fúlvia (orgs.). *Vivência, história, sexualidade e imagens femininas*. São Paulo: Fundação Carlos Chagas/ Brasiliense, 1980.

SCHPUN, Mônica Raisa. *Beleza em jogo*: cultura física e comportamento em São Paulo dos anos 20. São Paulo: Boitempo/Senac, 1997.

SEVCENKO, Nicolau (org.); NOVAIS, Fernando (dir.). *História da vida privada no Brasil*. República: da *Belle Époque* à era do rádio. São Paulo: Companhia das Letras, 1998.

SHORTER, Edward. *The making of the modern family*. Cambridge: Cambridge University Press, 1977.

SILVA, Maria Beatriz Nizza da. *Vida privada e quotidiano no Brasil na época de D. Maria e D. João VI*. Lisboa: Referência/Estampa, 1983.

_____. *Sistema de casamento no Brasil Colonial*. São Paulo: T. A. Queiroz/Edusp, 1984.

SIMONET, Dominique, et allie. *La plus belle histoire de l'amour*. Paris: Seuil, 2003.

SLEENES, Robert. *Na senzala uma flor*: a família escrava nas regiões de grande lavoura do Sudeste. Rio de Janeiro: Nova Fronteira, 1997.

SOHIET, Rachel. *Condição feminina e formas de violência*: mulheres pobres e ordem urbana, 1890-1920. Rio de Janeiro: Forense Universitária, 1989.

SOLÉ, Jacques. *L'Amour en Occident à l'époque moderne*. Paris: Albin Michel, 1976.

SCHWARCZ, Lilian (org.). *História da vida privada no Brasil*. Contrastes da intimidade contemporânea. São Paulo: Companhia das Letras, 1998.

TRIGO, Maria Helena Bueno. *Os paulistas de quatrocentos anos*. São Paulo: Annablume, 2001.

VAINFAS, Ronaldo. *História e sexualidade no Brasil*. Rio de Janeiro: Graal, 1983.

_____. *História e sexualidade no Brasil*. Rio de Janeiro: Graal, 1986.

_____. *Trópico dos pecados*. Rio de Janeiro: Campus, 1989.

_____. *Dicionário do Brasil colonial*. Rio de Janeiro: Objetiva, 2000.

_____. *Dicionário do Brasil imperial*. Rio de Janeiro: Obetiva, 2002.

Iconografia

pp. 18-19 e 97: "Le couple amoureux", Zoan Andrea, 1510-1513. **p. 25:** "Nossa Senhora da Conceição", Manoel da Cunha, 1700/1800, óleo sobre tela. **p. 41:** "Vue de l'Ile de Ste. Catherine", La Pagelet e Duché de Vancy, s.d. **p. 43:** "Igreja de São Cosme e São Damião em Igarassu", Frans Post, s.d., óleo sobre madeira. **p. 49:** "Bom tempo ou Idílio campestre", Belmiro de Almeida, 1893, óleo sobre tela. **p. 59:** "Vênus", Azulejos, Palácio Fronteira, Portugal. **p. 65:** "Quitandeira de galinhas", Ludwig&Briggs, s.d., litografia. **p. 73:** "Fausto e Margarida", Pedro Américo de Figueiredo e Melo, s.d., óleo sobre tela. **p. 79:** "Couple à cheval", Abrecht Dürer, 1496. **p. 83:** Conjunto de silhares de azulejos da Quinta dos Chavões, Cartaxo, Portugal, século XVII. **p. 91:** "Cadeira of Rio de Janeiro", Jean Baptiste-Debret, s.d. **p. 103:** "Inflorescência de palmeira e cesta de especiarias", Albert Eckhout, 1640, óleo sobre tela. **pp. 116-117 e 151:** "Estudo de mulher", Rodolfo Amoedo, 1884, óleo sobre tela. **p. 127:** "Más notícias", Rodolfo Amoedo, 1895, óleo sobre tela. **p. 131:** "Recado difícil", José Ferraz de Almeida Júnior, 1895, óleo sobre tela. **p. 158:** "Arrufos", Belmiro de Almeida, 1887, óleo sobre tela. **p. 161:** Sem título (Fam. Adolfo Pinto), José Ferraz de Almeida Júnior, 1891, óleo sobre tela. **p. 163:** "Retrato de moça", Décio Villares, 1891, técnica mista s/ papel. **p. 175:** "Saudade", José Ferraz de Almeida Júnior, 1899, óleo sobre tela. **p. 189:** "Messalina", Henrique Bernadelli, 1880, óleo sobre tela. **p. 193:** Sem título, Henrique Alvim Côrrea, 1906, lápis, nanquim e aquarela sobre papel. **p. 213:** "Menina com ventarola: estudo de nu", Eliseu Visconti, 1893, óleo sobre tela. **p. 215:** "Leitura", José Ferraz de Almeida Júnior, 1899, óleo sobre tela. **p. 223:** "Marquesa de Santos", Francisco Pedro do Amaral, s.d., óleo sobre tela. **pp. 228-229 e 251:** Foto da família Beozzo, década de 1930, arquivo pessoal. **p. 235:** "Camponesa", Modesto Brocos y Gomes, s.d. **p. 247:** Roger-Viollet. **p. 257:** "Femmes émancipées", 1921, Mary Evans Picture Library. **p. 285:** Al Parker. **p. 293:** Capa da revista *Querida*. Rio de Janeiro: Rio Gráfica e Editora Ltda., primeira quinzena, n. 125, ano VI, ago. 1959. **p. 303:** Propaganda do óleo e brilhantina Gessy. Revista *Querida*. Rio de Janeiro: Rio Gráfica e Editora Ltda., primeira quinzena, n. 103, ano v, set. 1958, p. 25. **pp. 316-317:** Revista *Querida*, Rio de Janeiro: Rio Gráfica e Editora Ltda., primeira quinzena, n. 121, ano VI, jun. 1959, p. 59.

A autora

Mary Del Priore lecionou História do Brasil Colonial nos Departamentos de História da USP e PUC/RJ. Autora de mais de 22 livros, foi duas vezes vencedora do prêmio Casa Grande & Senzala, outorgado pela Fundação Joaquim Nabuco por *História das crianças no Brasil* e *História das mulheres no Brasil* (ambos pela Editora Contexto). Esse último livro também ganhou o Prêmio Jabuti para obra de relevo em Ciências Sociais. Pela Contexto, publicou ainda *Histórias do cotidiano*. Além disso, é membro do P.E.N Club, colabora com revistas nacionais e internacionais e mantém uma crônica no jornal *O Estado de S. Paulo*.

LEIA TAMBÉM

OS ITALIANOS
João Fábio Bertonha

Afinal, quem são os italianos? Convivas barulhentos que devoram fartas macarronadas ou degustadores sofisticados de pratos refinados? Filhinhos diletos de mamas supersticiosas ou executivos competentes que criaram roupas, sapatos e objetos de *design* símbolos de elegância em todo o planeta? O que explica que a Itália e os italianos provoquem sentimentos tão contraditórios por parte dos estrangeiros? Neste livro, imagens cristalizadas e mitos são discutidos pelo historiador João Fábio Bertonha, de forma agradável e saborosa, trazendo à tona origens e costumes de um povo que está presente na árvore genealógica de milhões de brasileiros. Além disso, o autor aborda o que é ser "italiano" hoje, a contínua mudança da identidade desse povo no decorrer do tempo e como séculos de história influenciam não apenas a economia ou o sistema político da Itália, mas a sua própria cultura. Leitura fascinante e necessária.

O MUNDO MUÇULMANO
Peter Demant

Os muçulmanos constituem uma ameaça ao mundo ocidental? O islã é uma religião de violência? Por que o islamismo é a crença que mais cresce em todo o planeta? Como sua bela e rica tradição cultural convive com a profusão dos homens-bomba, dos atentados em série e do terrorismo em larga escala? Para responder a essas e outras perguntas, Peter Demant, um dos maiores especialistas internacionais no assunto, escreveu um livro provocativo e esclarecedor. Uma obra monumental do ponto de vista histórico, que rastreia as origens do mundo muçulmano, discute seus impasses contemporâneos e aponta as ações que precisam ser desencadeadas para se evitar uma ameaçadora "guerra entre civilizações". A tarefa é complexa – e da maior urgência. Este livro pretende colaborar com ela.

CADASTRE-SE
EM NOSSO SITE,
FIQUE POR DENTRO DAS NOVIDADES
E APROVEITE OS MELHORES DESCONTOS

LIVROS NAS ÁREAS DE:

História | Língua Portuguesa
Educação | Geografia | Comunicação
Relações Internacionais | Ciências Sociais
Formação de professor | Interesse geral

ou
editoracontexto.com.br/newscontexto

Siga a Contexto
nas Redes Sociais:
@editoracontexto